コツコツ20年で2000万円目指せる！

50代でも間に合う
新NISAとiDeCo

新制度対応

家計再生コンサルタント
横山光昭 監修

もくじ

第2章

新NISA
～口座開設はスマホで15分！ 少額からでもOK～

★本書はワン・パブリッシングムック『50代からでも間に合う新NISAとiDeCo』（2023年12月刊）に
情報を追加・更新して書籍化したものです。

※本書の掲載情報は2024年4月時点のものです。

はじめに

NISAの改正も呼び水となり、
個人で資産を運用する人も増えてきました。

ここで、これから投資を始めようと思っている人や、
投資を始めたばかりの人に、
投資の3原則 をお伝えしておきます。

それは、
・なるべく長く続けること
・投資対象を分散させること
・定期定額で積み立てること
です。

コツコツと毎月積立投資をして、
少しずつ資産を増やしていくことは、
地味に感じるかもしれません。

実際、成長性の高そうな企業に多額を注ぎ込んで、
成功を収めている人もいます。

しかし、それはとても難しいことで、
リスクを分散させない投資方法は
ギャンブルに近い といえます。

遠回りのように思える方法こそ、
実は最も確実な資産形成の手段
なのです。

家計再生コンサルタント
横山光昭先生

新NISA　iDeCo

50代からでも
資産運用
を始めるべき
7つの理由

目指せ!
豊かな
セカンドライフ

投資ビギナー必見

何もやらないのは
もったいない

2024年からNISAが新しく生まれ変わり、資産運用の機運も高まっています。「50代だと遅いのでは?」と思っている人も大丈夫! 今からでもやるべき理由を解説します!

今から始める理由 1

人生100年、まだまだ続く

50歳から始めても70歳まで20年もある

今から始めるからこそより長く運用を続けられる

運用すると利息にも利子がつくため、長く続けるほどお金は増えやすくなります。また、短期間では運用成績が上下しているように見えても、長期で見れば変動はなだらかに右肩上がりとなるので、なるべく長く運用を続けることが大切です。50歳から始めたとしても、公的年金の受給が始まる65歳までは15年、70歳までは20年と、十分長い運用期間が確保できます。例えば毎月３万円ずつ投資し年利５％で運用した場合、20年後には約５１３万円の利益が生じます。今からでも運用を始めるかどうかで、これだけ大きな差になるのです。

POINT

10~20年の運用期間があれば成績も安定しやすい

月3万円の積立投資を20年間続けた場合（年利：5％）

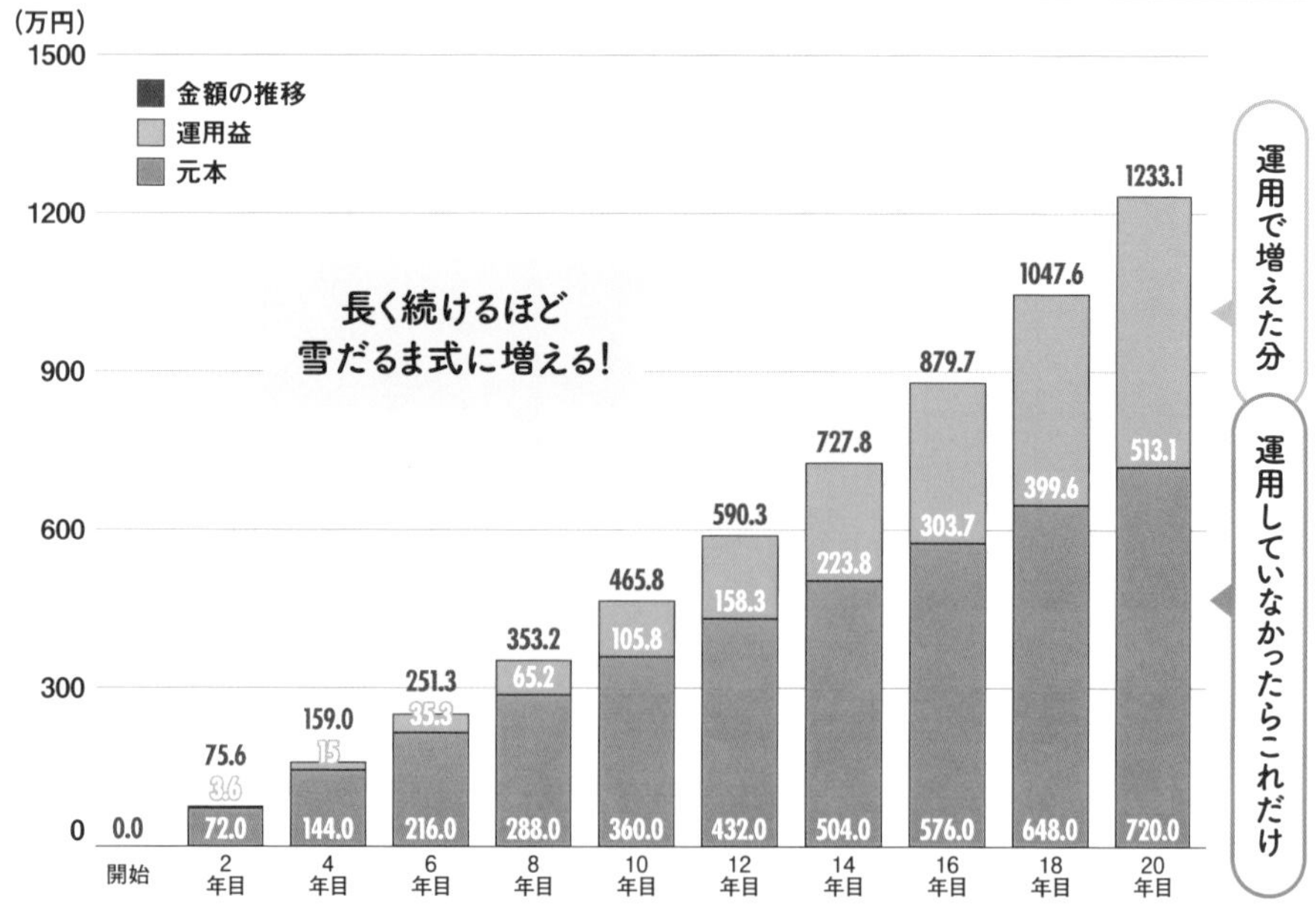

（万円）
1500
1200
900
600
300
0
金額の推移
運用益
元本
長く続けるほど
雪だるま式に増える！
0.0
75.6
3.6
72.0
159.0
15
144.0
251.3
35.3
216.0
353.2
65.2
288.0
465.8
105.8
360.0
590.3
158.3
432.0
727.8
223.8
504.0
879.7
303.7
576.0
1047.6
399.6
648.0
1233.1
513.1
720.0
開始
2年目
4年目
6年目
8年目
10年目
12年目
14年目
16年目
18年目
20年目
運用で増えた分
運用していなかったらこれだけ

インフレ時代は運用でお金を守る

物価上昇下では預貯金にもリスクあり

「投資はリスクがあるから預貯金で備えたい」という人も多いでしょう。しかし、預貯金にもリスクはあります。昨今の日本では物価上昇が顕著になり、これまでと同じ価格で同じモノが買えなくなった、つまりお金の価値が下がる「インフレ」の状況となりました。現在、物価は年2%程度で上昇しているため、同程度にお金を増やさないと、実質的に資産は減ってしまうといえます。元本割れのない預貯金は低リスクではありますが、インフレには備えられないのです。運用は「お金を増やす」だけでなく「お金を守る」有効な手段となります。

POINT
資産は増やさないと実質的に目減りする

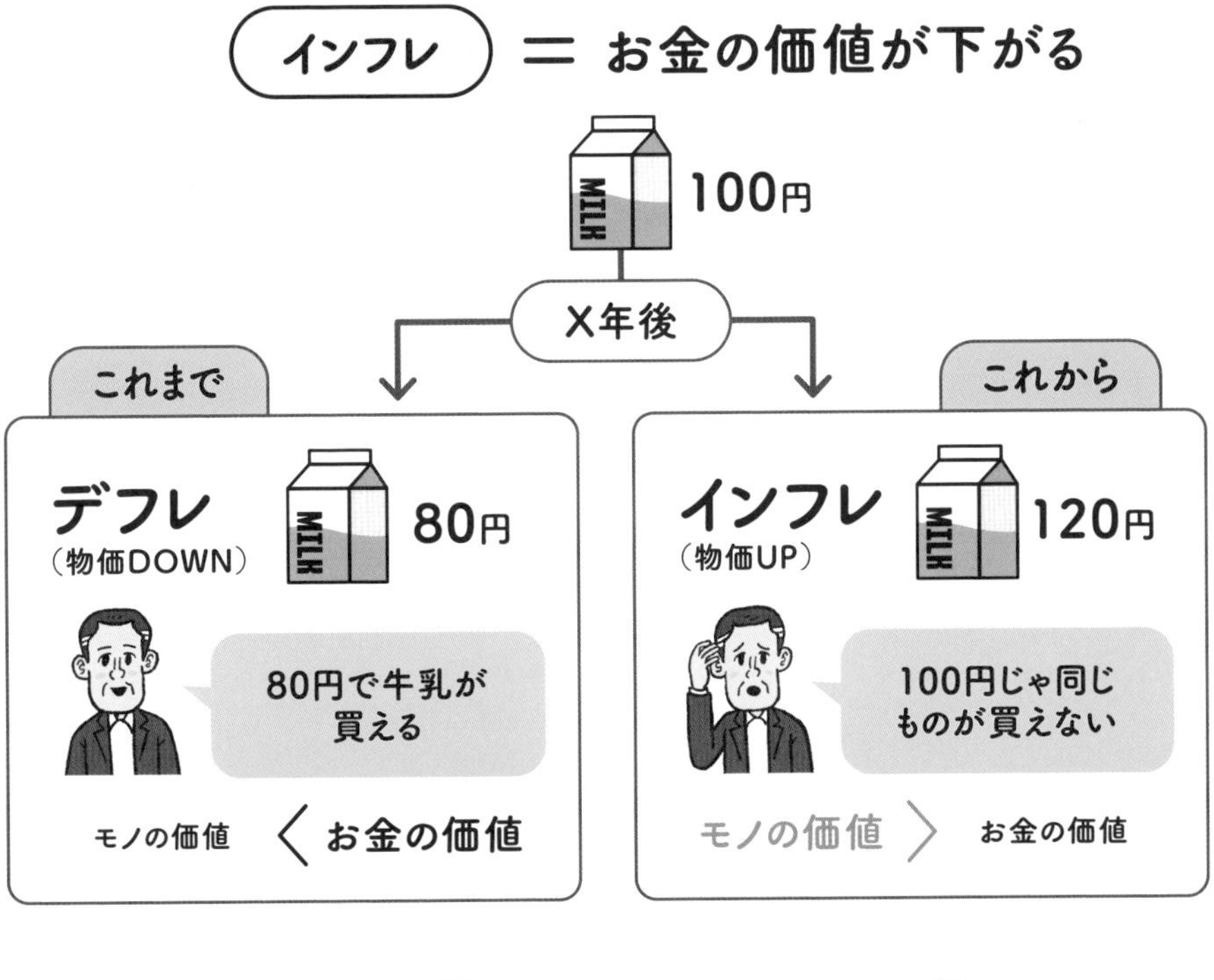
インフレ ＝ お金の価値が下がる
MILK
100円
X年後
これまで
デフレ
（物価DOWN）
80円
80円で牛乳が買える
モノの価値 ＜ お金の価値
これから
インフレ
（物価UP）
120円
100円じゃ同じものが買えない
モノの価値 ＞ お金の価値

知らなきゃ損な税制優遇

NISAもiDeCoもパワーアップしている

資産形成には もはや不可欠な制度

ＮＩＳＡもｉＤｅＣｏも、投資で得た利益に税金がかからない制度です。制度を利用せずに投資をした場合は、運用益に約20%の税金がかかります。

ＮＩＳＡは２０２４年の改正をもって、非課税期間が無期限となり、いつでも好きなタイミングで資産を引き出せるようになりました。

ｉＤｅＣｏ（個人型確定拠出年金）は任意で加入し自分で運用する年金制度で、原則60歳になるまで引き出せません。なお、ｉＤｅＣｏは運用時だけでなく拠出時、受取時にも節税効果があります。

POINT
利用しないと運用益に約20%の税金がかかる

Q. そもそもNISA・iDeCoって？

A. 税金がかからずに投資できる「税制優遇制度」

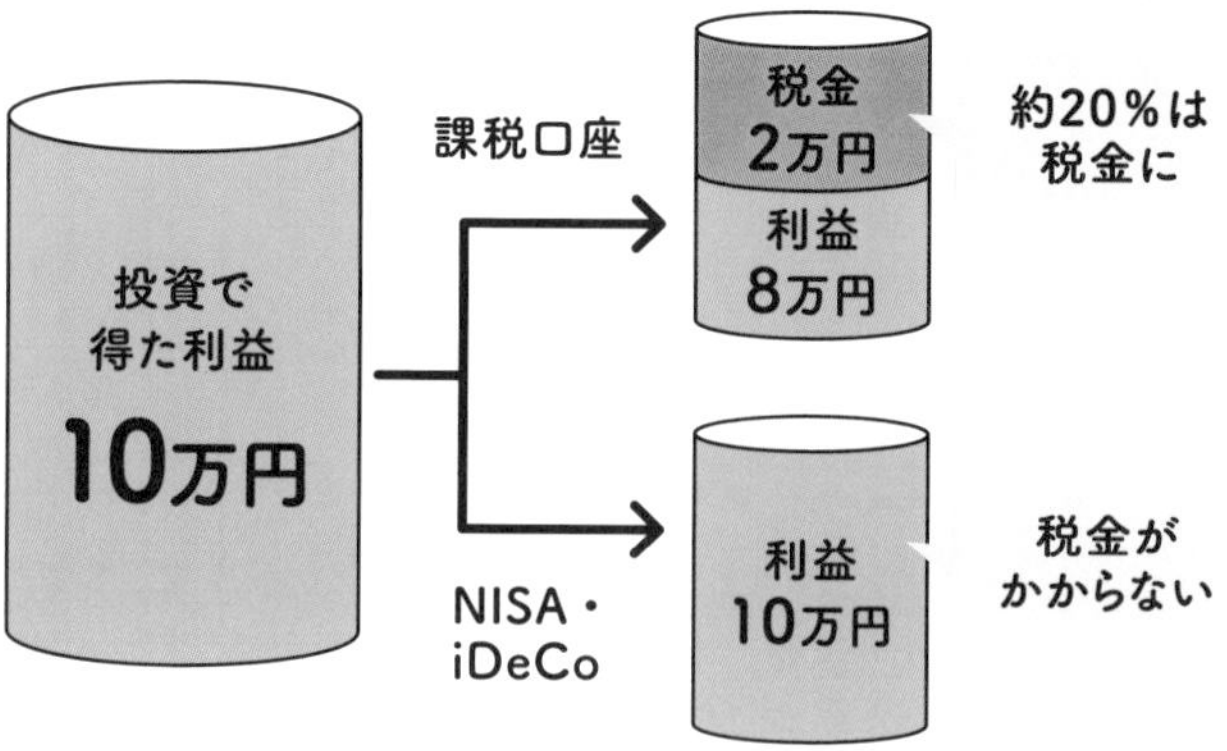

2024年から始まった新NISA

	これまで		2024年～
非課税運用期間	5年or20年	→	無期限!
口座開設期間	2023年まで	→	恒久化!
年間投資上限	つみたてNISA 40万円	→	つみたて投資枠 120万円
	or		and
	一般NISA 120万円	→	成長投資枠 240万円

生涯非課税投資額が1800万円

2023年までのNISAは、投資信託の積立投資ができる「つみたてNISA」と、一括投資や個別株投資ができる「一般NISA」に分かれており、併用はできませんでした。新NISAでは、従来の制度を引き継ぐかたちで2つの枠が設けられ、併用が可能となりました。

年齢上限拡大のiDeCo

	これまで		2022年～
加入可能年齢	60歳	→	65歳
受取開始年齢	70歳	→	75歳

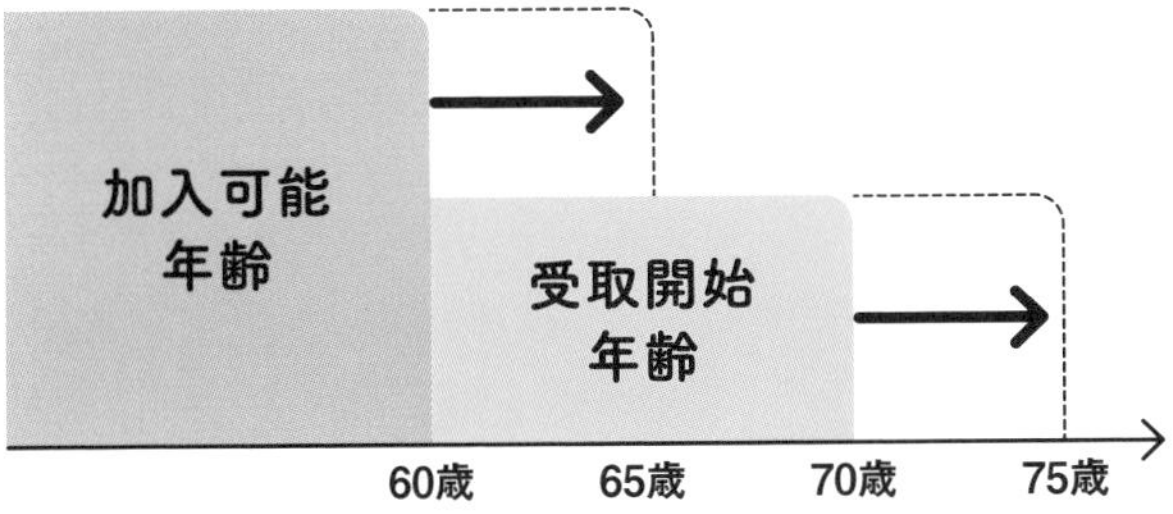

「じぶん年金」ともいえるiDeCoは、老後資産の形成を後押しする制度です。高齢化の現状を受け、2022年から加入可能年齢と受取開始年齢が引き上げられました。なお、60歳以降の加入は、国民年金の任意加入被保険者であることが条件です。今後、掛金の拠出年齢を70歳まで引き上げる案も検討されています。

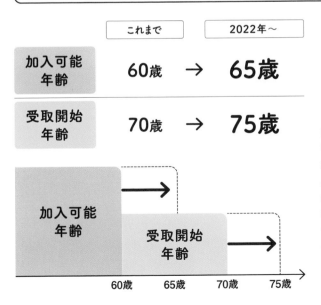

今から始める理由 4

賃貸なら家賃もかかる!

老後の生活にも月28万円かかる

老後の生活費にいくらかかるか考えておく

総務省の「家計調査　2023年（令和5年）平均」より、65歳以上で働いていない夫婦の家計収支を見てみると、公的年金などの社会保障給付を合わせた収入が約24万円であるのに対し、支払う税金（非消費支出）を含めた支出は約28万円となっています。

実際に自分が老後にどのくらいの生活費がかかるか把握しておくと、備えるべき金額もクリアになるでしょう。

POINT

老後だからといって支出が激減するわけではない

65歳以上の夫婦のみの無職世帯の家計収支

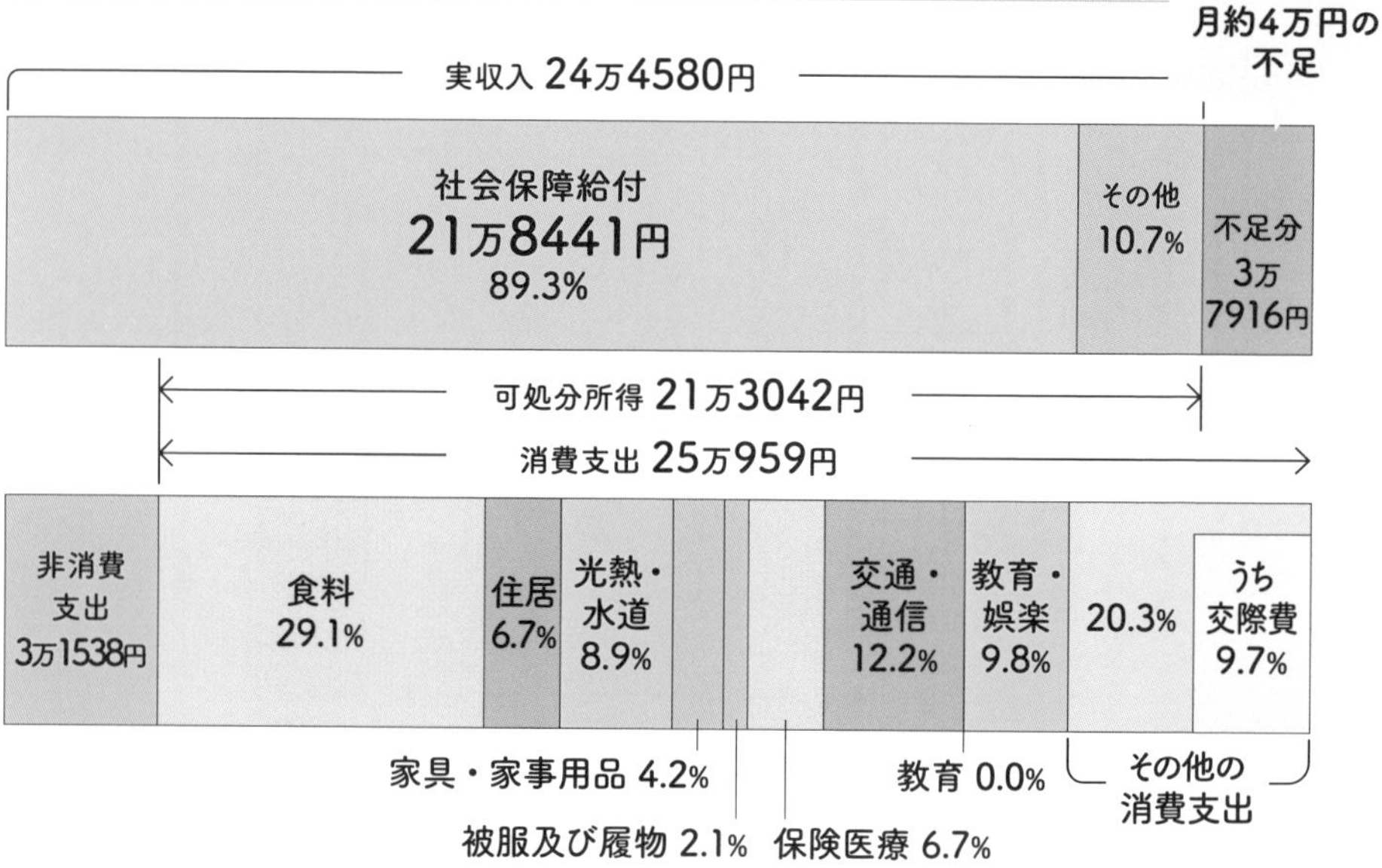
月約4万円の不足
実収入 24万4580円
社会保障給付
21万8441円
89.3%
その他
10.7%
不足分
3万
7916円
可処分所得 21万3042円
消費支出 25万959円
非消費支出
3万1538円
食料
29.1%
住居
6.7%
光熱・水道
8.9%
交通・通信
12.2%
教育・娯楽
9.8%
20.3%
うち交際費
9.7%
家具・家事用品 4.2%
被服及び履物 2.1%
保険医療 6.7%
教育 0.0%
その他の消費支出

※総務省「家計調査 2023年（令和5年）平均」

今から始める理由 5

不足分は自分で備える

公的年金に上乗せして豊かに暮らす

年金以外の資金源で老後の生活を充実させる

　理由４で説明したように、公的年金を含めても老後の生活費は不足する可能性があります。とくに国民年金加入者は、自分で老後資金を用意する必要性が高いといえます。生活費の不足を補うだけでなく、旅行や趣味にあてられる資産を備えておけると、より自分らしい生活を実現できるでしょう。

　以下の年金受給額はあくまで平均値です。自分がもらえる年金額は、毎年誕生月に届く「ねんきん定期便」や「ねんきんネット」から確認しましょう。納付状況で未納がないかも要チェックです。

POINT

年金＋αの資金があると生活の選択肢も広がる

老齢年金の平均受給額

自営業者・専業主婦

国民年金加入者
月5万6428円

会社員・公務員

厚生年金加入者
月14万4982円

※厚生労働省「厚生年金保険・国民年金事業の概況」（令和4年度）

自分がもらえる年金はここからCHECK

ねんきん定期便

令和4年度「ねんきん定期便」50歳以上の方（表）

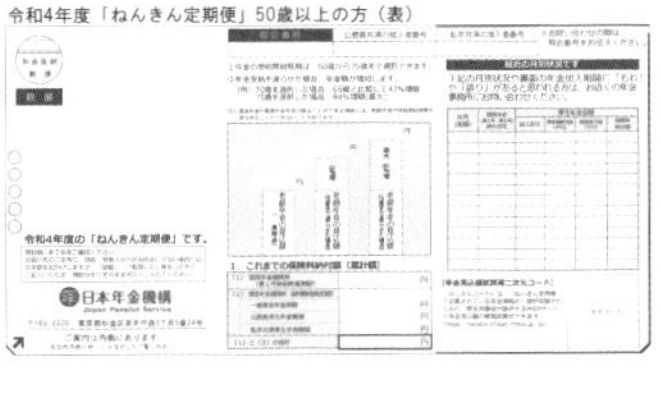

ねんきんネット

今から始める理由 6

ネットでサクッと手続き

悩んでいる時間で口座開設できる

申し込みは
スマホで15分
開設審査は
最短2営業日

店舗型の証券会社より手軽なネット証券が◎

投資を始めるには証券会社の口座を開設する必要があります。店舗に行って窓口で申し込むより、時間や場所の融通が利く「ネット証券」での開設がおすすめ。最短15分程度で申し込みが完了します。チャットによるサポートもあるので、思っているより簡単に手続きできるはずです。

POINT

案内に従って入力するだけ! デジタルが苦手でも大丈夫

かんたん3ステップ開設

① 証券会社のウェブページから「口座開設をクリック」

② 本人確認書類を撮影してアップロード

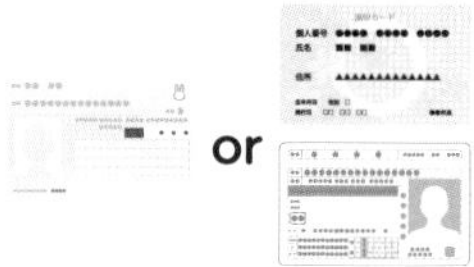

③ 勤務先や銀行口座など基本情報を入力

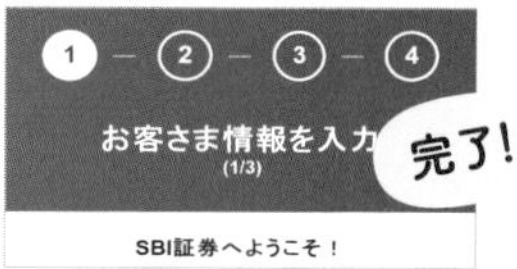

今から始める理由 7

いろいろ悩む必要なし

商品は投資信託1本でOK!

eMAXIS Slim 全世界株式（オール・カントリー）

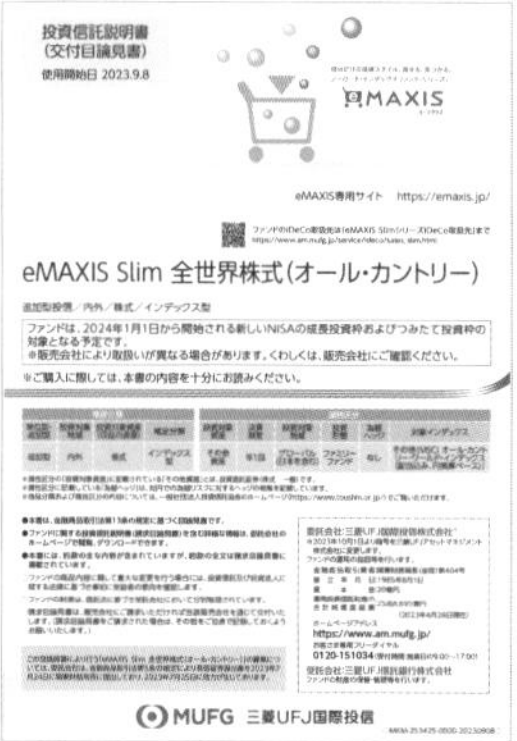
投資信託説明書
(交付目論見書)
使用開始日 2023.9.8

eMAXIS専用サイト https://emaxis.jp/

eMAXIS Slim 全世界株式(オール・カントリー)

追加型投信／内外／株式／インデックス型

ファンドは、2024年1月1日から開始される新しいNISAの成長投資枠およびつみたて投資枠の対象となる予定です。
※販売会社により取扱いが異なる場合があります。くわしくは、販売会社にご確認ください。

※ご購入に際しては、本書の内容を十分にお読みください。

委託会社:三菱UFJ国際投信株式会社

ホームページアドレス
https://www.am.mufg.jp/
お客さま専用フリーダイヤル
0120-151034

受託会社:三菱UFJ信託銀行株式会社

MUFG 三菱UFJ国際投信

リスク分散◎

「投資信託（ファンド）」には複数の銘柄が含まれている

リスク分散◎

全世界へ投資すれば1カ国の状況に左右されにくい

長期運用◎

手数料が低い&純資産総額が大きいため順調に運用が続きそう

分散効果の高い全世界型のファンドを選ぶ

複数の資産が含まれている「投資信託」は、特定の企業の株価が下がったとしても全体の成績でカバーできます。対象地域も多岐にわたる全世界型なら、さらにリスク分散に。左に挙げたのは、特に低コストで好成績の商品です。

POINT

すでに分散効果が高い商品のためコレ1本で十分

第1章

資産形成の基本

〜正しく知れば投資は怖くない〜

NISAやiDeCoは、投資で得た利益が非課税になる税制優遇制度です。まずはお金と投資の基礎知識からおさえておくと、制度の概要や使い方も理解しやすくなります。人生100年時代、お金と向き合って明るい未来を拓くのは50代以降でも遅くはありません。これから先の将来を想像しながら、資産形成の一歩を踏み出してみましょう。

第1章

1 50歳からの生き方を見直す！

今将来に向けて人生を見直す

「人生100年時代」といわれるようになった現代、50歳は折り返し地点にあたります。これまでの生活スタイルや働き方、人間関係を振り返るようになった人も多いのではないでしょうか。

厚生労働省の「簡易生命表」によると、2022年時点での日本人の平均寿命は男性が約81歳、女性は約87歳と100歳には及ばないものの、決して大げさすぎるということはありません。50代はこれからの生き方を見つめ、やりたいことを「見える化」する良いタイミングといえそうです。

また、自分らしい生き方を実現するためにも、当然お金は不可欠です。生命保険文化センターの調査によると「ゆとりある生活」には、旅行やレジャー、趣味や教養のための費用も必要だと考えられています。

■ やりたいことを「見える化」するタイムバケット

● タイムバケットの例

50代
趣味を見つける
60代
新しい仕事に挑戦する
70代
海外旅行に行く

「死ぬまでにやりたい100のことリスト」を、英語でバケットリストと呼ぶことがあります。これが転じて、世代ごとにやりたいことをリストアップしたものがタイムバケットです。タイムバケットでやりたいことを「見える化」することで、やりたいことの優先順位がつき、やりたいこと、やるべき時期がわかります。また、目標達成のために意欲がわき続けるというメリットもあります。

何にどのくらい
お金がかかるのか
イメージしておこう

老後のゆとりのための上乗せ額の使途

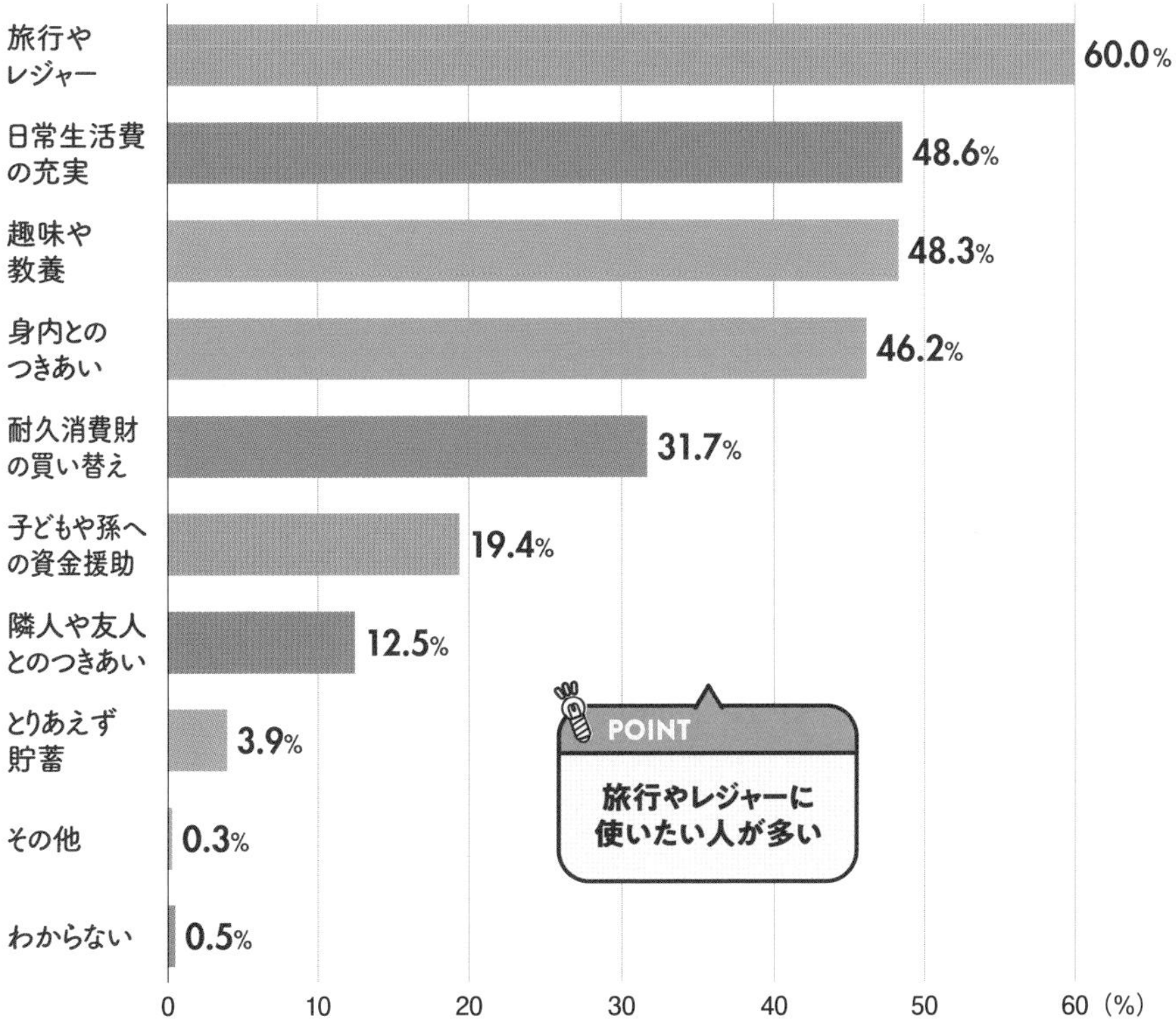
旅行やレジャー 60.0%
日常生活費の充実 48.6%
趣味や教養 48.3%
身内とのつきあい 46.2%
耐久消費財の買い替え 31.7%
子どもや孫への資金援助 19.4%
隣人や友人とのつきあい 12.5%
とりあえず貯蓄 3.9%
その他 0.3%
わからない 0.5%
0
10
20
30
40
50
60（%）
POINT
旅行やレジャーに使いたい人が多い

※出典：生命保険文化センター

CHECK!

DIE WITH ZEROで資産を使い切る

DIE WITH ZERO
人生が豊かになりすぎる究極のルール
人生が変わった!と絶賛の嵐!!

『DIE WITH ZERO』
ダイヤモンド社刊、
Bill Perkins著
児島修 訳

お金の使い方の例
資金
旅行
新しい趣味を始める
寺社仏閣巡り
DIE WITH ZERO
年齢

せっかくお金を貯めても、使わなければ意味がありません。お金を貯めたまま死ぬということは、その金額分の経験や思い出を失っているとも言えます。「ゼロで死ね」という衝撃なキャッチフレーズで話題となった『DIE WITH ZERO』は、お金を貯めるだけでなくその使い切り方にも焦点を当てた1冊で、日本でもベストセラーとなっています。

第１章

2 みんなの金融資産はどのくらい？

将来への備えに、預貯金以外の選択肢も

「ＮＩＳＡ」は個人の投資活動を後押しする目的で儲けられた制度です（40ページ）。ＮＩＳＡの口座開設数は年々増加傾向にあり、50歳以上で始める人も少なくないことがわかります。２０２４年の制度改正によって、ますます投資を始める人が増えています。

左ページ上図を見ると、50歳代の平均預貯金額が４８２万円であるのに対し、株式や投資信託を含む金融資産全体は１２１２万円となっており、預貯金以外の資産を保有している人が多いとわかります。金融資産額の平均値と中央値にかい離がある点から、備えてきた人とそうではない人の差は大きいとも考えられるでしょう。なお、非保有（金融資産ゼロ）の世帯を除いた場合は、預貯金額が７０５万円、金融資産額は１７７３万円と水準が上がります。

NISA口座開設数の推移

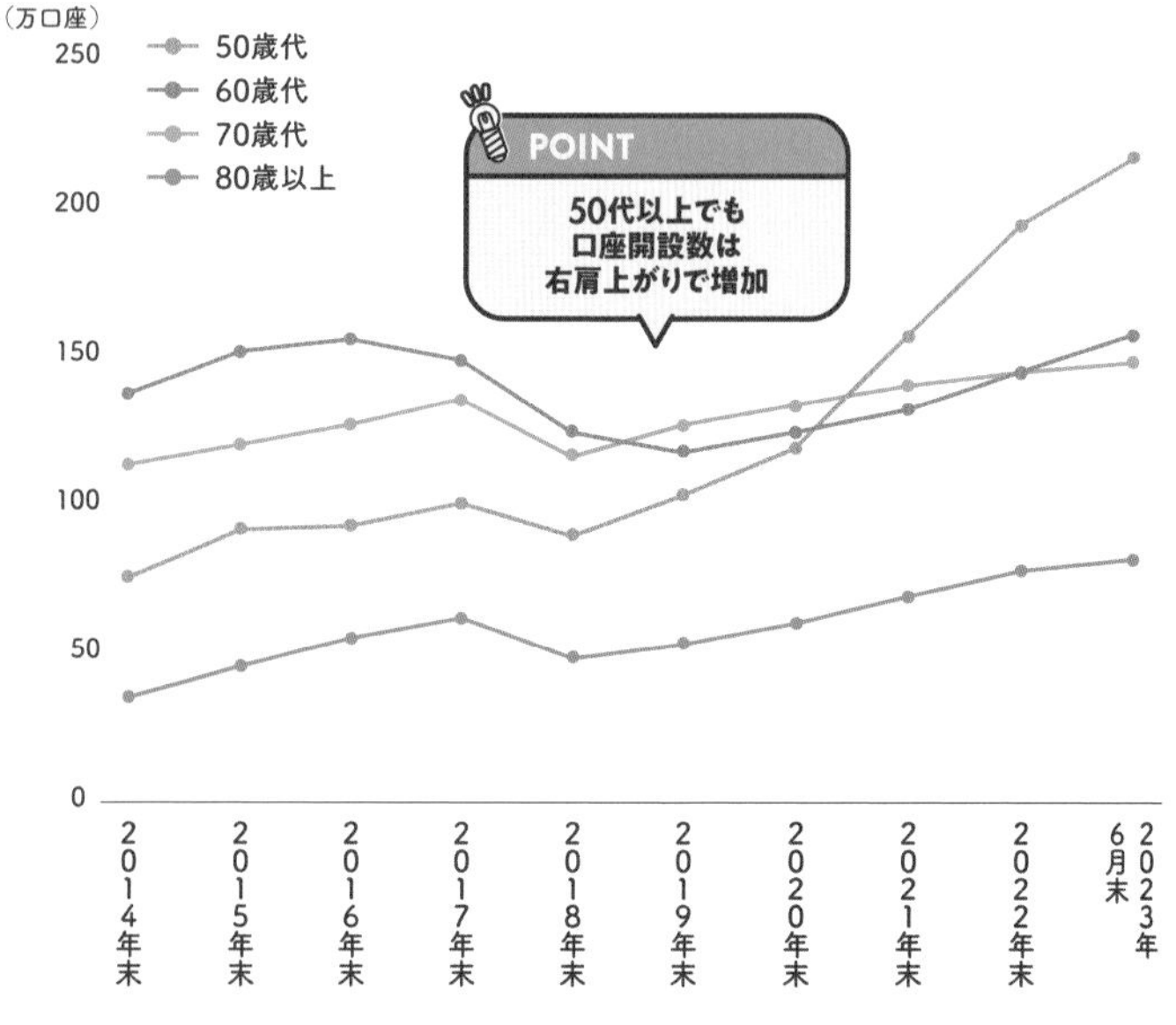
（万口座）
250
200
150
100
50
0
50歳代
60歳代
70歳代
80歳以上
POINT
50代以上でも
口座開設数は
右肩上がりで増加
2014年末
2015年末
2016年末
2017年末
2018年末
2019年末
2020年末
2021年末
2022年末
2023年6月末

※出典：家計の金融行動に関する世論調査［総世帯］令和4年調査結果

■ 50歳以上の金融資産保有額（非保有世帯を含む）

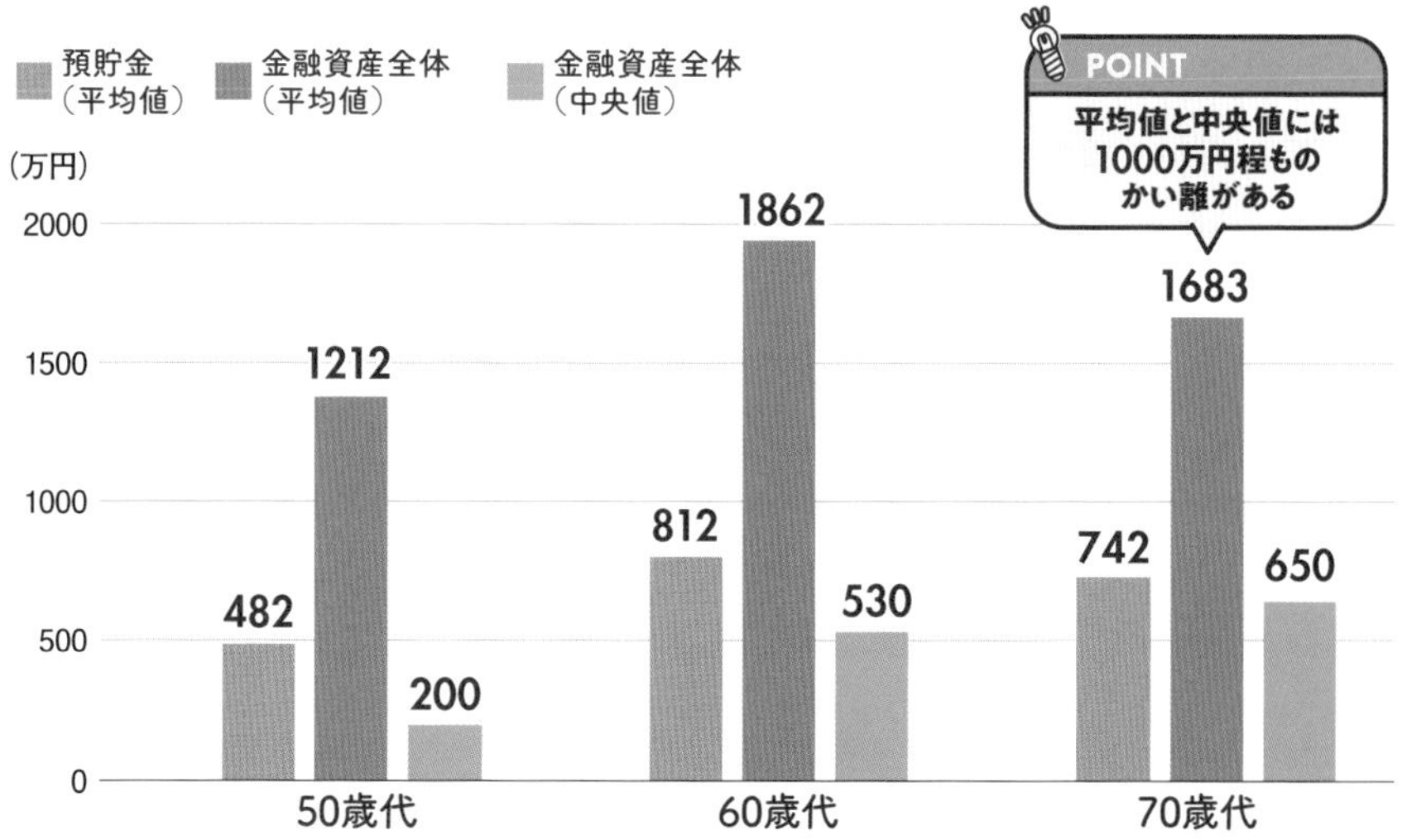

※出典：家計の金融行動に関する世論調査［総世帯］令和5年調査結果

50歳以上の各世代における、預貯金額の平均値ならびに、金融資産全体の平均値・中央値を示したグラフです。金融資産には、積立型の保険商品や個人年金保険、財形貯蓄も含まれます。

■ 50歳以上の金融資産保有額（非保有世帯を含まない）

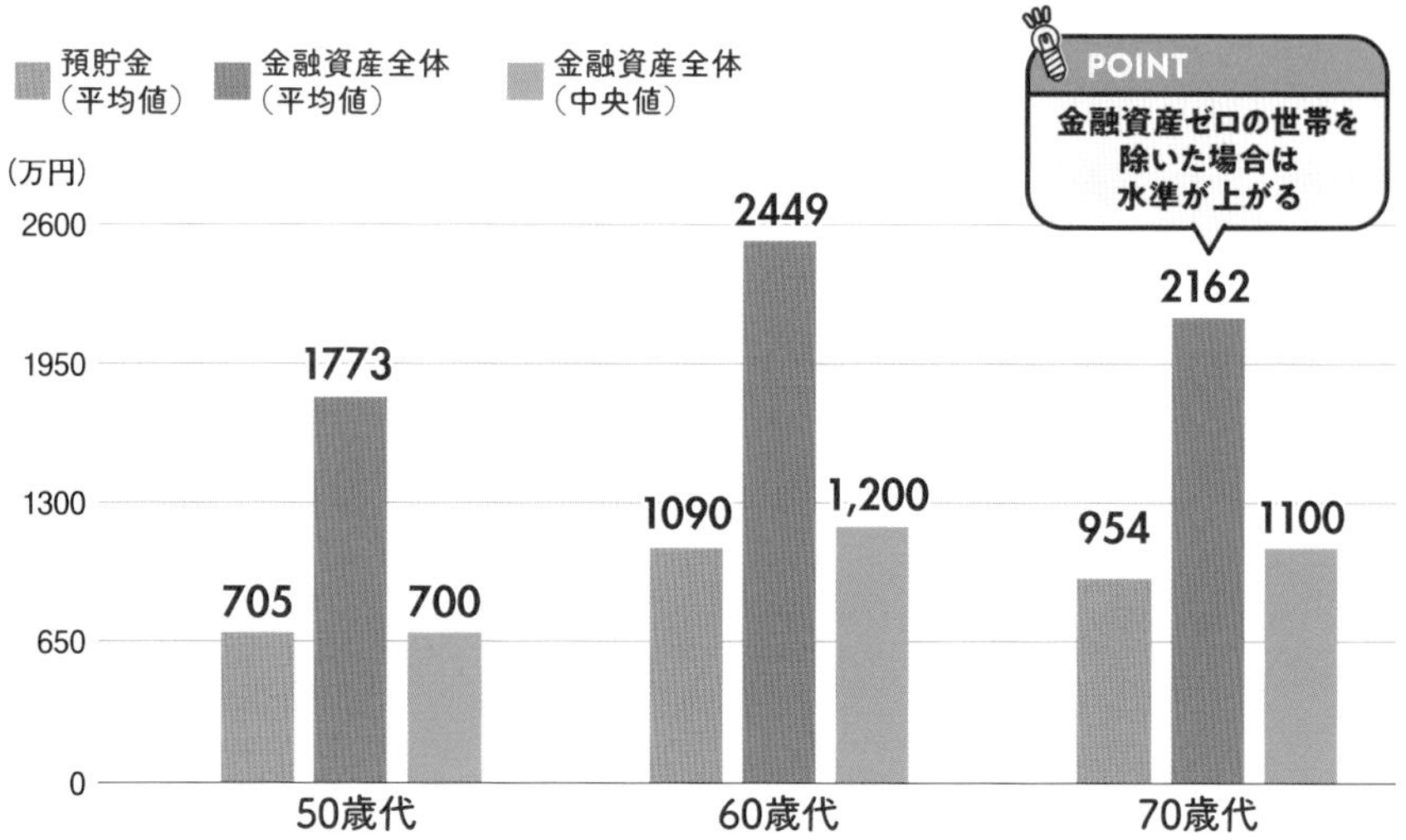

※出典：家計の金融行動に関する世論調査［総世帯］令和5年調査結果

上図から、金融資産を保有していない世帯を除いたグラフです。なお、非保有世帯は50歳代で30.3%、60歳代で24.6%、70歳代で21.6%となっています。

第1章

3 老後の生活には月4万円不足

60代では月約4万円が不足

旅行やレジャー、趣味のための費用も備えておきたいところですが、そもそも老後の生活費はどのくらいかかるでしょうか。

総務省「家計調査　2023年（令和5年）」より、無職の二人世帯のうち65～69歳の月の収支を見ると、収入が約29万円であるのに対し、保険料や税金の支払いにあたる「非消費支出」が約4万円、消費支出が約29万円となっています。支出合計は約33万円となっているため、毎月4万630円が不足する計算です。

70～74歳では3万5546円、75歳以上では2万4640円の不足となっています。年齢が上がるにつれて多少赤字幅は縮小していますが、平均しても約4万円は不足しているのが現状です。

65～69歳の収支

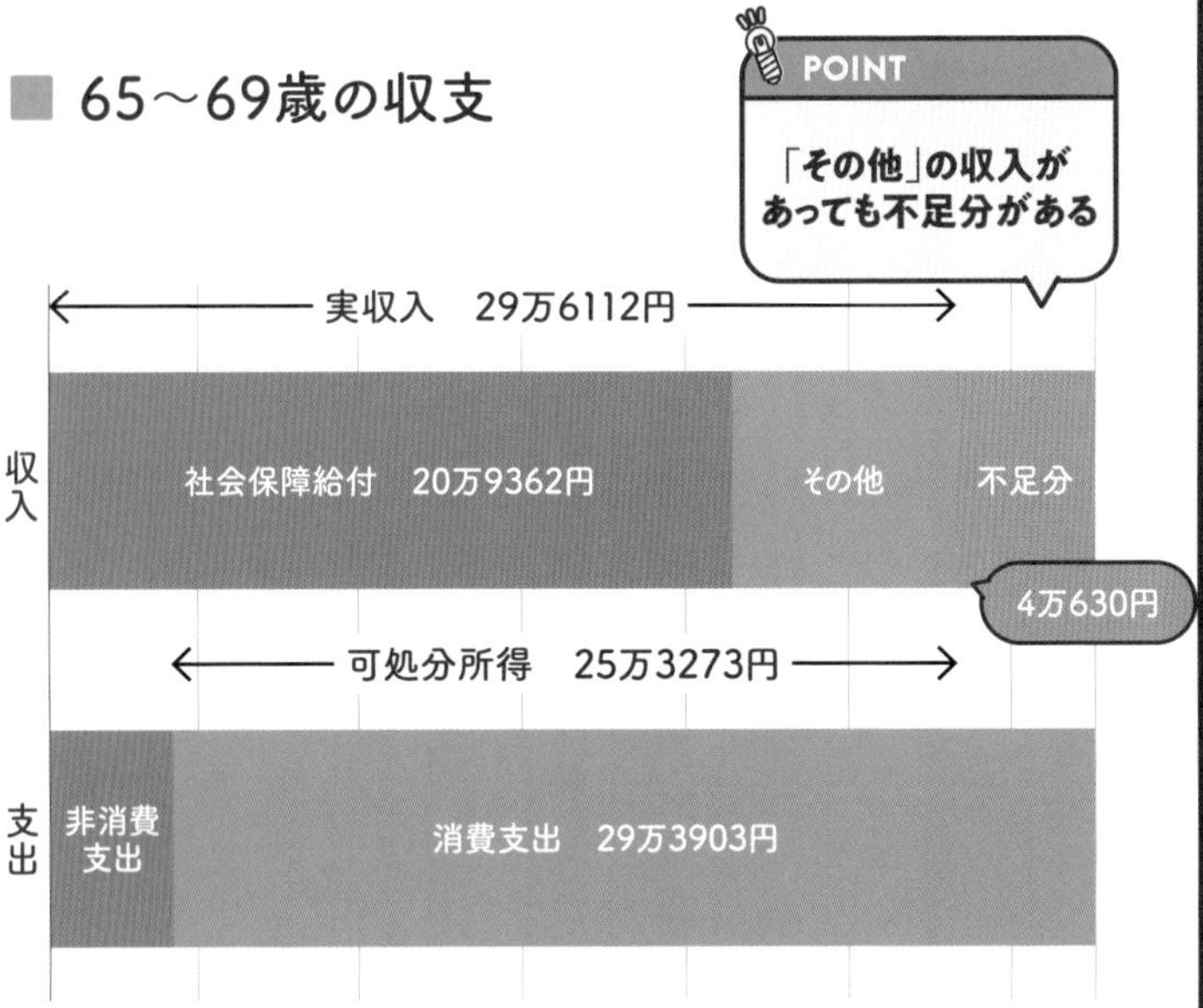

POINT
「その他」の収入があっても不足分がある
実収入　29万6112円
収入
社会保障給付　20万9362円
その他
不足分
4万630円
可処分所得　25万3273円
支出
非消費支出
消費支出　29万3903円

実収入には、公的年金を含む社会保障給付のほか、仕送り金などが含まれます。

■ 70～74歳の収支

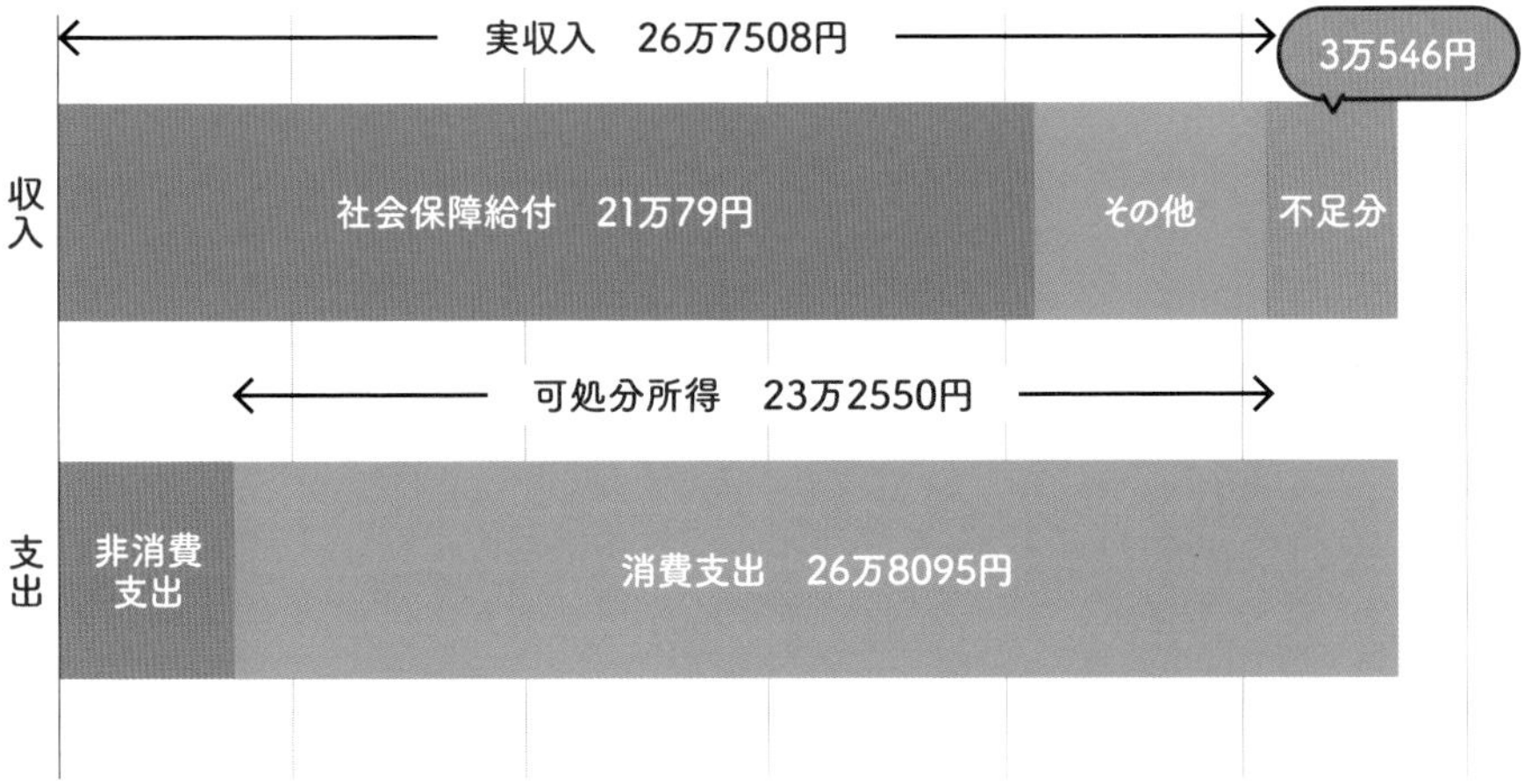

70歳以上になると、69歳までに比べて実収入が減っているものの、消費支出も減少しています。そのため、全体で見た際の不足額は約3万5000円に縮小されています。

■ 75歳以上の収支

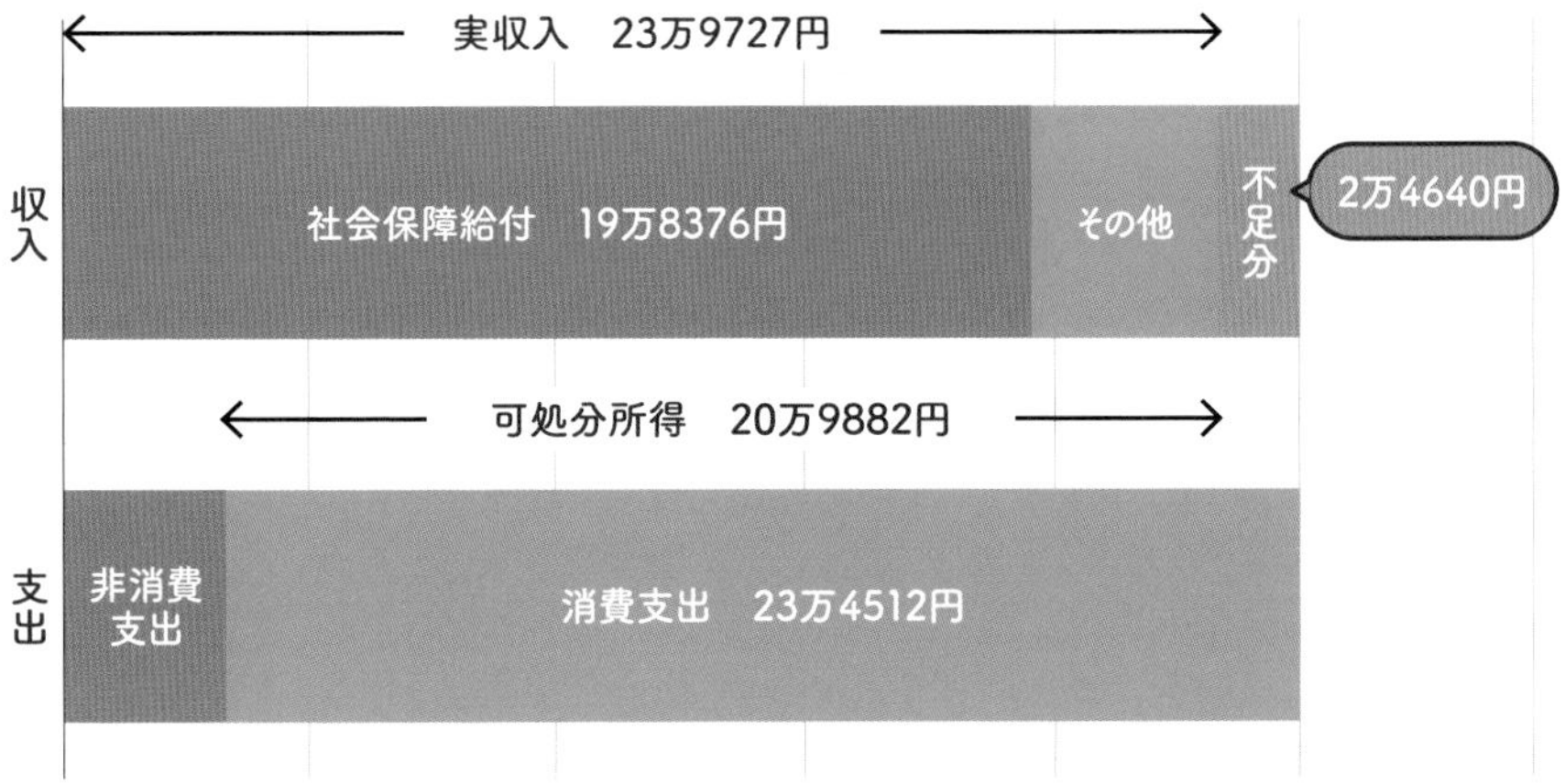

※出典：総務省「家計調査 2023年（令和5年）平均」より、二人世帯のうち65歳以上の無職世帯の家計収支

75歳以上では、さらに収支ともに減少し、不足額も2万4000円程度となっています。老後の資産設計をするうえでは、69歳までの不足額のほうが大きくなると想定しておくことも大切です。

第1章

4 預貯金だけでいい時代は終わり

何も対策しないと資産が毎年減っていく

日本は長い間物価が上昇しないデフレ状態が続き、賃金が上昇せずとも大きな問題はありませんでした。また、預貯金の金利が８％近くあった時代もあり、「銀行に預けておけば10年で2倍に増える」などといわれたこともあります。50代の方の親世代はそういった金利の高かった時代のイメージがあり、投資に対して消極的な人も多いかもしれません。

しかし、日本も２０２２年からインフレに突入し、円安の影響もあってか物価はどんどん上がっています。にもかかわらず、給与はほぼ横ばいで銀行預金の金利もメガバンクで０・０２５％と超低金利です。出ていくお金は増えているのに入ってくるお金は少なく、そして増えません。

2010年からの消費者物価指数の変動

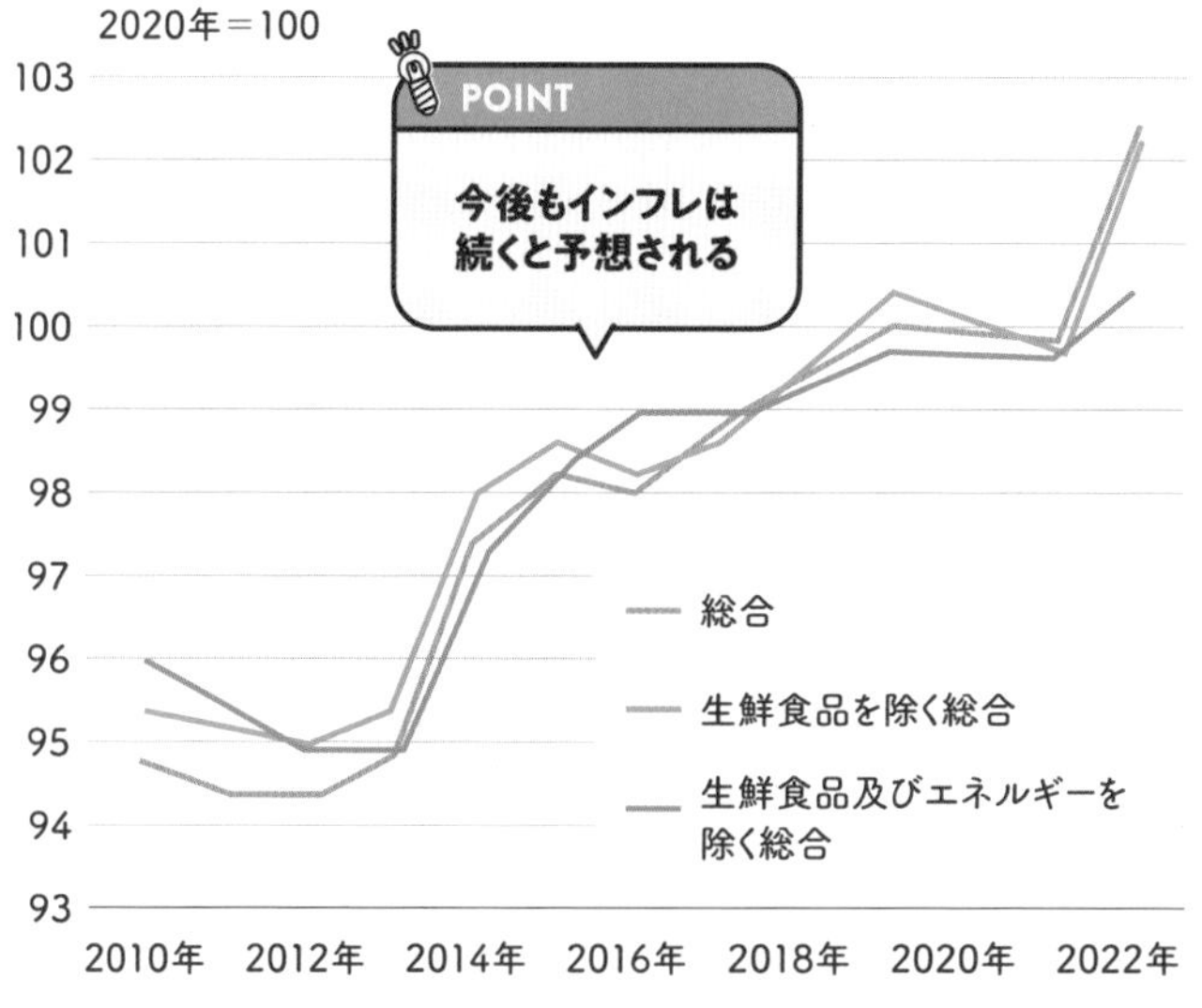

2020年＝100
103
102
101
100
99
98
97
96
95
94
93
2010年
2012年
2014年
2016年
2018年
2020年
2022年
POINT
今後もインフレは
続くと予想される
総合
生鮮食品を除く総合
生鮮食品及びエネルギーを
除く総合

※出典：総務省「2020年基準消費者物価指数」

例えばこんなものの値段も上がっている

	魚（鮭）	電気	ガソリン

2018年	100gあたり 209円	441kWhあたり 約1万2500円	1リットルあたり 150円
2023年	273円	約1万5000円	180円

※「小売物価統計調査による価格推移」より作成

POINT
食品・エネルギーなど
広いジャンルで
インフレが起きている

物価上昇に
対抗できる
資産形成を

物価は上昇しているけれど、給与はほぼ横ばい

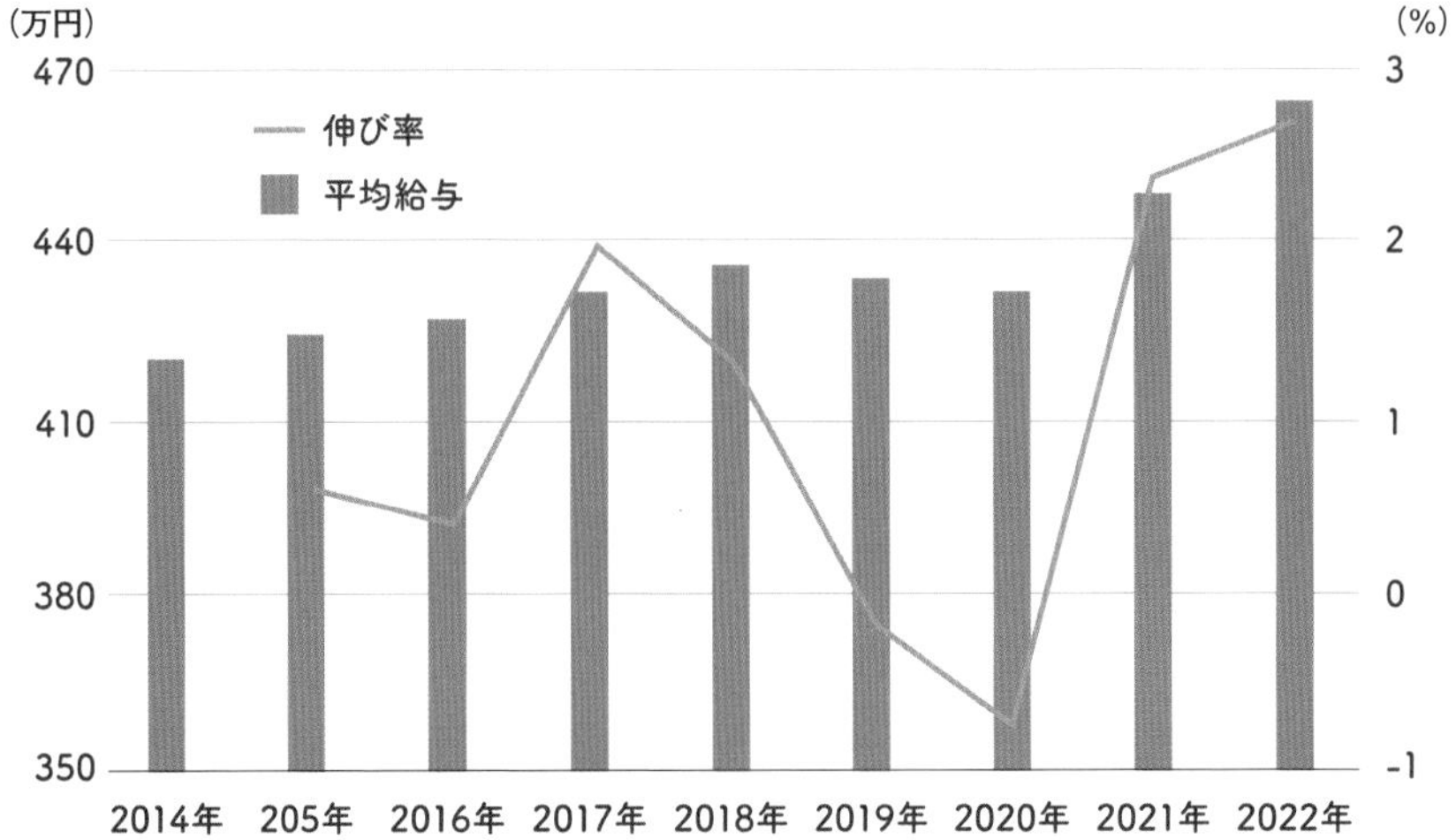

(万円)
(%)
470
440
410
380
350
3
2
1
0
-1
伸び率
平均給与
2014年
205年
2016年
2017年
2018年
2019年
2020年
2021年
2022年

※出典：国税庁「2023年民間給与実態統計調査」

5
インフレに負けないための運用シミュレーション

お金の価値を下げないための資産運用

日本銀行はインフレ率の目標を2%としており、目標どおりにインフレが進めば預金金利との差だけ、資産が目減りすることになります。お金を増やすだけでなく、「お金を守る」ためにも投資をすることが重要になってくるのです。まずは最低でも、目標インフレ率と同じ2%程度の運用パフォーマンスを目指してみるといいでしょう。

また、日本のインフレ率の目標2%という数字は決して高いものではありません。海外の先進国のインフレ率は7~8%にものぼることもあります。インフレは、経済が正常に成長するためには必要なものです。インフレのスピードに負けないように給与上昇、あるいは資産運用で資産を増やしていけば、インフレを過剰におそれる必要はありません。

インフレが続く＝お金の価値が下がる

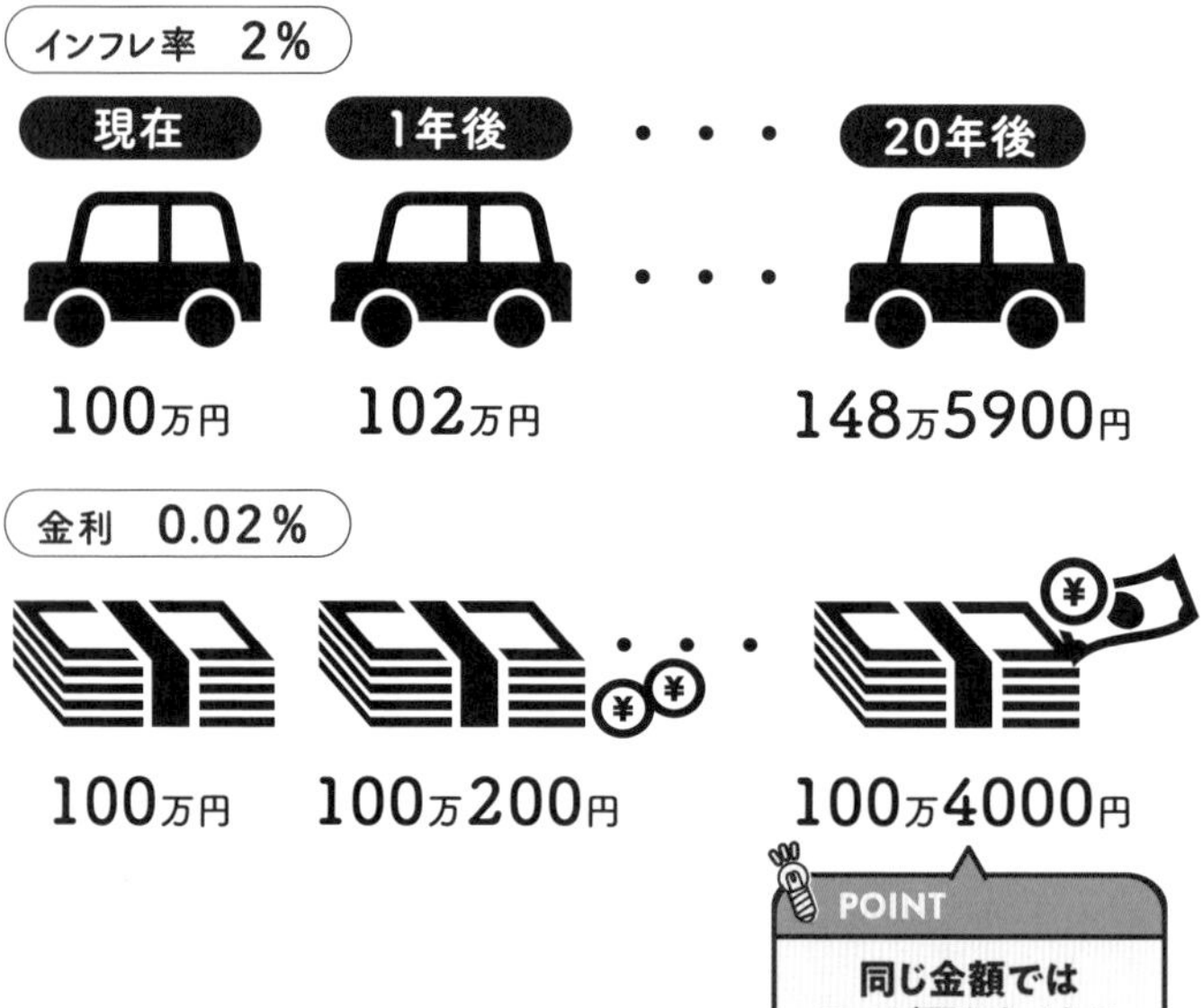
インフレ率　2%
現在
1年後
20年後
100万円
102万円
148万5900円
金利　0.02%
100万円
100万200円
100万4000円
POINT
同じ金額では
モノが買えなくなる

10年での運用パフォーマンスの差

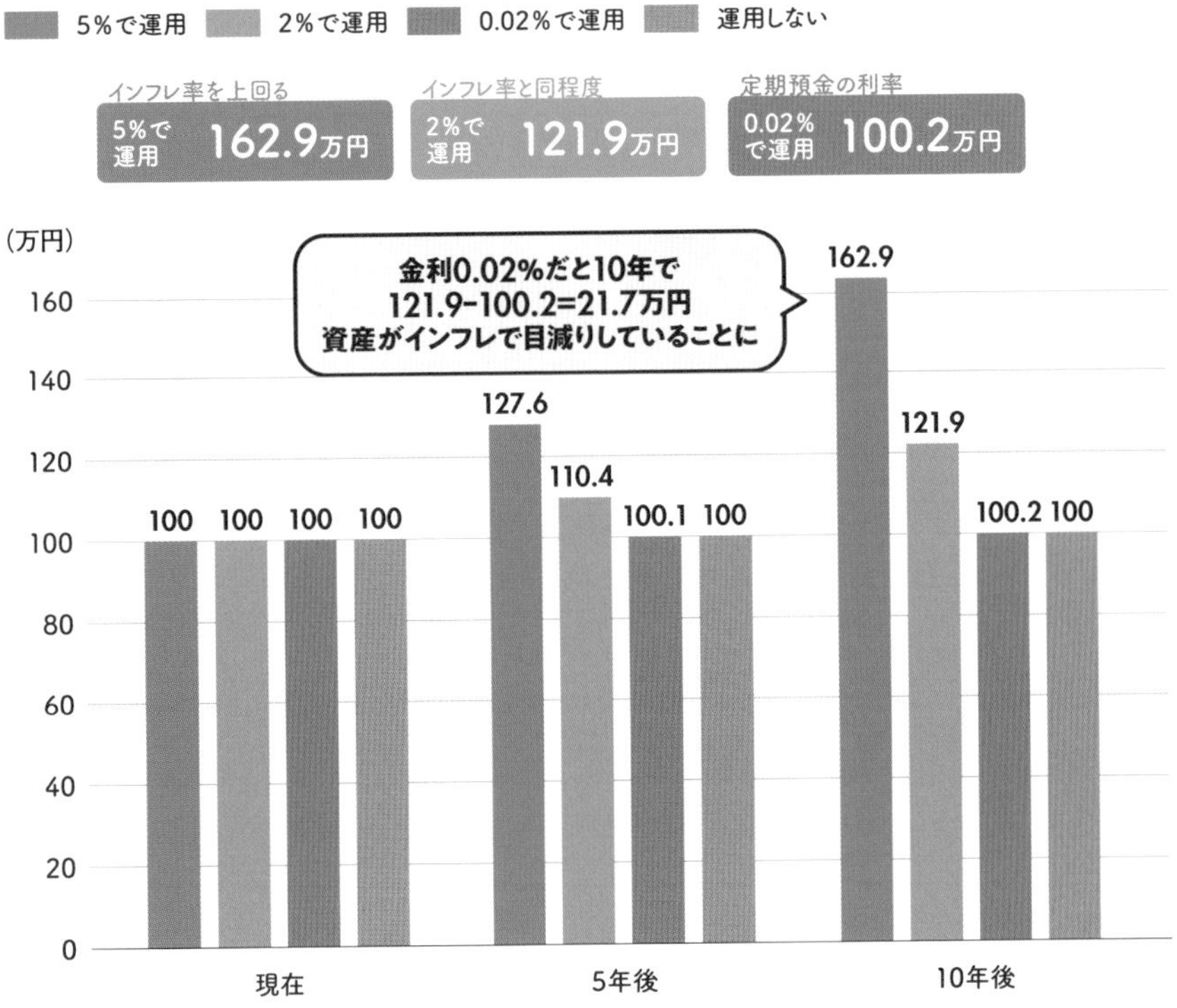
5%で運用
2%で運用
0.02%で運用
運用しない
インフレ率を上回る
5%で運用 162.9万円
インフレ率と同程度
2%で運用 121.9万円
定期預金の利率
0.02%で運用 100.2万円
（万円）
160
140
120
100
80
60
40
20
0
金利0.02%だと10年で
121.9−100.2=21.7万円
資産がインフレで目減りしていることに
100 100 100 100
127.6 110.4 100.1 100
162.9 121.9 100.2 100
現在
5年後
10年後

海外のインフレ状況はどうなっている？

世界のインフレ率の見通し（前年比、%）

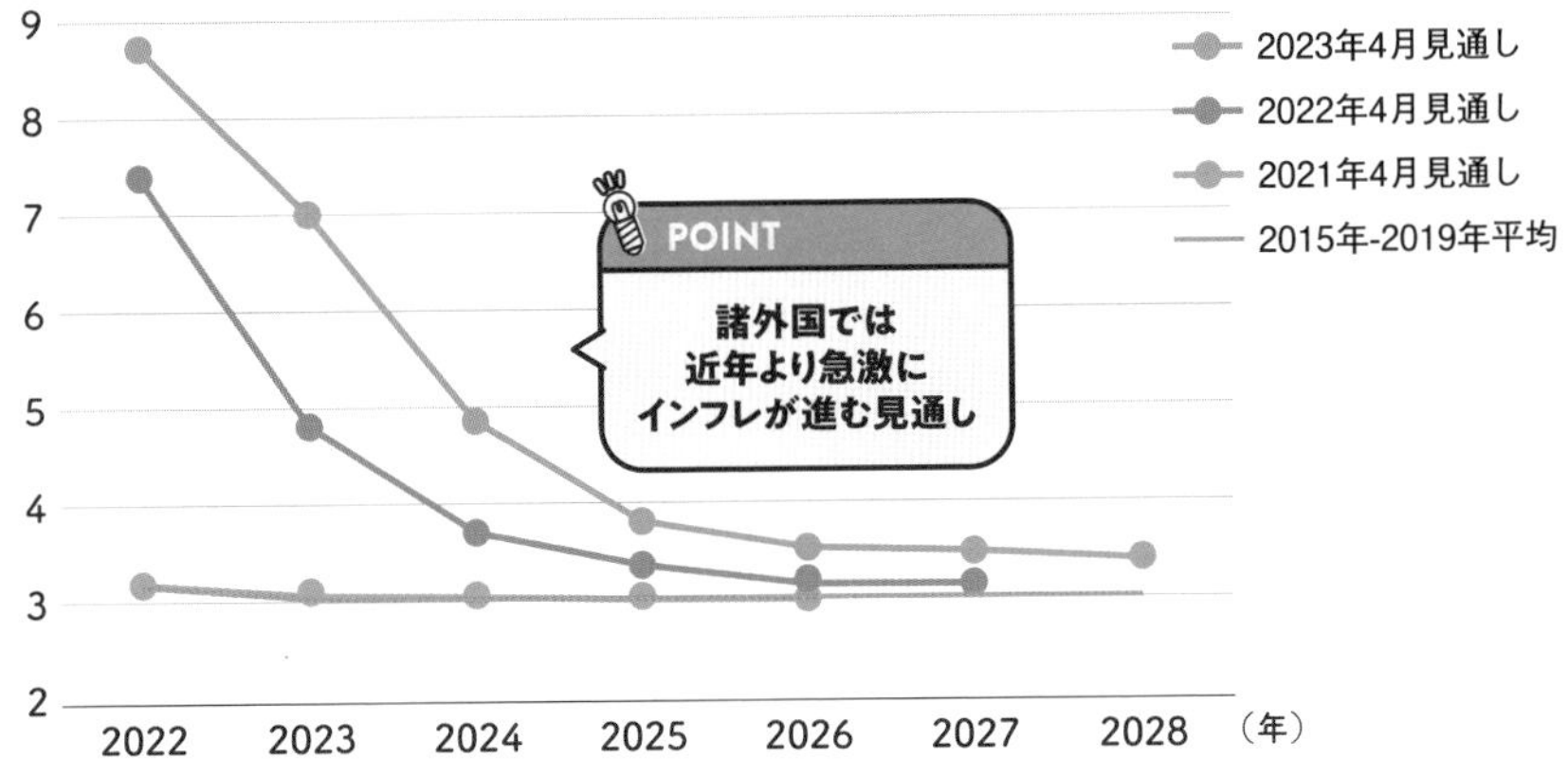
9
8
7
6
5
4
3
2
2022
2023
2024
2025
2026
2027
2028
（年）
2023年4月見通し
2022年4月見通し
2021年4月見通し
2015年-2019年平均
POINT
諸外国では
近年より急激に
インフレが進む見通し

備考：推計値及び予測値は年平均
出典：IMF「WEO」

第1章

6 20年続ければこんなに変わる！

長期運用なら投資初心者も安心

投資といっても、頻繁に株価をチェックして売買で利益を得るようなものばかりではありません。

毎月コツコツお金を積み立てて運用する方法なら、まとまったお金がなくても、時間を味方につけて資産形成できます。例えば毎月3万円を年利5％で20年間運用すると、元本720万円に対し運用益が約513万円も発生するイメージです。毎月5万円を同じ条件で20年間運用すれば約2055万円になる計算です。これなら、老後2000万円問題に対する不安も少し減るのではないでしょうか。

2024年に開始した新NISAは、非課税で運用できる期間が無期限になりました。銀行に預けるだけではほとんど増えないお金も、正しく運用して「お金を働かせる」ことで増えていくのです。

■ 毎月3万円を年利5％で運用できたときの元本と運用収益イメージ

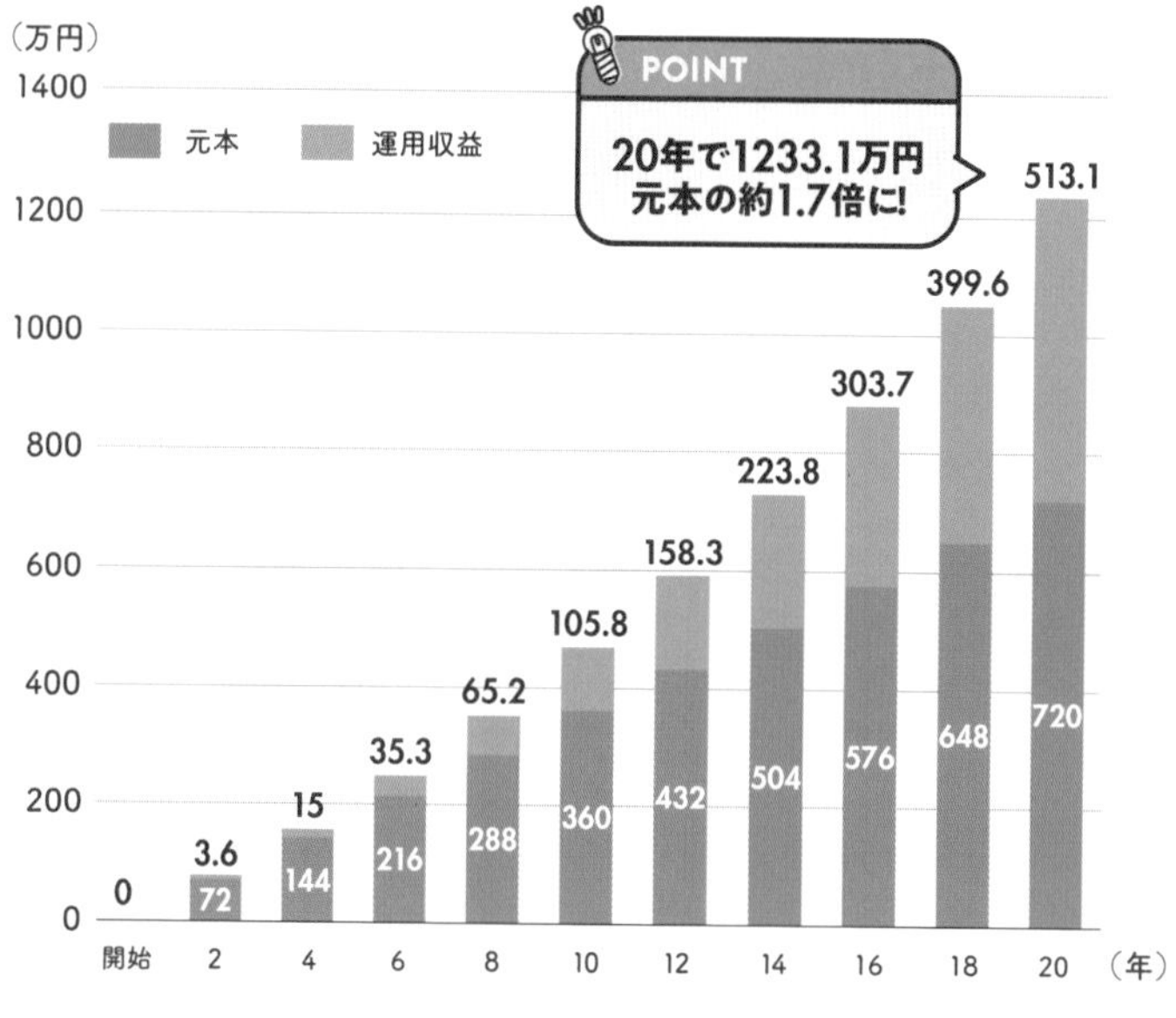

（万円）
1400
1200
1000
800
600
400
200
0
元本
運用収益
POINT
20年で1233.1万円
元本の約1.7倍に！
0
3.6
72
15
144
35.3
216
65.2
288
105.8
360
158.3
432
223.8
504
303.7
576
399.6
648
513.1
720
開始
2
4
6
8
10
12
14
16
18
20
（年）

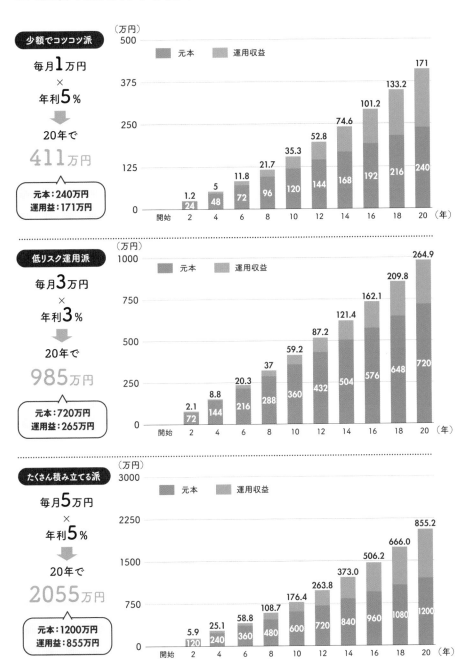

金額や運用利率を変えてシミュレーションしてみよう

少額でコツコツ派

毎月**1**万円
×
年利**5**%

20年で
411万円

元本：240万円
運用益：171万円

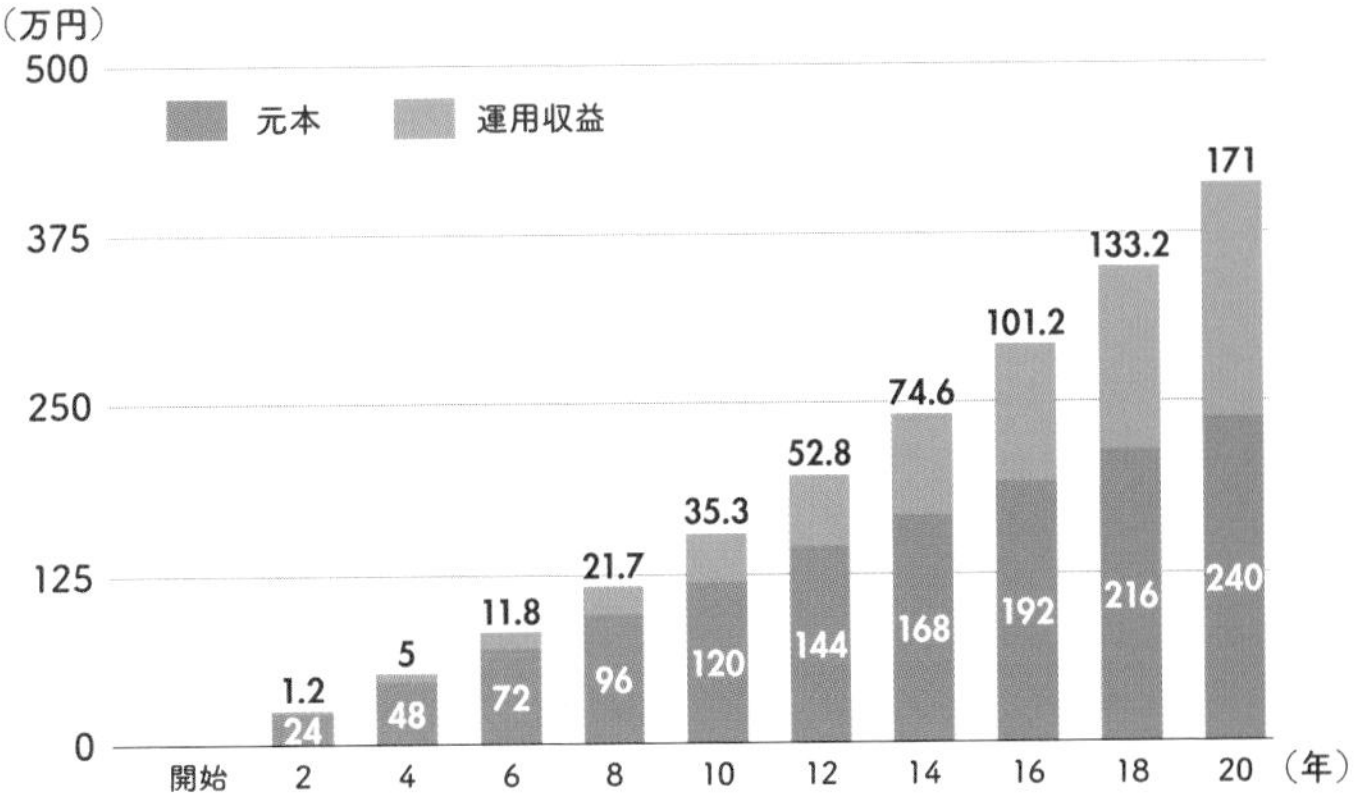
（万円）
500
375
250
125
0
元本
運用収益
1.2
24
5
48
11.8
72
21.7
96
35.3
120
52.8
144
74.6
168
101.2
192
133.2
216
171
240
開始 2 4 6 8 10 12 14 16 18 20 （年）

低リスク運用派

毎月**3**万円
×
年利**3**%

20年で
985万円

元本：720万円
運用益：265万円

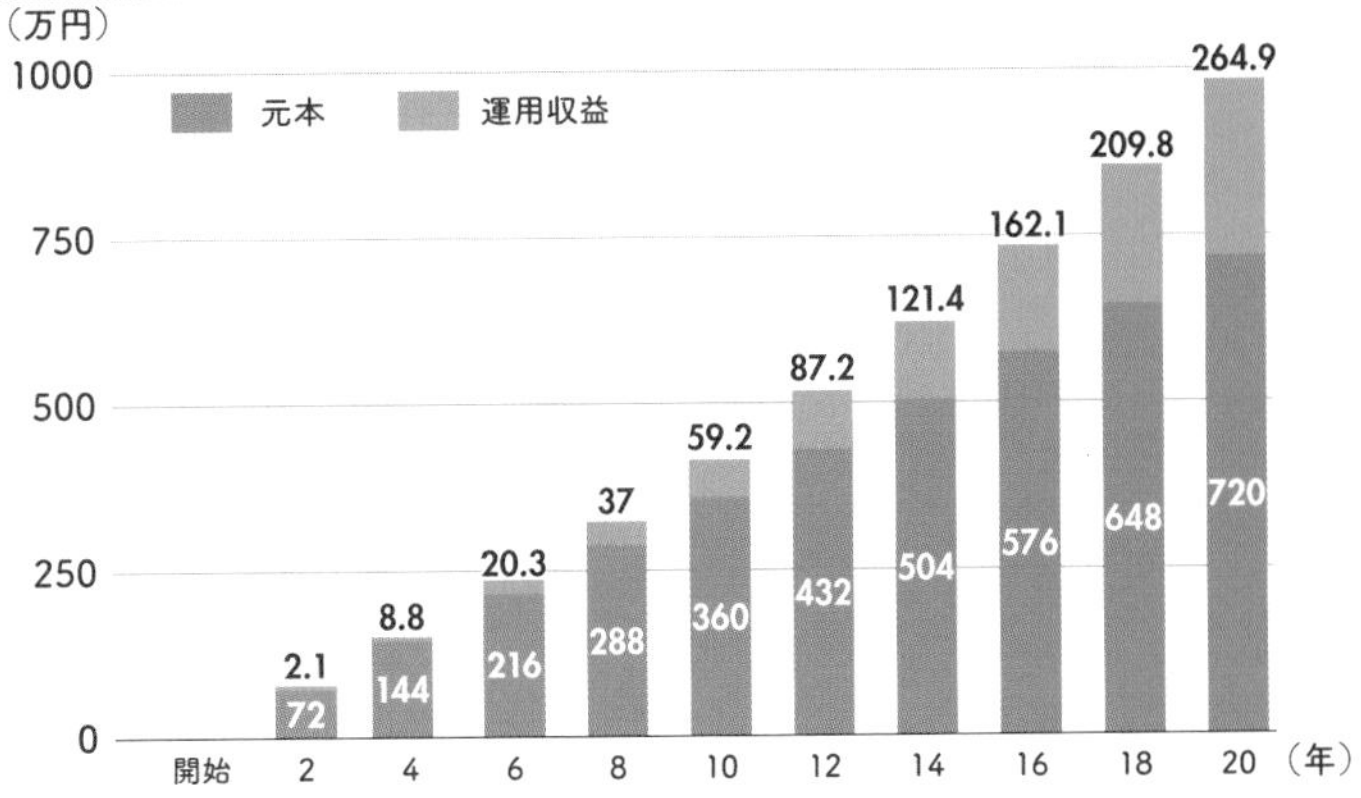
（万円）
1000
750
500
250
0
元本
運用収益
2.1
72
8.8
144
20.3
216
37
288
59.2
360
87.2
432
121.4
504
162.1
576
209.8
648
264.9
720
開始 2 4 6 8 10 12 14 16 18 20 （年）

たくさん積み立てる派

毎月**5**万円
×
年利**5**%

20年で
2055万円

元本：1200万円
運用益：855万円

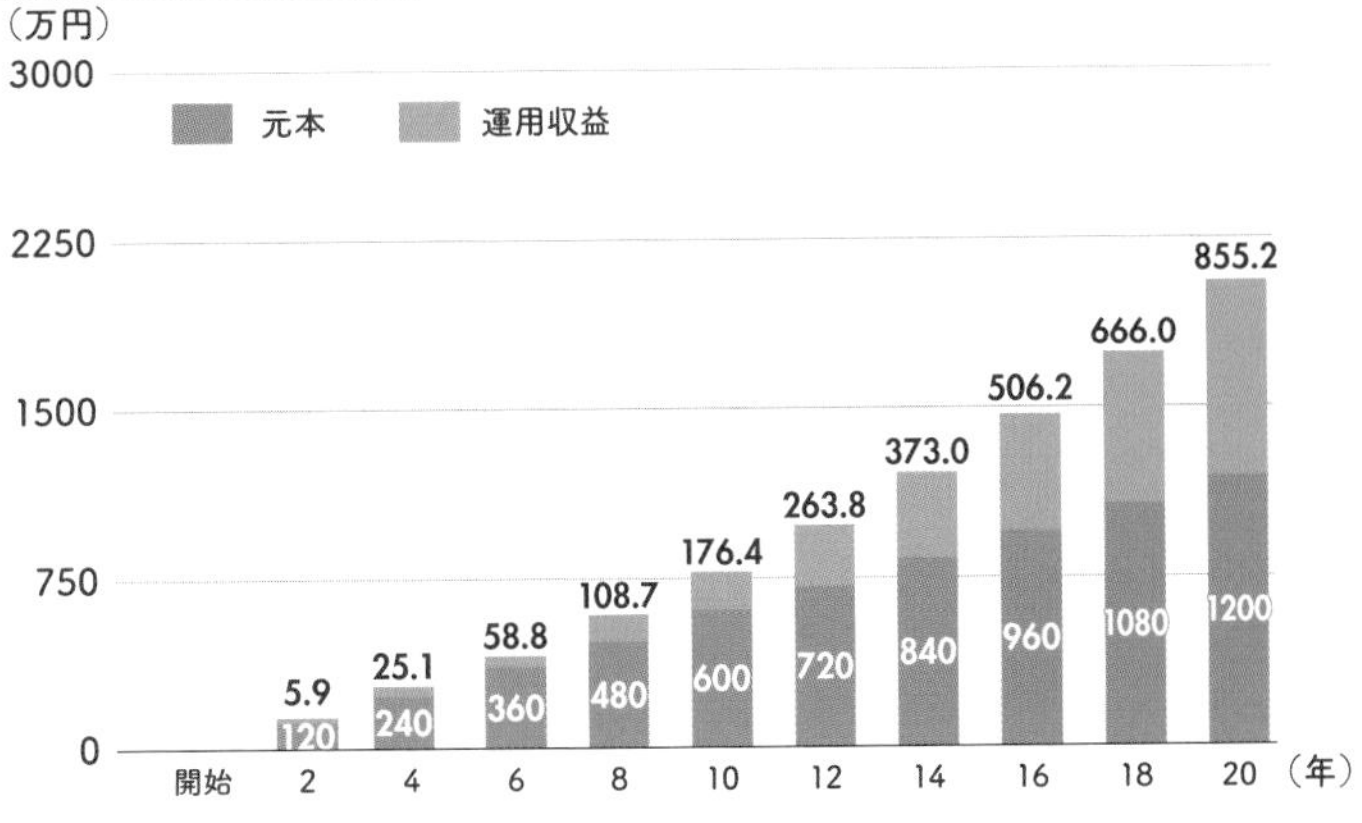
（万円）
3000
2250
1500
750
0
元本
運用収益
5.9
120
25.1
240
58.8
360
108.7
480
176.4
600
263.8
720
373.0
840
506.2
960
666.0
1080
855.2
1200
開始 2 4 6 8 10 12 14 16 18 20 （年）

第1章

7 複利×長期運用で資産を育てる

複利の効果で資産形成のスピードアップ

運用で発生する利子には「単利」と「複利」の2種類があります。効率よく資産を増やすには、複利運用を選ぶようにしましょう。複利運用ならば、利子に利子が発生するため、雪だるま式に資産が増えます。複利運用と長期運用を組み合わせることで、少ない資金でも最大限のパフォーマンスを発揮できます。

また、長期運用は元本割れのリスクを抑える効果もあります。金融庁の発表資料によると、国内外の株式や債券に積立分散投資した場合、保有期間5年以内の収益率はマイナス8～14%とバラつきが大きく、元本割れが発生しています。一方で、20年間保有している場合は元本割れした人はおらず、収益率も2～8%に収束しています。コツコツ長期で運用するのが、資産形成を成功させる秘訣です。

長期運用のほうが元本割れリスクが低い!

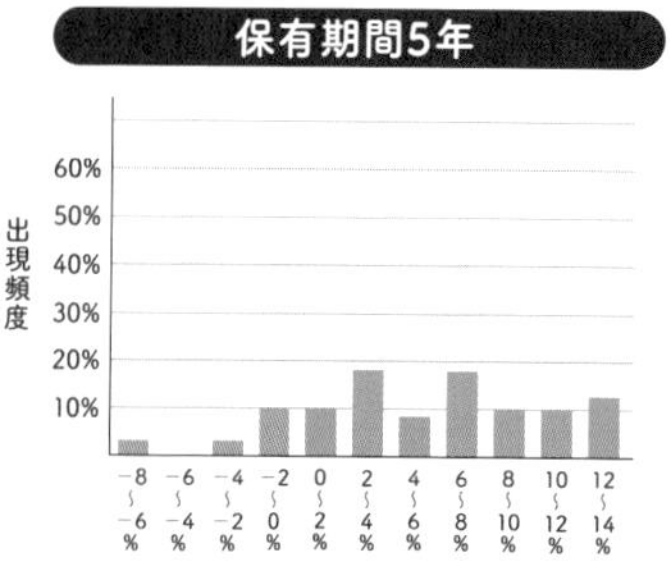

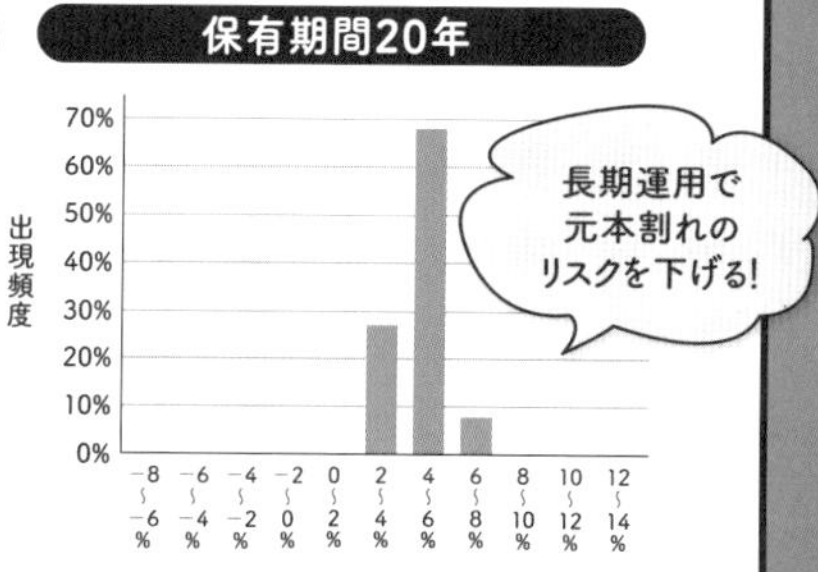

※出典：金融庁「NISA早わかりガイドブック」

100万円が5年後に74万円~176万円

100万円が20年後に186~331万円

POINT

5年以内の運用は元本割れのリスクに注意

金融庁の資料によると、国内外の株式・債券に積立・分散投資した場合の収益率は保有期間によって異なるとされています。1989年以降、保有期間が5年以内では元本割れのリスクがやや高く、20年の長期運用では元本割れしたことがないのです。

■ 単利と複利の違い（年利5%の例）

単利

● 元金は変わらず利子は毎年同じ金額

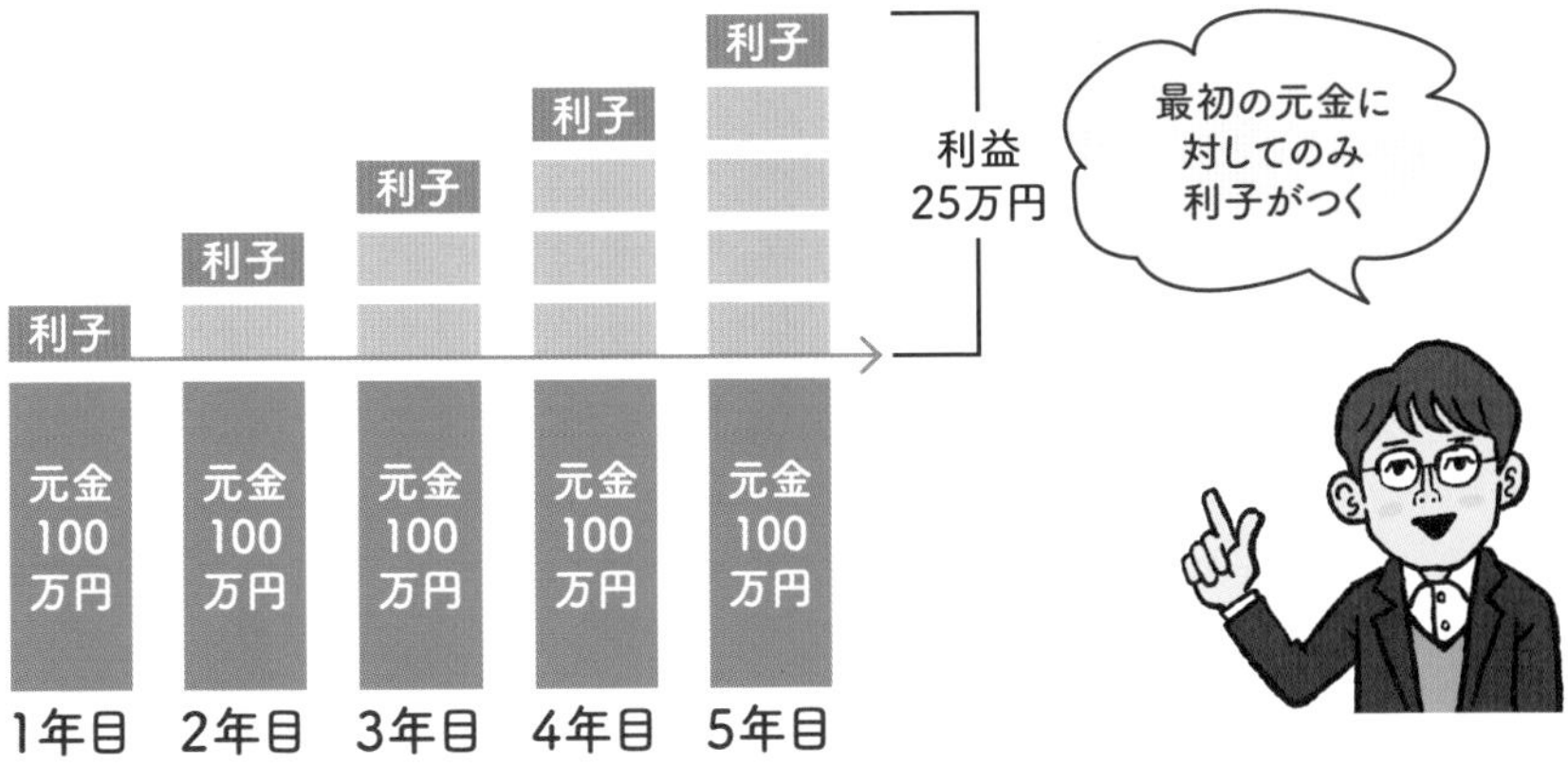
利子
利子
利子
利子
利子
元金 100 万円
元金 100 万円
元金 100 万円
元金 100 万円
元金 100 万円
1年目
2年目
3年目
4年目
5年目
利益 25万円
最初の元金に 対してのみ 利子がつく

複利

● 利子が元金に加算され、利子の額が大きくなっていく

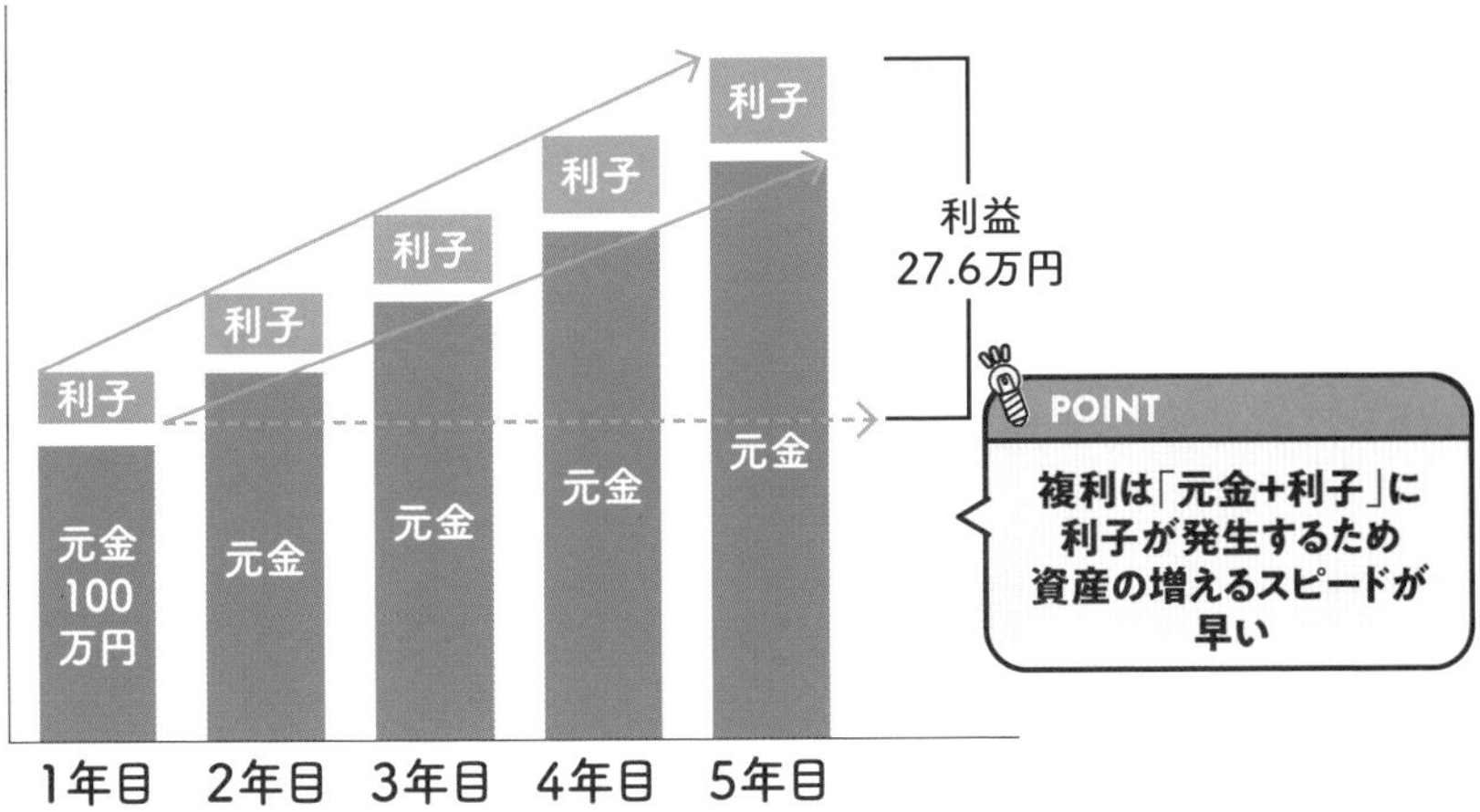
利子
利子
利子
利子
利子
元金 100 万円
元金
元金
元金
元金
1年目
2年目
3年目
4年目
5年目
利益 27.6万円
POINT
複利は「元金+利子」に 利子が発生するため 資産の増えるスピードが 早い

預金や投資信託の運用には、「単利」と「複利」の2種類があります。このうち、元金にしか利子が発生しないものを単利、「元金+利子」に利子が発生するものを複利と呼びます。複利運用をすることで、効率よく資産を増やすことができます。

第1章

8 投資は投機・ギャンブルとは別モノ

［投資］

投資＝ギャンブルは勘違い

投資と聞くと、勝つか負けるかというギャンブルのようなイメージを持っている人もいるかもしれません。しかし、実は投資とギャンブルはまったくの別モノだということを理解しておきましょう。

投資は企業と投資家のどちらも利益を得ることができます。このように勝てる人が多い仕組みを「プラスサム」といいます。一方で、ＦＸのように参加者同士で利益を奪い合うような仕組みを「ゼロサム」といい、投機などが含まれます。主催者が利益を受け取り、残りを参加者で分け合う「マイナスサム」の仕組みにはギャンブルがあります。投機やギャンブルは、主催者の利益分を確保するという性質のため、参加者が全員勝つことはできず、投資と比べて負ける参加者が多くなる傾向にあります。

■ 企業も投資家も嬉しい！

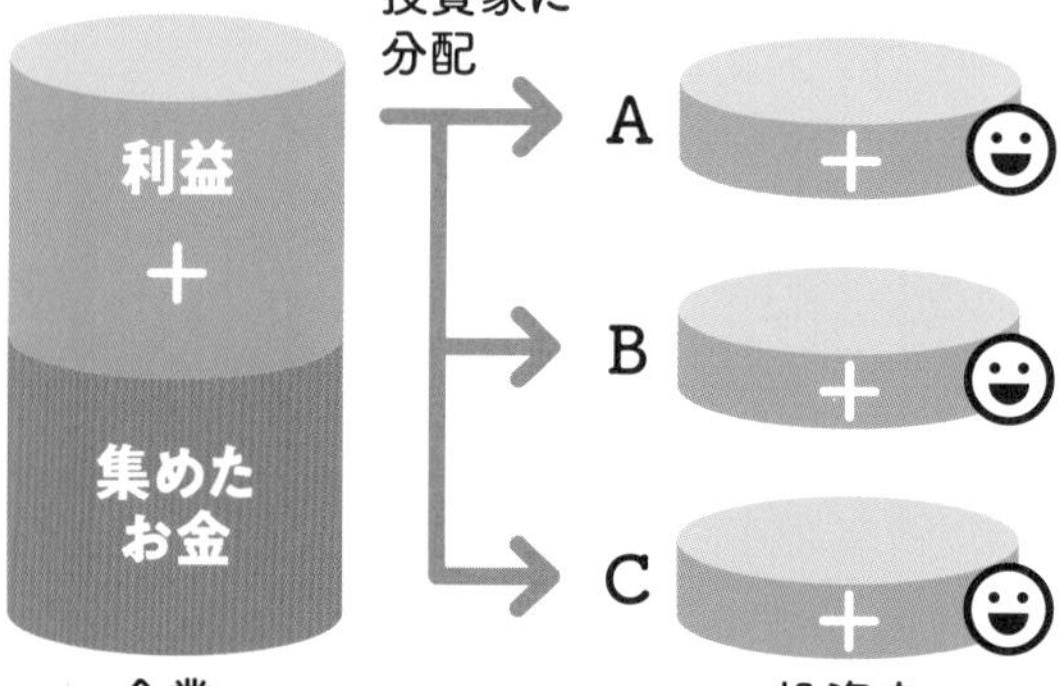

プラスサム

勝てる人が多い仕組み

企業の利益が投資家に分配されます。企業は投資家から資金援助を受け事業を成長させることができ、投資家は分配金によって利益を得ることができるため、参加者の多くが利益を得られる仕組みです。

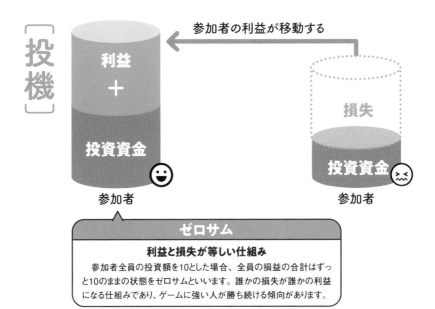

誰かの利益は誰かの損失

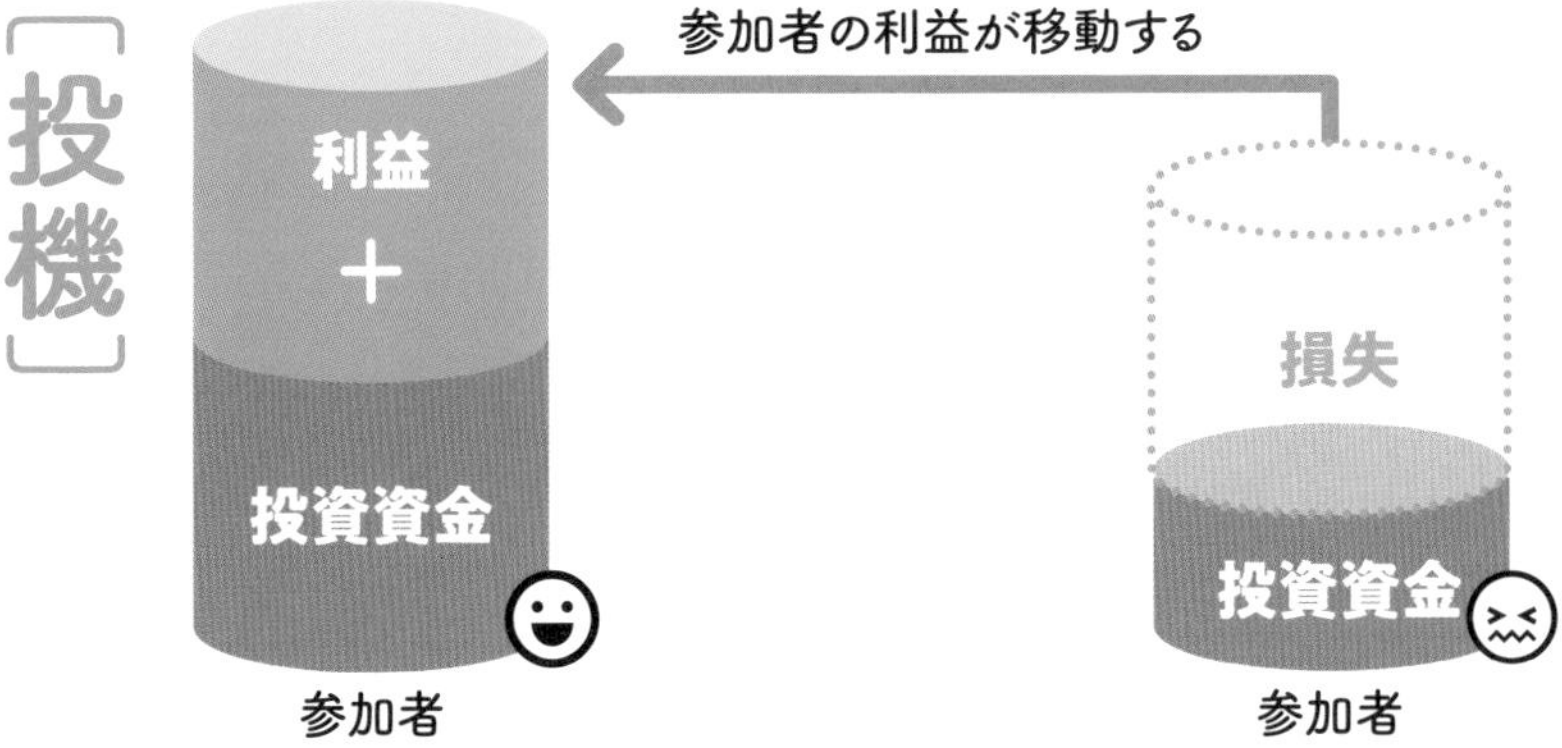
投機
参加者の利益が移動する
利益
+
投資資金
参加者
損失
投資資金
参加者

ゼロサム

利益と損失が等しい仕組み

参加者全員の投資額を10とした場合、全員の損益の合計はずっと10のままの状態をゼロサムといいます。誰かの損失が誰かの利益になる仕組みであり、ゲームに強い人が勝ち続ける傾向があります。

主催者が儲かるのが基本

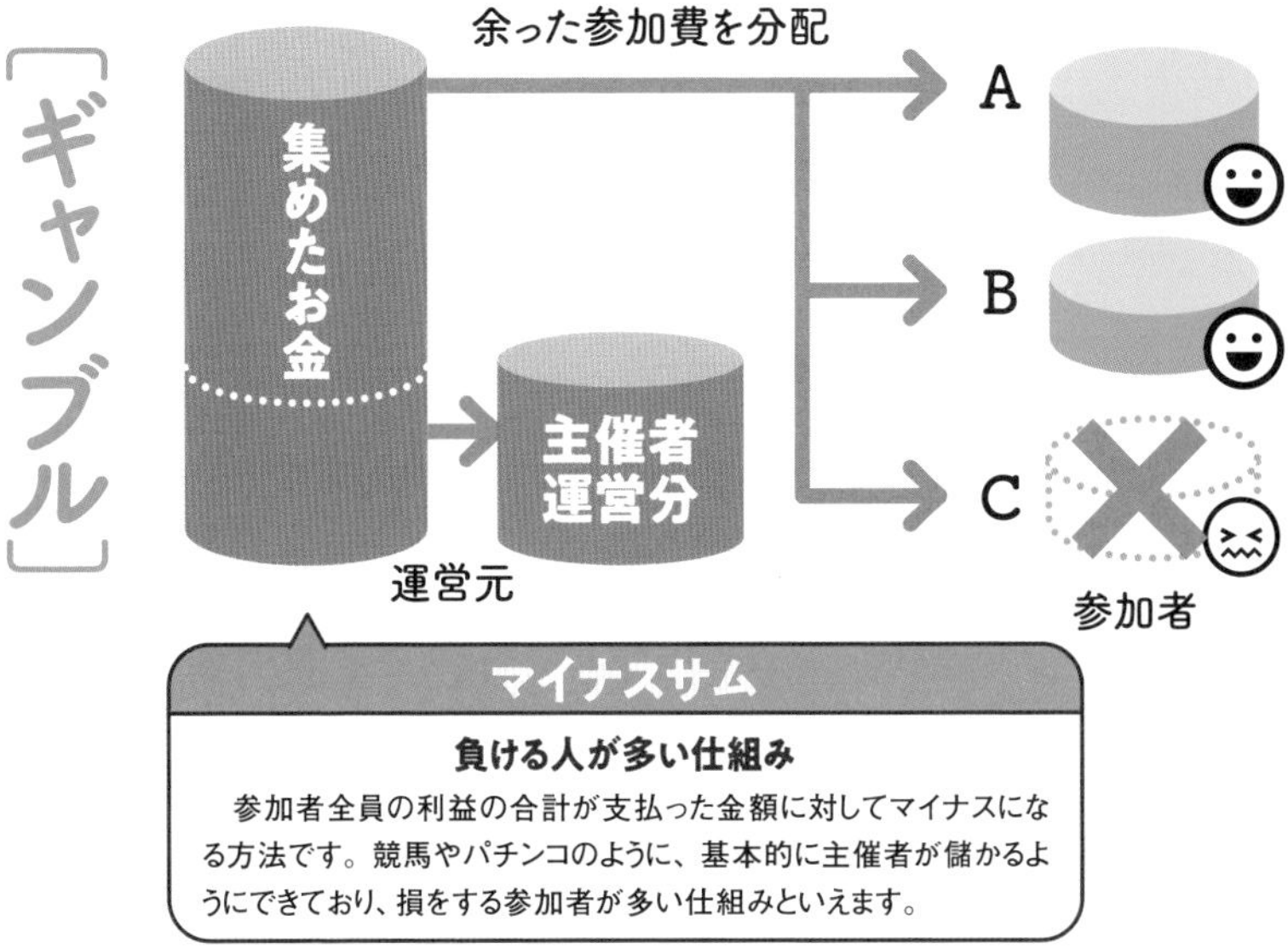
ギャンブル
余った参加費を分配
集めたお金
主催者運営分
運営元
A
B
C
参加者

マイナスサム

負ける人が多い仕組み

参加者全員の利益の合計が支払った金額に対してマイナスになる方法です。競馬やパチンコのように、基本的に主催者が儲かるようにできており、損をする参加者が多い仕組みといえます。

NISAは「投資」、ギャンブルではない!

第1章

9 資産形成には「投資信託」がベスト

金融商品ごとのリスク・リターンを理解しよう

投資におけるリスクとは、危険度ではなくリターン（値動き）の振れ幅を意味します。リスクが高い＝リターンの振れ幅が大きく、大きな利益を狙える反面、大きく値下がりする可能性もあります。金融商品ごとのリスクの違いは下図を参考にしてみてください。

最も低リスクといえるのが預貯金で、為替変動や金利を考慮しない限り元本が保証されますが、現在の金利はほぼゼロなので増えることもありません。債券や不動産、一部の投資信託はミドルリスク・ミドルリターン、株式投資（個別株）はハイリスク・ハイリターンとされています。投資信託も、新興国の株式や特定のテーマ株に投資する商品などはハイリスク・ハイリターンといえます。ローリスク・ハイリターンといった美味しい話は存在しないので、注意しましょう。

■ 金融商品ごとのリスク・リターンのイメージ

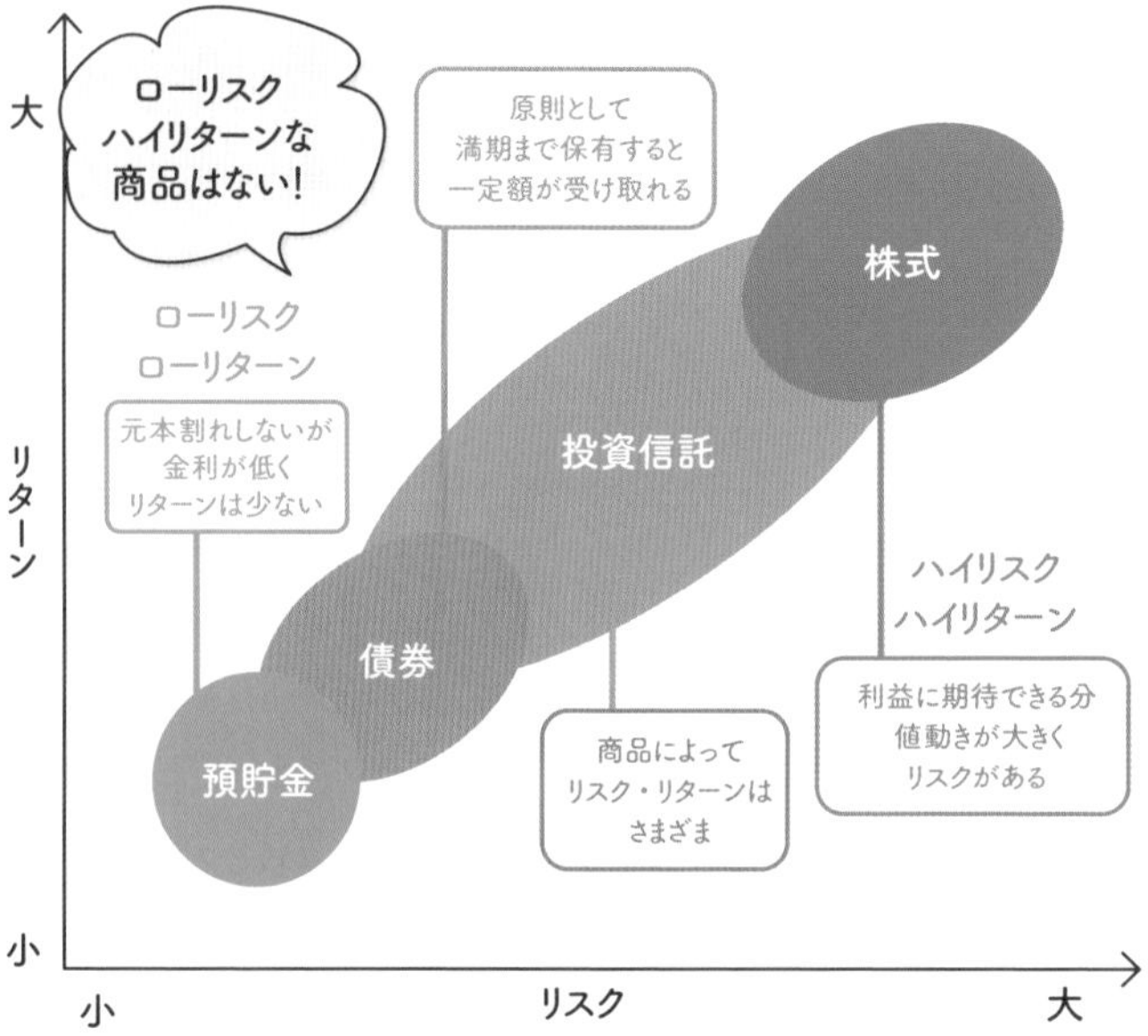

ローリスク
ハイリターンな
商品はない!
原則として
満期まで保有すると
一定額が受け取れる
株式
ローリスク
ローリターン
元本割れしないが
金利が低く
リターンは少ない
投資信託
ハイリスク
ハイリターン
債券
利益に期待できる分
値動きが大きく
リスクがある
預貯金
商品によって
リスク・リターンは
さまざま
大
小
リターン
小
リスク
大

投資信託運用の流れ

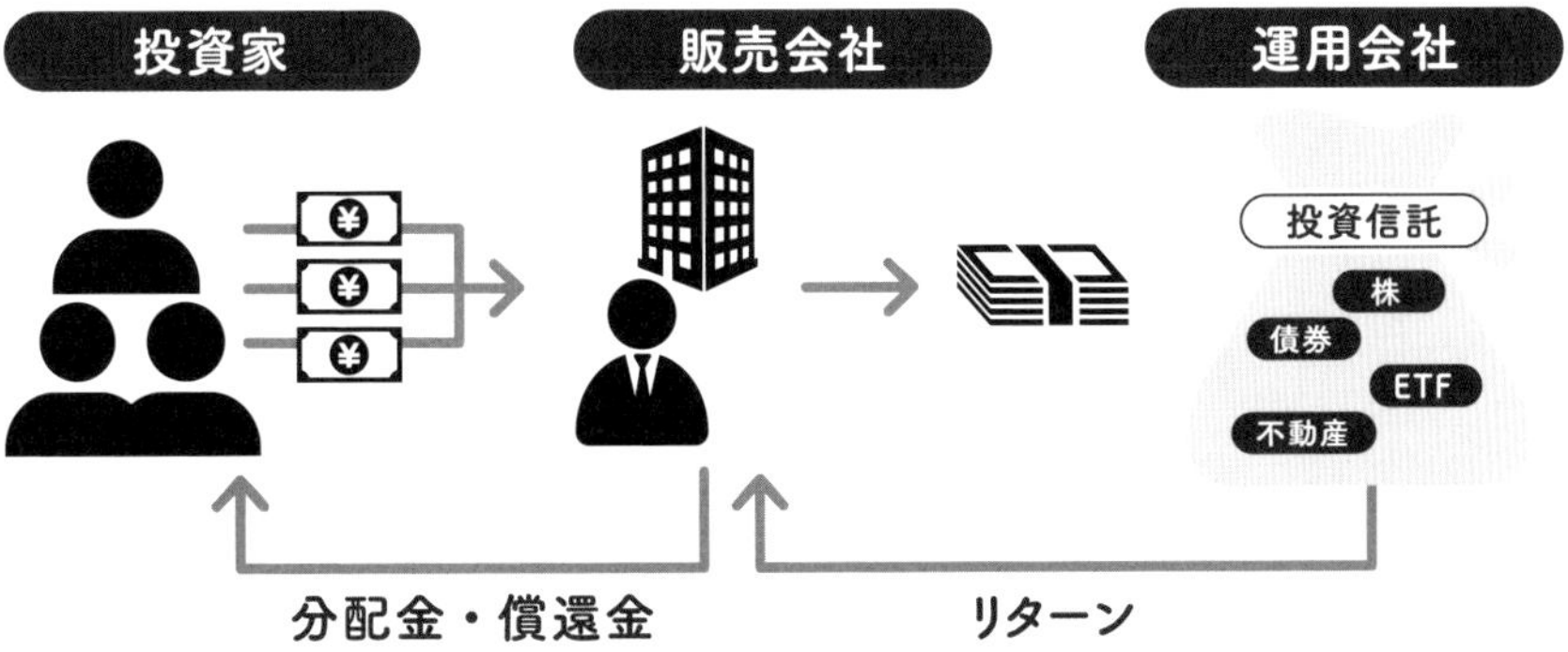

POINT
一部のネット証券では100円など少額から投資可能!

投資信託は、投資家から集めたお金をファンドマネージャーと呼ばれる運用のプロが、株や債券などの複数の資産に投資・運用する金融商品です。日経平均などの株価指数と同じ値動きを目指すインデックス型と、指標以上の成果を目指すアクティブ型の2種類があります。少額から投資を始められ、投資先を選ぶのもプロに任せられる手軽さも人気です。

個別株投資との違い

個別株

メリット

- 高いリターンを狙える
- 株主優待がもらえる企業もある

デメリット

- 銘柄の見極めが難しい
- 単元株購入には資金が必要

投資信託

メリット

- 運用はプロに任せるので手間がかからない
- 金融機関によっては100円から始められる

デメリット

- 短期間で大きなリターンは期待できない
- 株主優待などはもらえない

投資信託以外の投資方法として、個別株投資があります。投資信託よりも高いリターンを狙えたり、企業によっては保有株数に応じて株主優待や配当金がもらえるのがメリットです。ただし、日々の株価の変動が大きく、銘柄の選定や購入のタイミングを見極めるのが難しいというデメリットもあります。また、一般的には株主優待をもらうためには100株単位で購入しなければならないことが多く、まとまった資金が必要になる点も、投資初心者にはハードルが高いです。

第1章

10 投資の基本は「長期・積立・分散」

時間を味方につけてコツコツ資産を増やす

一般的に、投資で大きな利益を得るためには投資対象のリスクを高くする必要があります。しかし、比較的高いリターンを狙える個別株投資は初心者にとって銘柄の選定や購入タイミングを見極めるのが難しいもの。そこで利用したいのが、投資の基本「長期・積立・分散」に適した投資信託です。

長期で運用を続けることで、高いリスクを取らなくても資産を増やすことができます。また、決まったタイミングで一定額ずつ積み立てることで、相場を気にせず購入できます。

資産タイプや投資対象の地域、購入タイミングを分散することによって、値下がりや高値掴みのリスクを抑えることも可能。これらを実践するのに、投資信託はもってこいの金融商品なのです。

■ なるべく長く、コツコツと積み立てる

長期

長く運用する

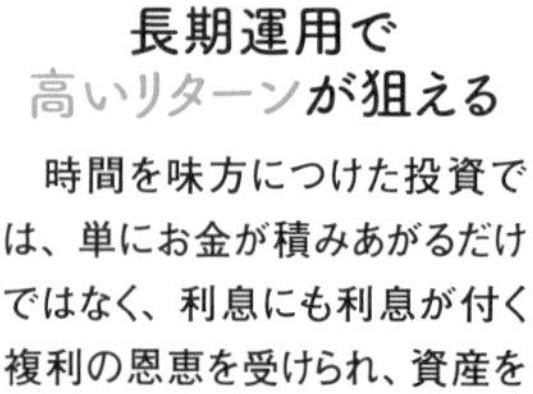

長期運用で高いリターンが狙える

時間を味方につけた投資では、単にお金が積みあがるだけではなく、利息にも利息が付く複利の恩恵を受けられ、資産を大きくできる可能性がある。

積立

決まったタイミングで投資を続ける

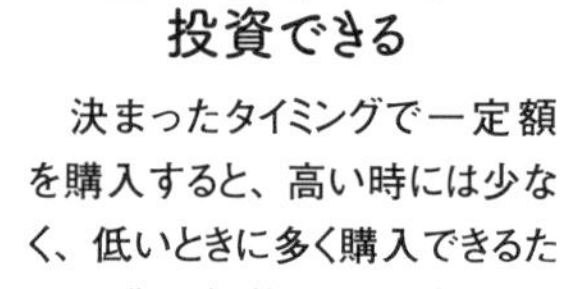

相場を気にせず投資できる

決まったタイミングで一定額を購入すると、高い時には少なく、低いときに多く購入できるため、購入価格が平均化され、価格変動の影響が少なくなる。

投資対象を分散させてリスクを抑える

分散

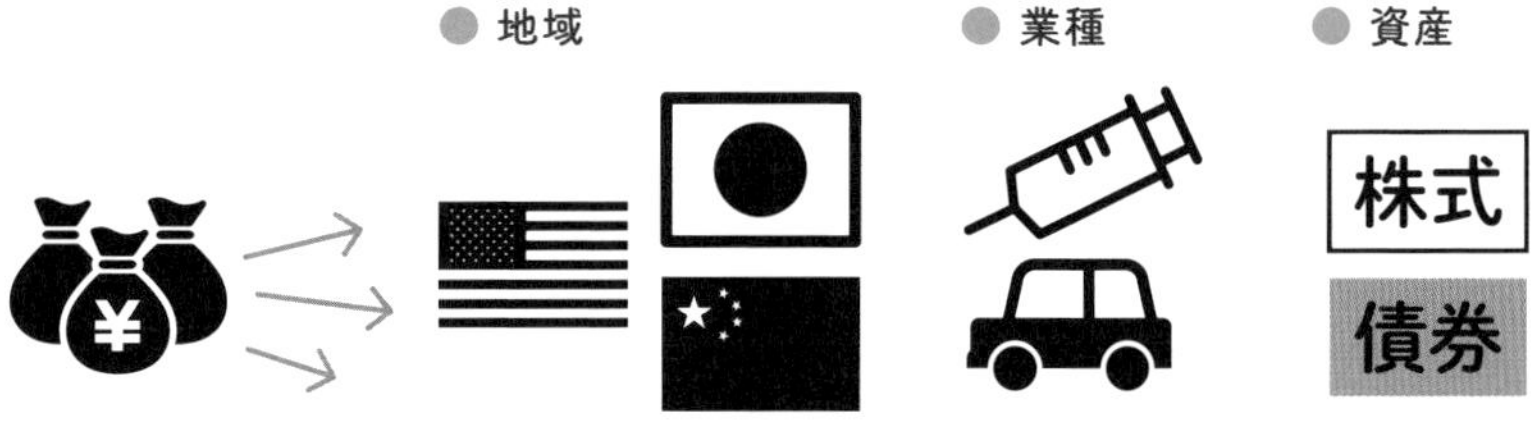

値下がりリスクを抑える

国内外の株、債券といった投資対象（資産・銘柄）、地域（国）や通貨といった異なる値動きをするものに分散して投資をし、価格変動のリスク（不確実性）を軽減させる。

まとめて買わずに時間も分散させる

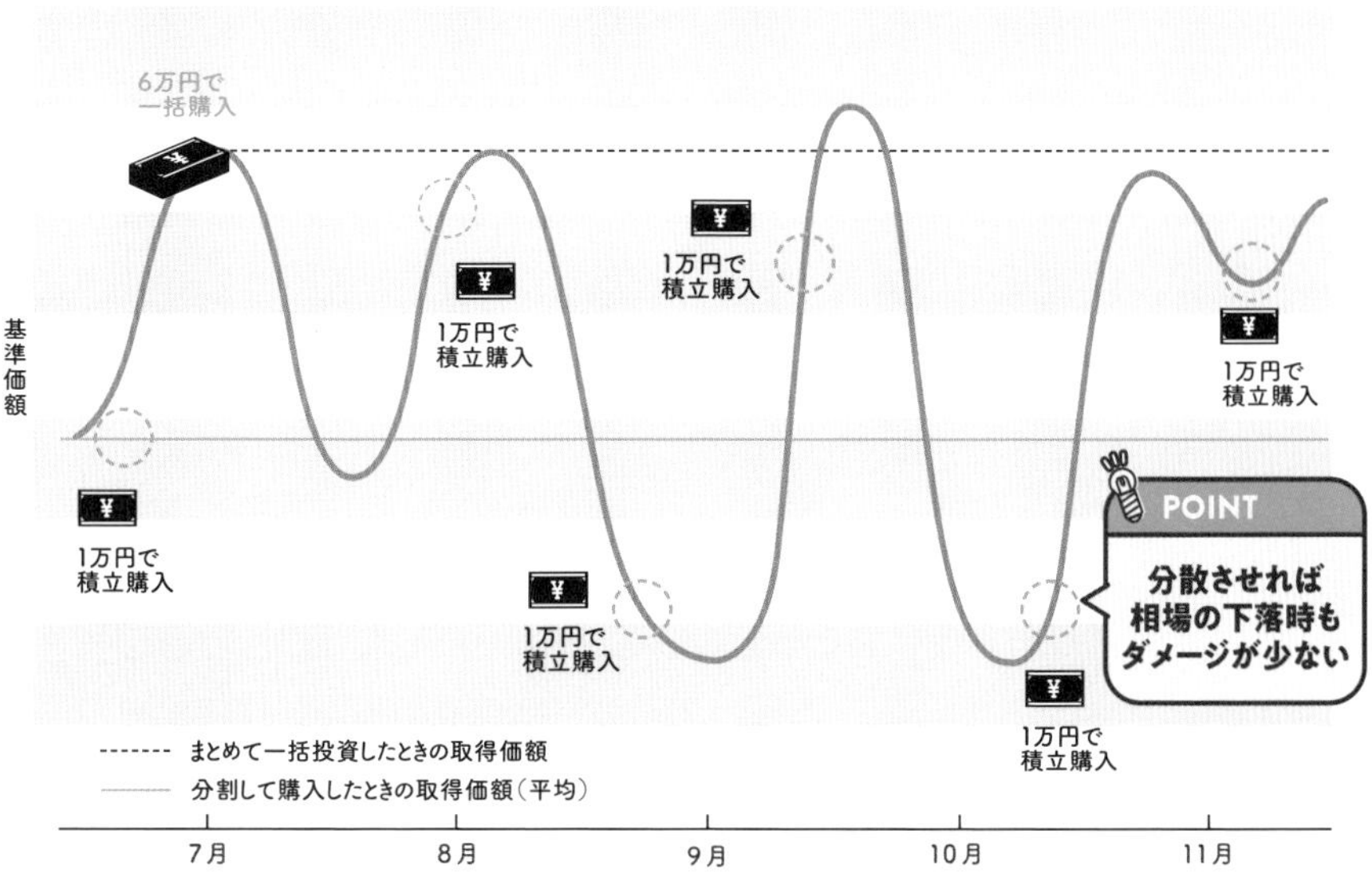

※出典：家計の金融行動に関する世論調査［総世帯］令和4年調査結果

資産タイプや対象地域の分散だけでなく、購入するタイミングを分散させることもリスクヘッジに効果的です。基準価額（投資信託の値段）は日々変動するため、一括でまとめて購入すると相場によっては「高値掴み」してしまうおそれがあります。

第1章

11 50歳以上は「リスク許容度」を意識

運用期間と預貯金額でリスク許容度は変わる

ひと言に投資といっても、全員が同じ方法や金額の投資ができるわけではありません。自分のリスク許容度に合った方法を選択をすることが投資を長く続け、成功させるコツです。まずは左図のチェックリストで自分のリスク許容度を確認してみましょう。リスク許容度が小さい場合は、株式などの値動きの大きい投資は避けたほうが無難です。

また、28ページでも紹介したように5年以内の短期運用では元本割れを起こす可能性が高まります。短くても10年以上は運用を続けることを前提に、運用計画を立てましょう。労働収入が減ったときに新たに投資ができないだけなら問題ありませんが、生活資金が足りずに短期間しか運用できていない資産を取り崩すと、元本割れしている可能性があります。

■ 10年以上の運用を前提に生活資金を準備しよう

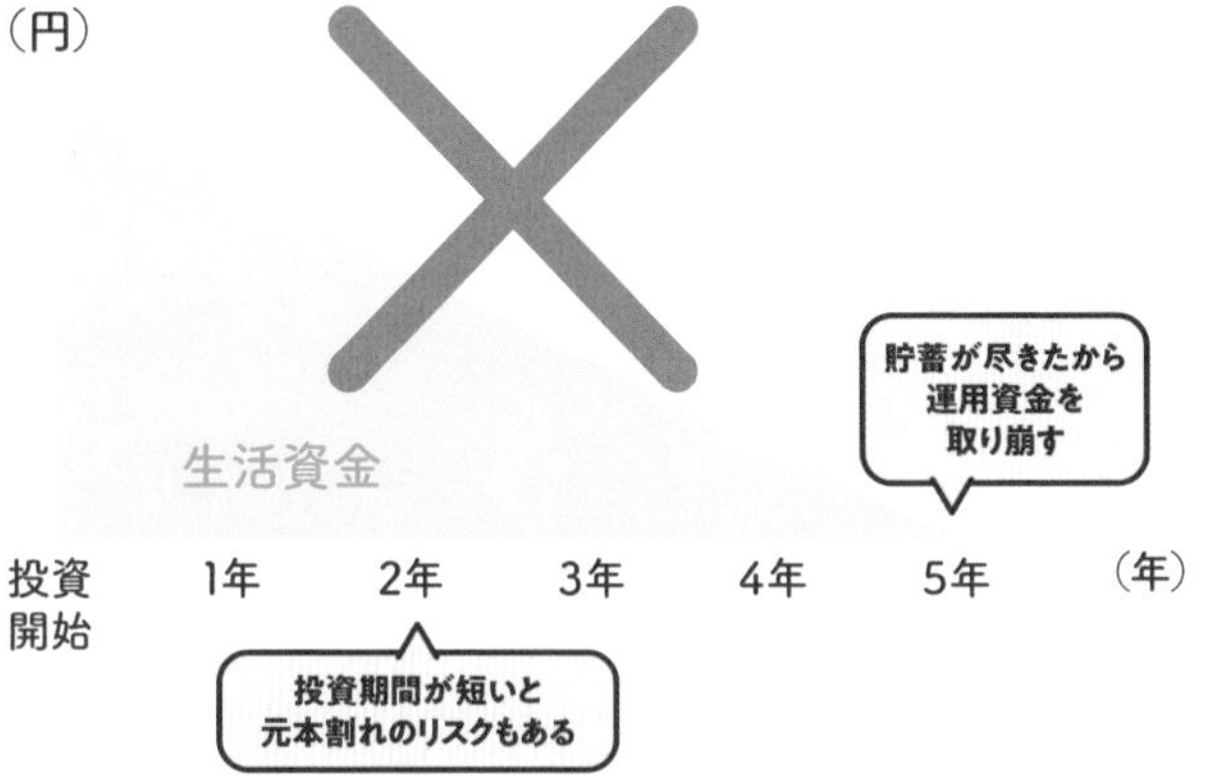
（円）
生活資金
貯蓄が尽きたから
運用資金を
取り崩す
投資
開始
1年
2年
3年
4年
5年
（年）
投資期間が短いと
元本割れのリスクもある

50代からでも資産形成は十分可能ですが、投資を始める前に運用期間がどのくらい確保できるかは確認しておきましょう。張り切って投資を始めたものの、生活資金が足りずに短期間で運用資産を取り崩すといった失敗例は少なくありません。基本的には10年以上運用することを前提に、その期間生活できるだけの収入や預貯金は用意しておきましょう。

■ リスク許容度をチェックしよう

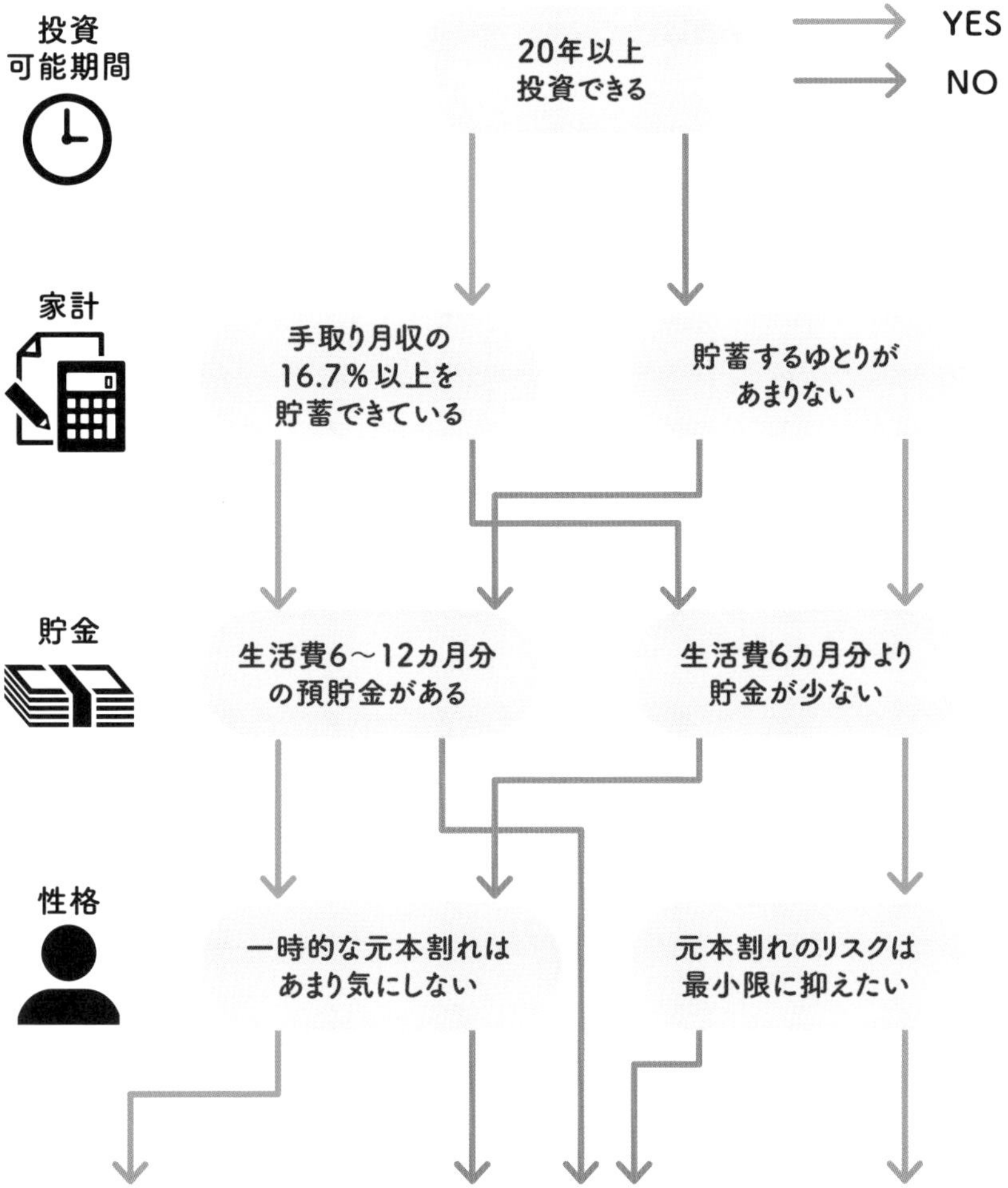

YES
NO
投資可能期間
20年以上投資できる
家計
手取り月収の16.7％以上を貯蓄できている
貯蓄するゆとりがあまりない
貯金
生活費6〜12カ月分の預貯金がある
生活費6カ月分より貯金が少ない
性格
一時的な元本割れはあまり気にしない
元本割れのリスクは最小限に抑えたい

リスク許容度大

投資信託を中心に、個別株やETFなどの投資を取り入れてもいいかもしれません。投資信託のみで運用する場合は、よりリターンが期待できる株式中心のポートフォリオを組んでみてもいいでしょう。

リスク許容度中

積極的にリスクの高い投資はできないものの、投資信託の購入金額を増やすといったかたちでリスク調整ができそうです。また、ポートフォリオ内の株式の比率を上げるなど、高いリターンを狙うこともできます。

リスク許容度小

あまりリスクの高い投資方法はおすすめしません。投資信託など、リスクの低い方法を選ぶようにしましょう。また、投資対象も債券を多く組み込むなど値動きを抑えたポートフォリオにすることが大切です。

第1章

12 リスク・リターンに応じた資産配分

リスク許容度に合わせて配分調整を

ポートフォリオ（資産構成）を考える際も、リスク許容度に応じて金額や投資先を変えていく必要があります。とはいえ、一度ポートフォリオを組んだとしても、その構成比率をずっと守り続ける必要はありません。一般的には年齢を重ねるにつれ、リスクを下げていきます。

現役世代で労働収入がたくさんあるうちは株式などを中心とした攻めのポートフォリオでも問題ないかもしれません。しかし、高いリターンが狙えるものはそれだけ値下がりの可能性もあるのです。年齢を重ねるにつれ、少しずつ債券の比率を上げたり、定期預金などの低リスク資産に切り替えたりして調整することが大切です。リスク・リターン別の配分例をいくつか紹介しますので、参考にしてみてください。

＜配分例＞

リスク・リターン大 → **株式＞債券**

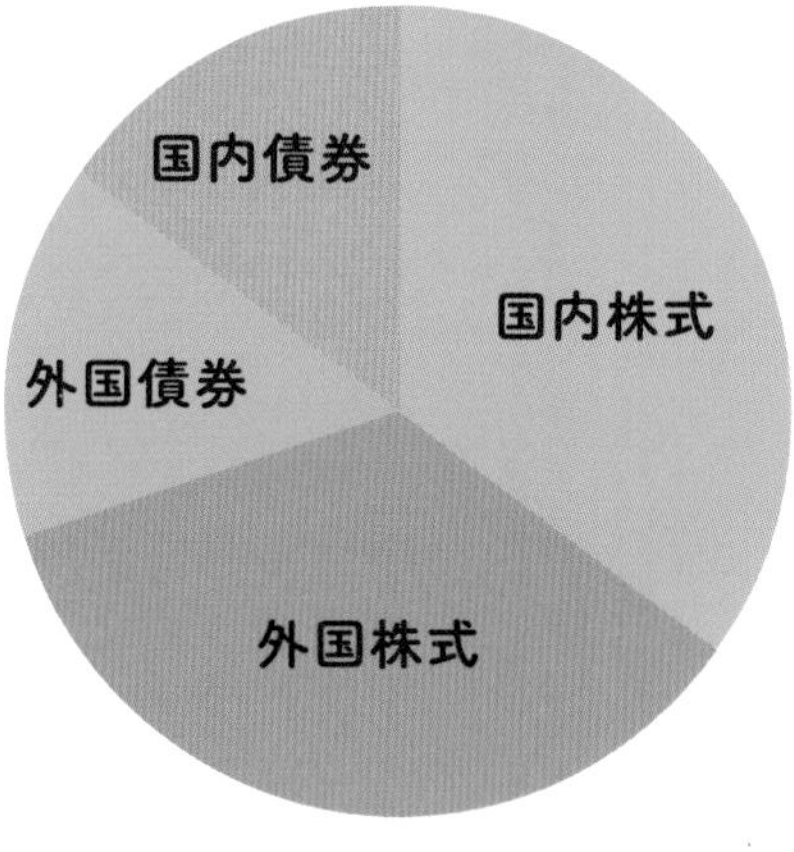

資産の半分以上を株式で構成する攻めのポートフォリオです。リスクは高くなりますが、その分大きなリターンが期待できます。リスク許容度の高い人におすすめのポートフォリオといえます。

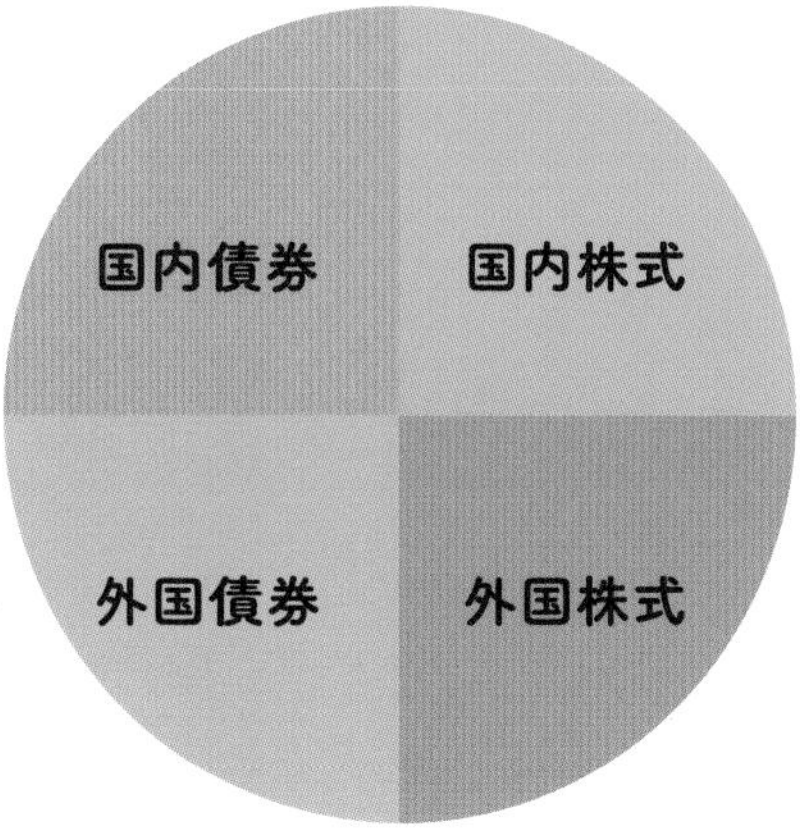

リスク・リターン中

↓

株式＝債券

国内外の株式と債券をバランスよく購入するポートフォリオです。リスクを抑えつつ、リターンも狙いたいといった人におすすめです。公的年金を運用するGPIFも、このようなポートフォリオを取り入れています。

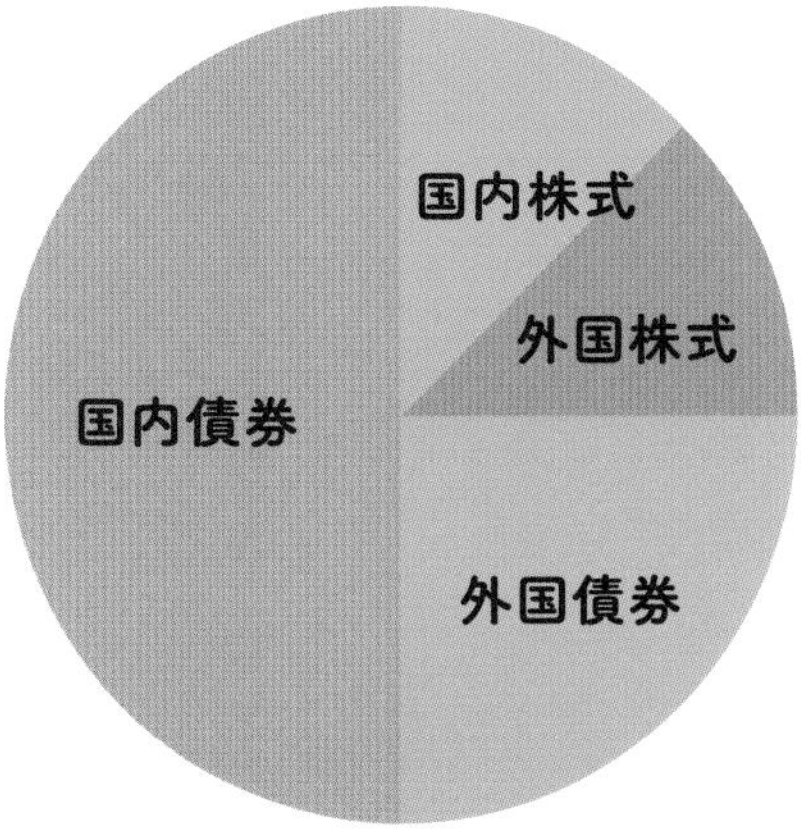

リスク・リターン小

↓

株式＜債券

株式の割合を減らし、多くを債券で構成するポートフォリオです。とにかくリスクを抑えたい人向けの守りのポートフォリオといえます。値下がりリスクは低い一方で、リターンに対する期待値も低めです。

POINT

年齢とともにポートフォリオも変化させていけばOK

年齢によってもリスク許容度は異なります。一般的には現役世代は比較的リスク許容度が高く、労働収入がなくなる老後はリスク許容度が低くなります。定期的にポートフォリオを見直し、リスク許容度に合った内容に変えましょう。

第1章

13 NISAとiDeCoは使わなきゃ損！

NISAは資産形成、iDeCoは自分年金

資産運用をしようと考え始めた人の多くが、NISAとiDeCoのどちらを使えばいいのか悩むものです。本来なら投資で得た利益には約20%の税金がかかりますが、NISAとiDeCoを利用して得た利益は非課税になります。どちらも優れた税制優遇制度なので、もちろん両方利用するのがベストです。しかし金銭的に余裕がなく、どちらか一方のみを選ぶならまずはNISAをおすすめします。

iDeCoは掛金が全額所得控除になるため毎年の節税効果が大きい反面、原則60歳まで出金できないという点には注意が必要です。その点NISAはいつでも資金を引き出せるため、ライフプランの変化などでお金が必要になったときに柔軟に対応できるというメリットがあります。

運用で利益が発生したとき

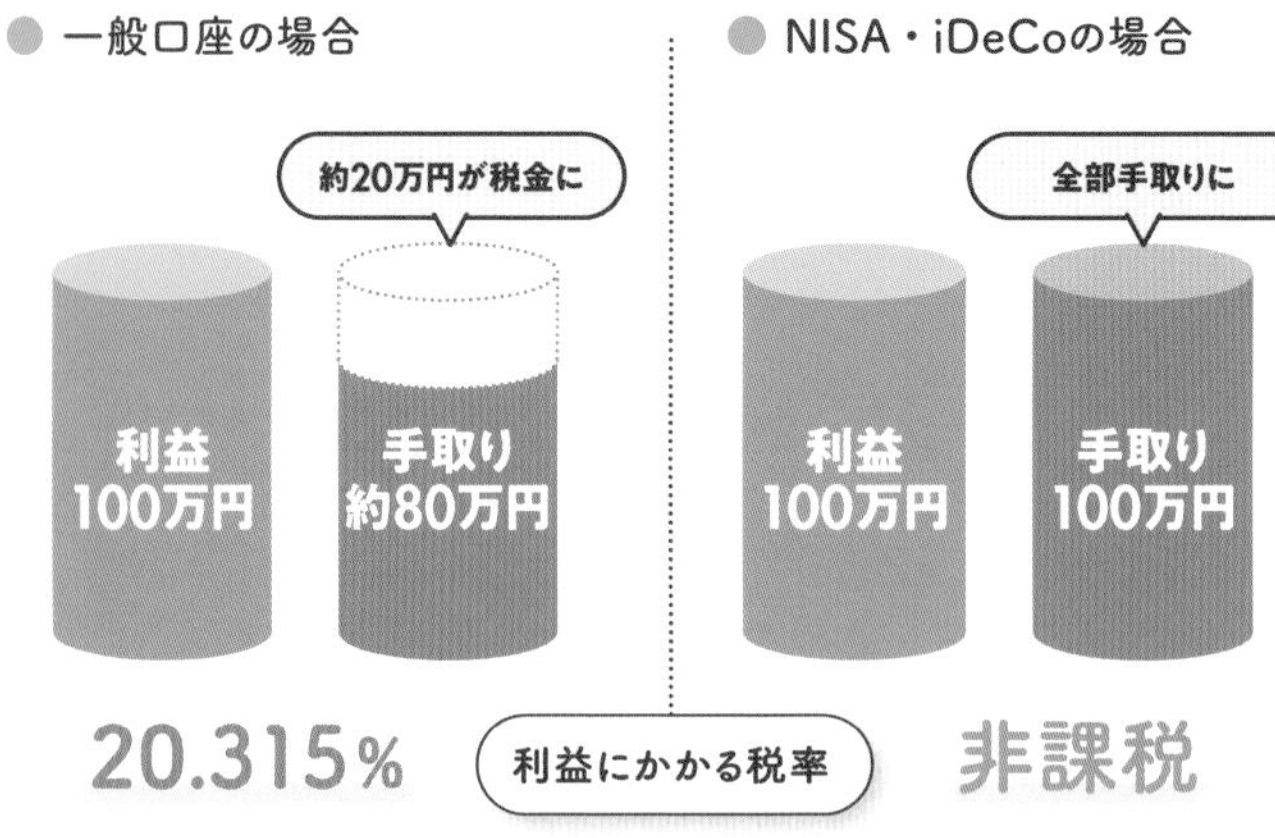
一般口座の場合
約20万円が税金に
利益 100万円
手取り 約80万円
20.315%
NISA・iDeCoの場合
全部手取りに
利益 100万円
手取り 100万円
非課税
利益にかかる税率

通常、投資で得た利益には約20%の税金がかかります。例えば100万円投資で儲けても、20万円以上が税金として引かれてしまうのです。しかし、NISAやiDeCoの口座で運用して得た利益は非課税なので、儲けがまるまる自分の手取りになります。利益が大きくなれば、その分だけ非課税の恩恵も大きくなるため、使わない手はありません。

NISAとiDeCoの特徴

・個人投資家向けの税制優遇制度
・いつでも引き出せる
・受け取っても税金の対象にならない

・自分で積み立てる年金
・原則60歳まで引き出せない
・掛金が全額所得控除になる
・受取時にも控除がある
（ただし年金式で受け取る場合は課税対象）

新NISA			iDeCo
つみたて投資枠	成長投資枠		
投資信託	上場株式、ETF、投資信託など	投資対象	投資信託、保険商品、定期預金など
120万円	240万円	年間投資額	14万4000円～81万6000円
1800万円	うち1200万円まで	非課税保有限度額	とくになし
無期限		非課税運用期間	75歳まで（拠出は65歳まで）
いつでも可能		いつ出金できる?	原則60歳以降75歳まで 年金or一括受け取り
最低100円から		いくらから投資できる?	最低5000円から
口座開設は無料（信託報酬などはかかる）		手数料	加入時：2829円 運用中：171円～ 出金時：440円/回

POINT
NISAのほうがライフスタイルに合わせて柔軟に対応できる

どちらか選ぶなら、まずはNISAがおすすめ

コラム

Column

家計管理の基本「ショウ・ロウ・トウ」

消《ショウ》
消費

生活に必要なお金

- 食費
- 家賃
- 光熱費
- 被服費
- 教育費など

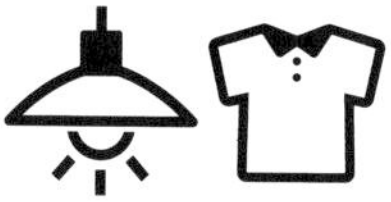

浪《ロウ》
浪費

いわゆるムダづかい

- 嗜好品
- 娯楽費
- 趣味に使うお金
- 高すぎる金利や手数料など

投《トウ》
投資

自分の将来のために使うお金

- 預貯金や投資の元金
- 留学費用
- 資格取得費など

支出の内訳を「見える化」してみる

家計簿などで家計管理をしていても、お金がなかなか貯まらないと悩む人もいます。そのような人は、支出を価値のモノサシで測る「家計の三分法」がおすすめです。支出を自分の価値観で「消費」「浪費」「投資」の3つに分けてみましょう。

「消費」とは食費や光熱費といった、生活に不可欠なものに使うお金です。「投資」とは、自分の将来のために使うお金です。預貯金や投資の元金だけでなく、留学や資格取得など自己投資に使うお金も含まれます。そして、残るひとつが「浪費」です。これは生活には不要なお金、いわゆるムダづかいです。

上手な家計管理のコツは、まず「浪費」を把握し、減らすことです。ATM手数料やクレジットカードの手数料、なんとなく買ってしまうコンビニスイーツなどにかかるお金がいくらか、きちんと確認したことがない人も多いのではないでしょうか。たとえば平日に毎日コンビニやコーヒーショップで500円ほどの買い物をしているとしたら、月額で1万円になる計算です。

支出を減らすといっても、「消費」は生きていくうえで必要なお金ですし、「投資」に使うお金は人生を豊かにしてくれるので、これらを削る必要はありません。浪費はできるだけ減らしたほうが良いですが、これもゼロにする必要はないのです。リフレッシュのためにあえて行う「浪費」は、日々の生活に潤いをもたらすこともまた事実でしょう。

家計管理で大切なのは、支出の内訳を「見える化」し、ムダな部分を適切にカットしていくことです。

第2章

新NISA

～口座開設はスマホで15分！ 少額からでもOK～

2024年から制度変更したNISAに、世間の注目が高まっています。投資で得た利益が非課税という個人投資家にとってうれしいポイントはそのままに、以前よりも格段に使いやすくうまれ変わった制度で投資を始めましょう。第2章では、新NISAの制度の特徴から、ネット証券でのNISA口座開設方法まで解説していきます。

新NISA

第2章

1 ずっと非課税！いつでも現金化できる「NISA」

期間の制限がなくなり自由度がアップ

国民の資産を増やすことを目的として国が進める税制優遇制度「NISA」。2024年からは制度がリニューアルされ、投資家にとってより一層使いやすい制度にうまれ変わりました。

新しくなったNISAでは、旧制度にあった非課税期間の制限が撤廃されたことが大きなポイントとなっています。かつては、非課税期間の終了時期を迎えると、損失が出ていても、売却や課税口座に移管するなどの不利な選択をしなければなりませんでしたが、新制度ではそのような心配がありません。

また、旧制度にあった投資可能期間の制限も撤廃されました。これまで以上に、個人の経済状況に合わせて自由に使える制度となっているので、これを機にNISAデビューを検討してみましょう。

2024年スタートの新NISA制度の基本情報

POINT
最大で1800万円まで非課税で投資できる

	つみたて投資枠	成長投資枠
非課税限度額	1800万円	
		うち1200万円
年間投資枠	120万円	240万円
非課税期間	無期限	
投資可能期間	無期限	
投資対象金融商品	金融庁の登録を受けた投資信託、ETF	株式、投資信託、ETFなど
対象年齢	18歳以上	

利用者は生涯最大1800万円まで非課税運用が可能。ただし、そのうち成長投資枠の利用は、1200万円が上限です。最大1800万円まで使う場合、少なくとも600万円までは、つみたて投資枠を使用しなければなりません。そのほか、投資枠によって年間に投資できる上限額にも違いがあります。

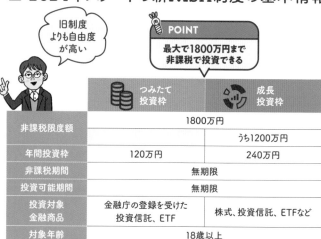

新NISAの特徴① 非課税期間の制限なし

■ 新制度では非課税期間の制限が撤廃

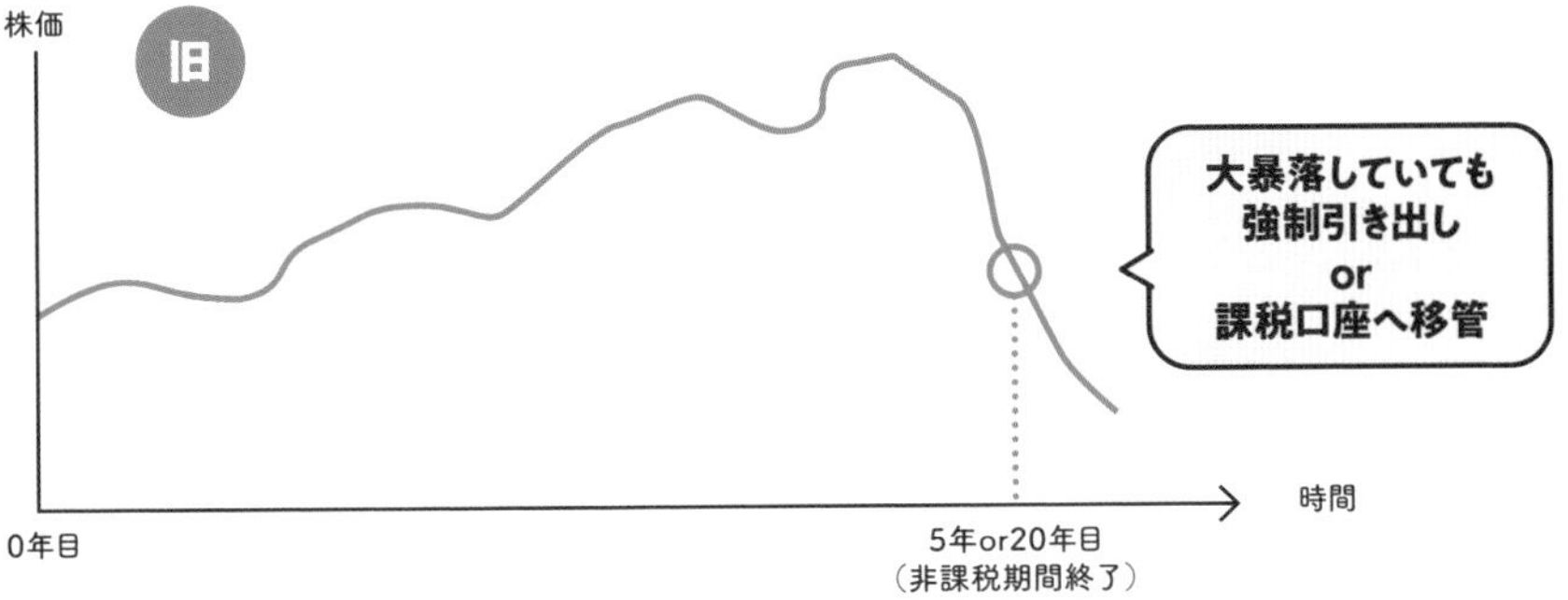
株価
旧
大暴落していても
強制引き出し
or
課税口座へ移管
時間
0年目
5年or20年目
（非課税期間終了）

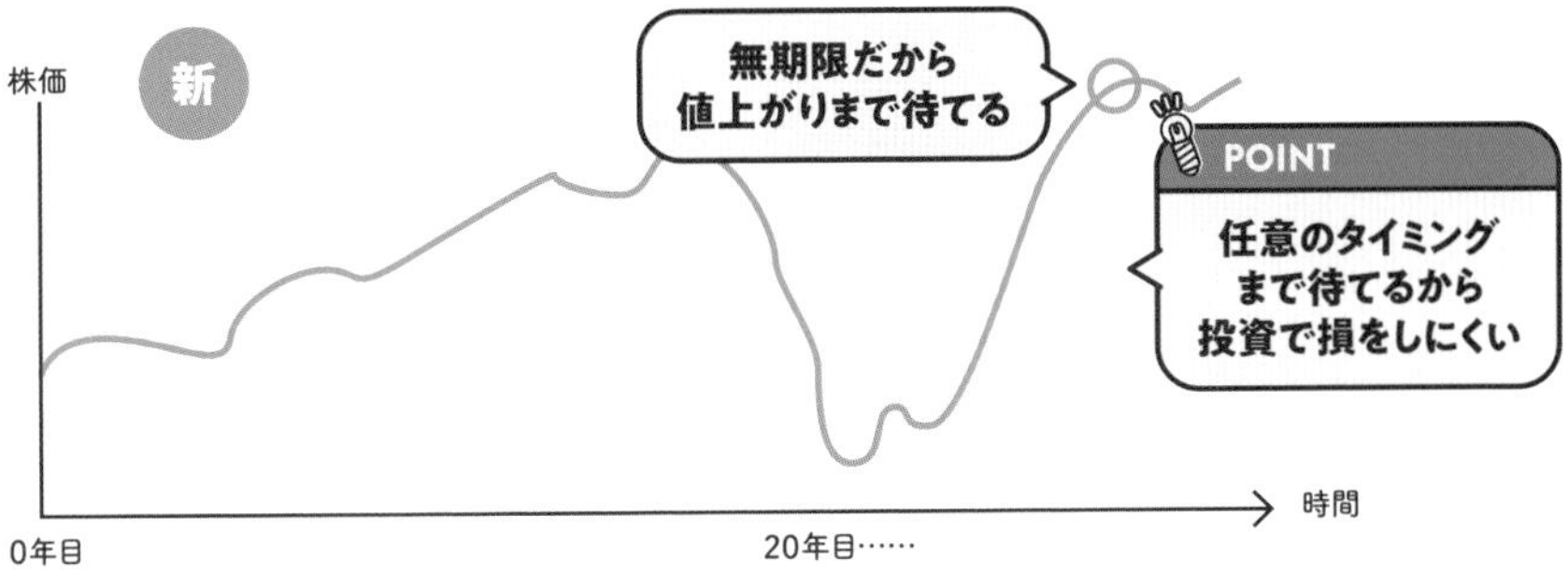
株価
新
無期限だから
値上がりまで待てる
POINT
任意のタイミング
まで待てるから
投資で損をしにくい
時間
0年目
20年目……

■ 途中で現金化しても再び始められる

急にお金が
必要になっても
安心

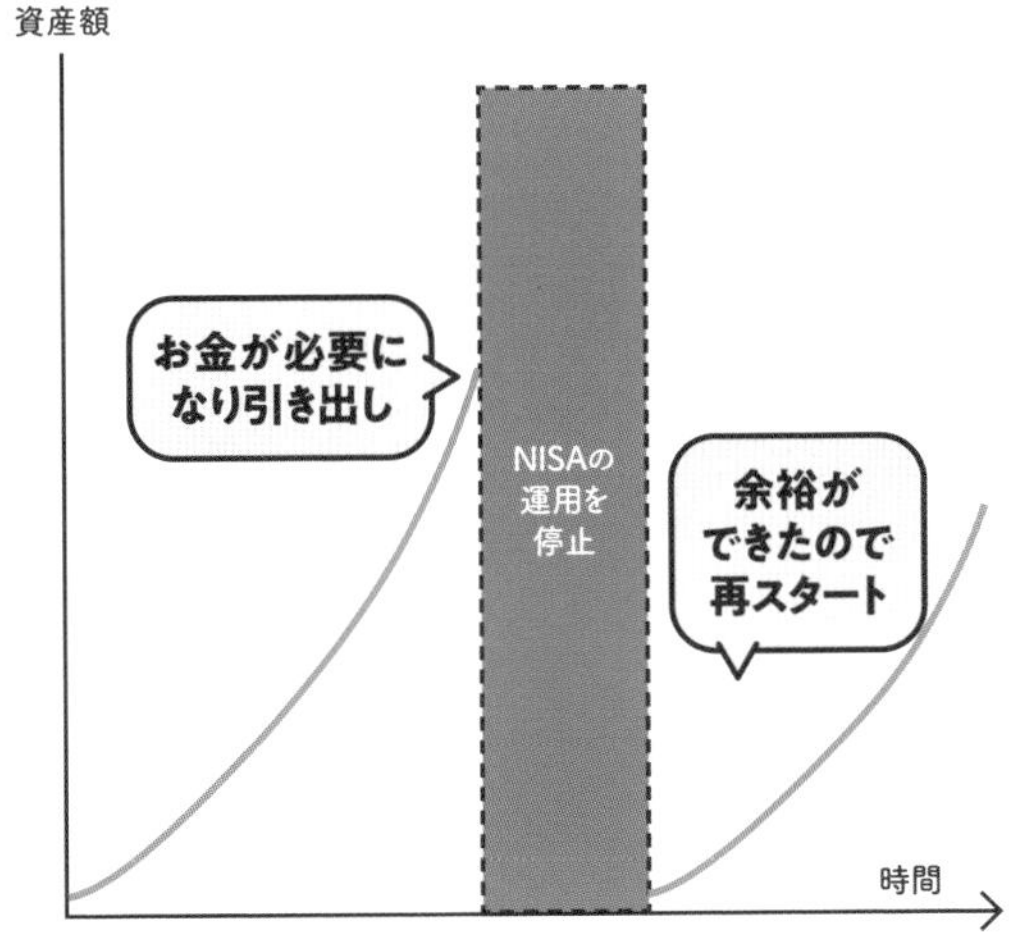
資産額
お金が必要に
なり引き出し
NISAの
運用を
停止
余裕が
できたので
再スタート
時間

CHECK!

途中で売却すると複利効果が小さくなる点に注意

途中でお金を引き出してしまうと複利効果がそこで減少してしまいます。複利効果を高めるためには、長期でコツコツと積立投資を続けていくことが重要です。

新NISAの特徴② 2つの投資スタイル

■ リスクの少ない投資ならつみたて投資枠を利用

長期的にコツコツ資産を増やす

つみたて投資枠

さまざまな商品に幅広く投資できる

成長投資枠

併用が可能!

つみたて投資枠

メリット

- 選べる商品は一定の基準をクリアした投資信託・ETFのみなので、リスクを抑えた投資ができる

デメリット

- 選べる商品数が成長投資枠よりも少ない

成長投資枠

メリット

- 個別株に投資できる
- 選べる投資信託やETFの数が多い
- 年間投資枠が240万円と高額

デメリット

- 生涯投資枠は1200万円が上限
- 選ぶ商品によってはリスクが大きくなる

POINT

つみたて投資枠は投資ビギナーにうってつけ

つみたて投資枠で購入できるのは、長期間かけてコツコツと資産形成するのに適した商品のみ。成長投資枠は選べる商品の種類が多くなる一方で、リスクが大きい商品も取扱い可能となるため、ビギナーが利用する際は十分に注意しなければなりません。

CHECK!

つみたて投資枠の商品は長期投資に適した商品だけ

つみたて投資枠
対象商品条件

- 販売手数料がゼロ(ノーロード)
- 信託報酬が一定水準以下
- 信託契約期間が無期限または20年以上
- 主たる投資の対象資産に株式を含むこと

つみたて投資枠で購入できる商品のラインナップは、金融庁が定める厳しい要件をクリアした投資信託とETFだけです。いずれも、長期積立投資に適した特徴を持つ商品ばかり。つみたて投資枠であれば、投資初心者であっても商品選びで大きな失敗をしてしまうリスクを抑えることができます。

個別株投資なら成長投資枠を選択

新NISAの特徴③ 売却すれば枠は復活

■ つみたて投資枠と成長投資枠を合わせて1800万円が上限

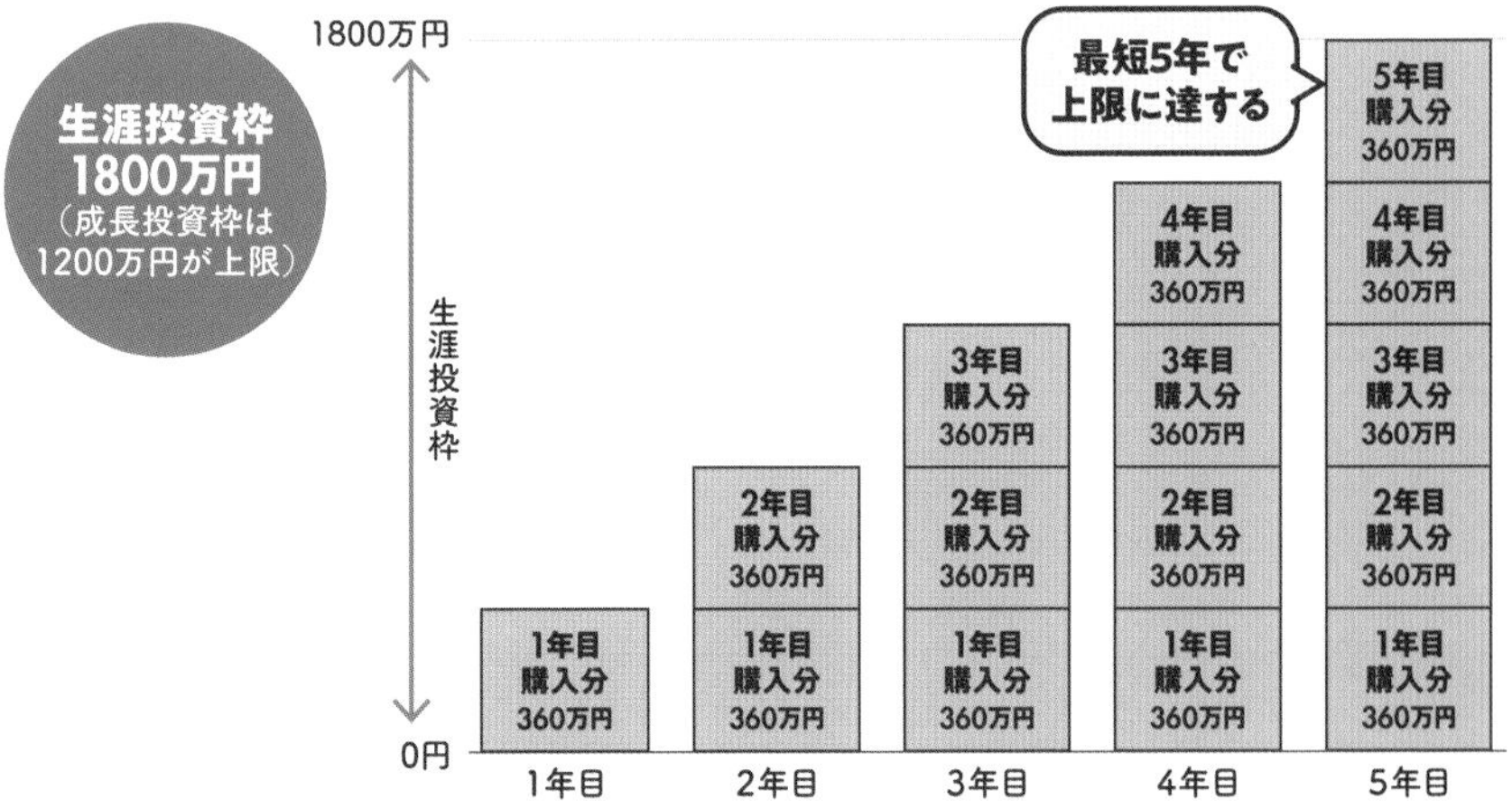

生涯投資枠の上限額は1800万円。成長投資枠だけの利用の場合は1200万円までしか投資できませんが、1800万円の利用枠すべてをつみたて投資枠として使い切ることは可能です。2つの投資枠を併用する場合、年間360万円まで投資が可能となります。

■ 投資枠の上限に達しても売却すれば翌年に投資枠が復活

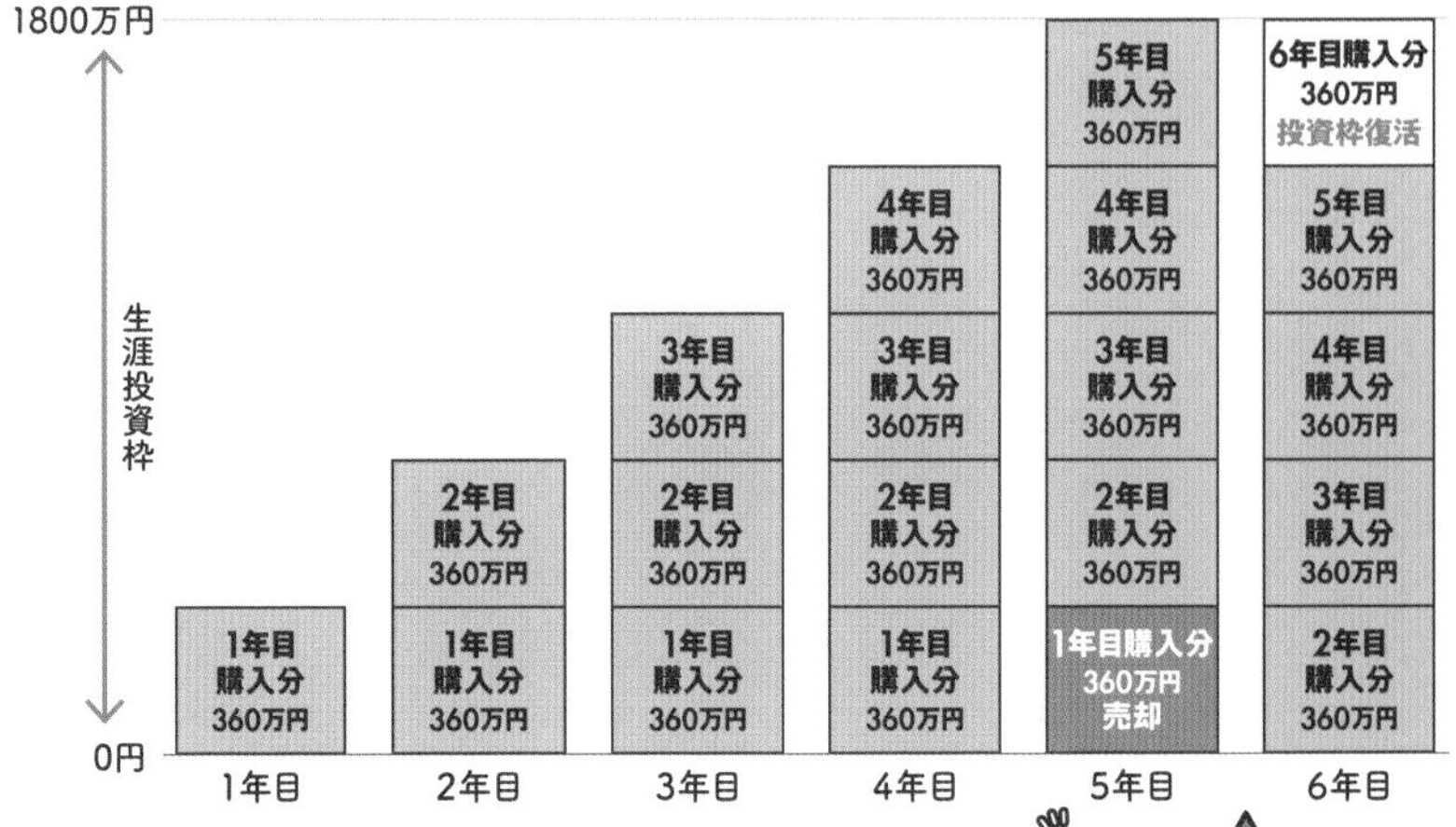

新NISA口座では、購入した商品を売却すれば、売った分の投資枠が復活し、新たに商品を購入することができるようになります。ただし、投資枠が復活するタイミングは、売却直後ではなく、売却した年の翌年になってからという点は注意しておきましょう。

POINT
売却すると元本分の投資枠が翌年に復活

第2章

2 口座開設はネット証券で

口座を開く金融機関はネット証券一択でOK

投資を始めるには、証券口座の開設が必要です。証券口座は「ネット証券」「店舗型証券」「銀行・郵便局」などの金融機関で開設が可能ですが、最もおすすめしたいのはネット証券です。

ネット証券は、ネットで手続きができる金融機関です。店舗型の証券会社や銀行・郵便局のように、手続きのために店舗まで行く必要はありません。さらに、ネット証券はほかの金融機関よりも手数料が安く、商品数が多い傾向にあります。特別なこだわりがないのであれば、金融機関はネット証券を利用しましょう。

NISA口座は一人につき1つしか開設できません。途中で金融機関を変更する場合は、必要書類を揃えたうえで、変更手続きが必要になります。

金融機関別NISA口座の特徴

	手数料	対応商品				窓口対応	口座開設にかかる時間
		株式	投資信託	ETF	REIT		
ネット証券	◎ 安い	◎ 多い	◎ 多い	◎ 多い	◎ 多い	× 不可	最短翌営業日
店舗型証券	○ 標準	◎ 多い	○ 標準	◎ 多い	◎ 多い	◎ 対応可	1カ月程度
銀行・郵便局	× 高い	× 少ない	○ 標準	× 少ない	× 少ない	◎ 対応可	1カ月程度

POINT

大手ネット証券なら商品の取引手数料が無料の会社もある

ネット証券選びでみるべき3つのポイント

手数料が安い

手数料はとくに注目するべきポイントです。ネット証券によっては、日本株の売買手数料を無料とするなど、違いが大きい部分なので、事前にしっかり確認しておくことが大切です。

取扱商品数が豊富

取り扱う商品のラインナップはネット証券によって異なります。購入を検討している商品が決まっているなら、その商品の取り扱いがあるかどうかを口座開設前に確認しておきましょう。

使いやすい

ウェブページの使いやすさもポイント。気になるネット証券は、口座開設前にサイトを閲覧して操作性や見やすさを確認しておきましょう。便利な専用アプリが使える会社もあります。

ネット証券は、手数料が安い会社がおすすめ。近年では、ネット証券会社同士の価格競争の結果、手数料が安いサービスが増えています。ただし、手数料の安さにだけ着目していると、「口座を開設したネット証券に運用したかった商品の取り扱いがない」といった不運なケースが起きることもあり得ます。そのため、口座を開設する前に、商品ラインナップの確認も必ず行いましょう。

どんな商品を
取り扱っているか
確認しておこう

POINT

独自の資産運用アプリを持つネット証券も多い

CHECK!

窓口対応はないがそれを補うサポート体制がある

実店舗を持たないネット証券のサポート体制に不安を感じる人もいるでしょう。しかし、ネット証券によっては、24時間365日体制のチャットボットによる問い合わせ対応や、電話での対人カスタマーサービスを受けられる会社もあります。

実店舗がなくても
困ったときには
相談できる

第2章

3 迷ったらSBIか楽天がおすすめ

ネット証券会社はサービスを比較して選ぶ

ひと口にネット証券といっても、さまざまな企業があり、サービスや手数料、取扱商品などに違いがあります。近年では、国内株の取引手数料を無料とする企業も出てきているので、複数のネット証券会社のサービスを比較して会社を選びましょう。

判断に困った時には、人気の高いネット証券を検討してみましょう。SBI証券や楽天証券は、数あるネット証券の中でも、商品数が豊富で、国内株の売買手数料もかからないので、いずれかを選択すれば間違いがないでしょう。

NISAを利用する金融機関の変更を検討する場合は、「口座の移管は年に1回まで」、「非課税投資枠を利用したらその年は移管できない」などの条件が設定されている点に注意してください。

■ 人気の高いネット証券をチェック

SBI証券

●ネット証券で利用者数No.1。初心者でも安心

●商品の豊富さ（投資信託、米国株式、IPOなど）が業界トップクラスで、日本株の売買手数料が無料

楽天証券

●投資信託の取扱商品数が多く、日本株の売買手数料が無料

●画面の見やすさや操作性に対する評価が高い

auカブコム証券

●Pontaポイントが貯まる

●満50歳以上が使える「シニア割」やNISA口座対象の「NISA割」などの割引サービスを実施

マネックス証券

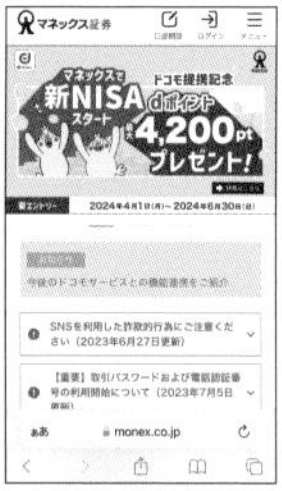

●米国株・中国株やIPO（新規上場銘柄）の取扱件数が多い

●利用者限定の資産運用セミナーを定期的に開催

金融機関の変更は年に1回しかできない

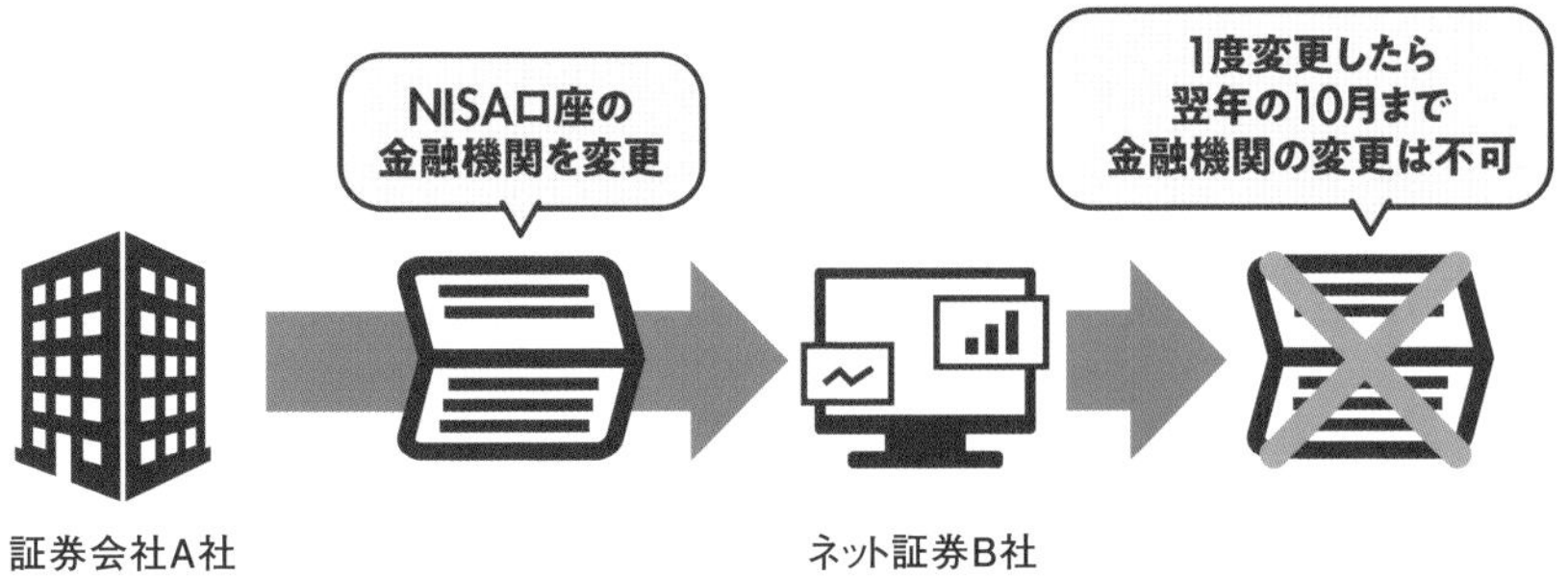

NISA口座を開設する金融機関は、必要な手続きをすれば変更が可能です。ただし、1度変更すると、翌年の10月までは別の金融機関への変更ができなくなるという制限があるため、金融機関を変える際は、事前にしっかりと検討したうえで進めるようにしましょう。

非課税枠を利用した年も変更できない

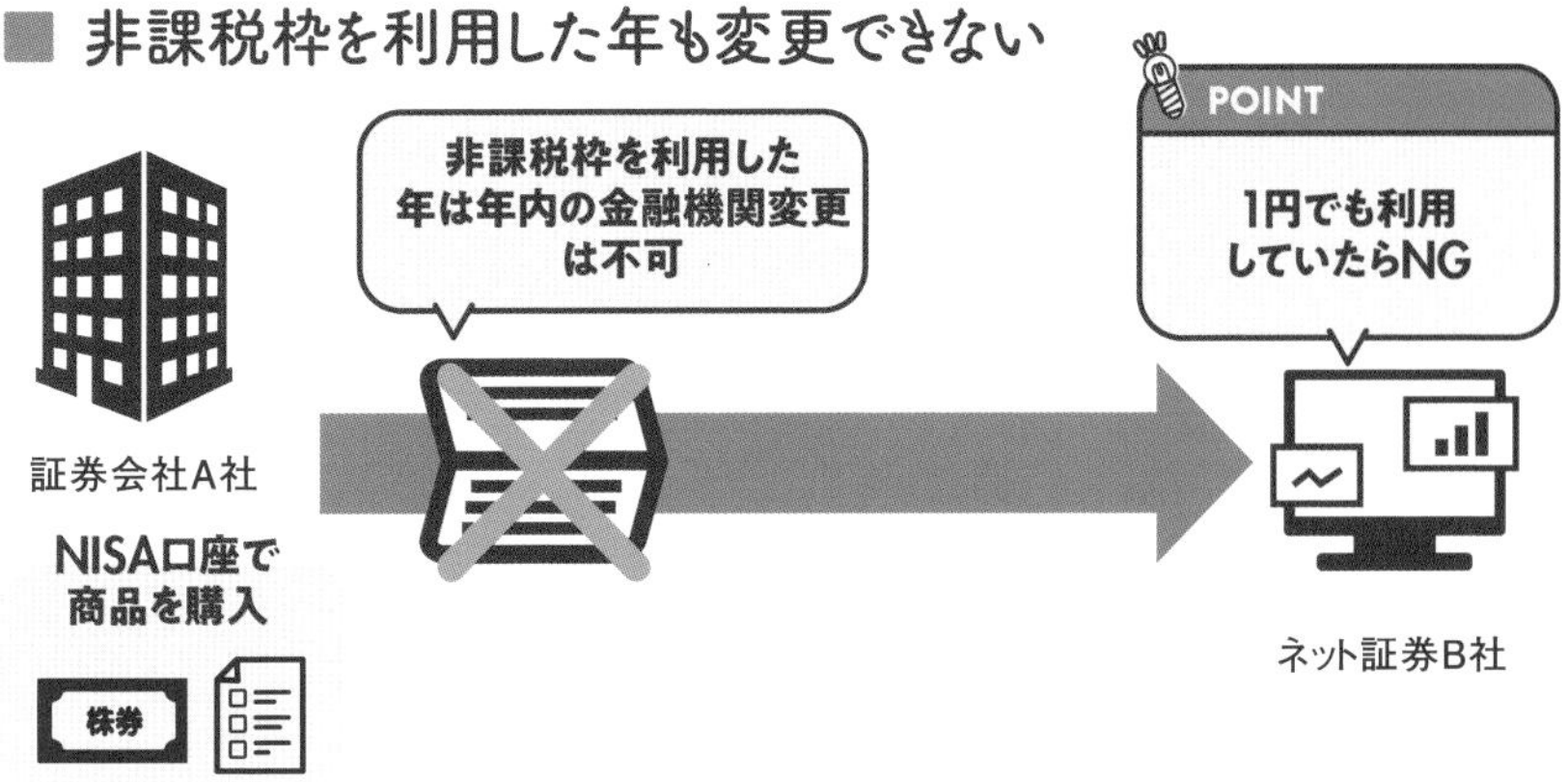

金融機関は年に1回変更が可能ですが、変更する前に利用中の金融機関の非課税投資枠を利用していると、その年内は変更が不可となります。NISAを利用する金融機関の変更を検討している場合は、変更する前に既存のNISA口座を使用しないように注意しましょう。

CHECK!

金融機関を変更できるタイミング

変更したい年の前年

10月1日〜

変更する当年

9月30日まで

NISA口座を利用する金融機関を変更する場合、変更タイミングの制限に注意しましょう。2024年にNISA口座を開設する場合は、2023年10月1日から2024年の9月30日の間に、金融機関の変更手続きをしておく必要があります。

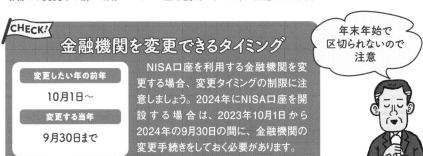

第2章

4 口座開設はスマホで15分！

NISA口座のほかに特定口座の利用も検討

ネット証券の口座開設はスマホから申し込み可能です。「口座開設」と聞くと、複雑で大変な手続きが必要になると思う人も多いかもしれませんが、申込みと本人確認書類の提出までは、合わせて15分程度で完了させられます。

申込時に「口座種別の選択」の納税方法の項目で迷う人は多いでしょう。将来的にNISAの枠以外でも投資をする場合を見越して、確定申告の手続きが簡単な特定口座を選択しておきましょう。特定口座の「源泉徴収あり」は申告の必要がない代わりに、投資で利益が出ると源泉徴収されてしまいます。「源泉徴収なし」は年間の利益が20万円以下なら申告不要で課税もされないのでおすすめです。一般口座は確定申告や計算に手間がかかってしまいます。

■ NISA口座の本開設までは約2週間～1カ月が目安

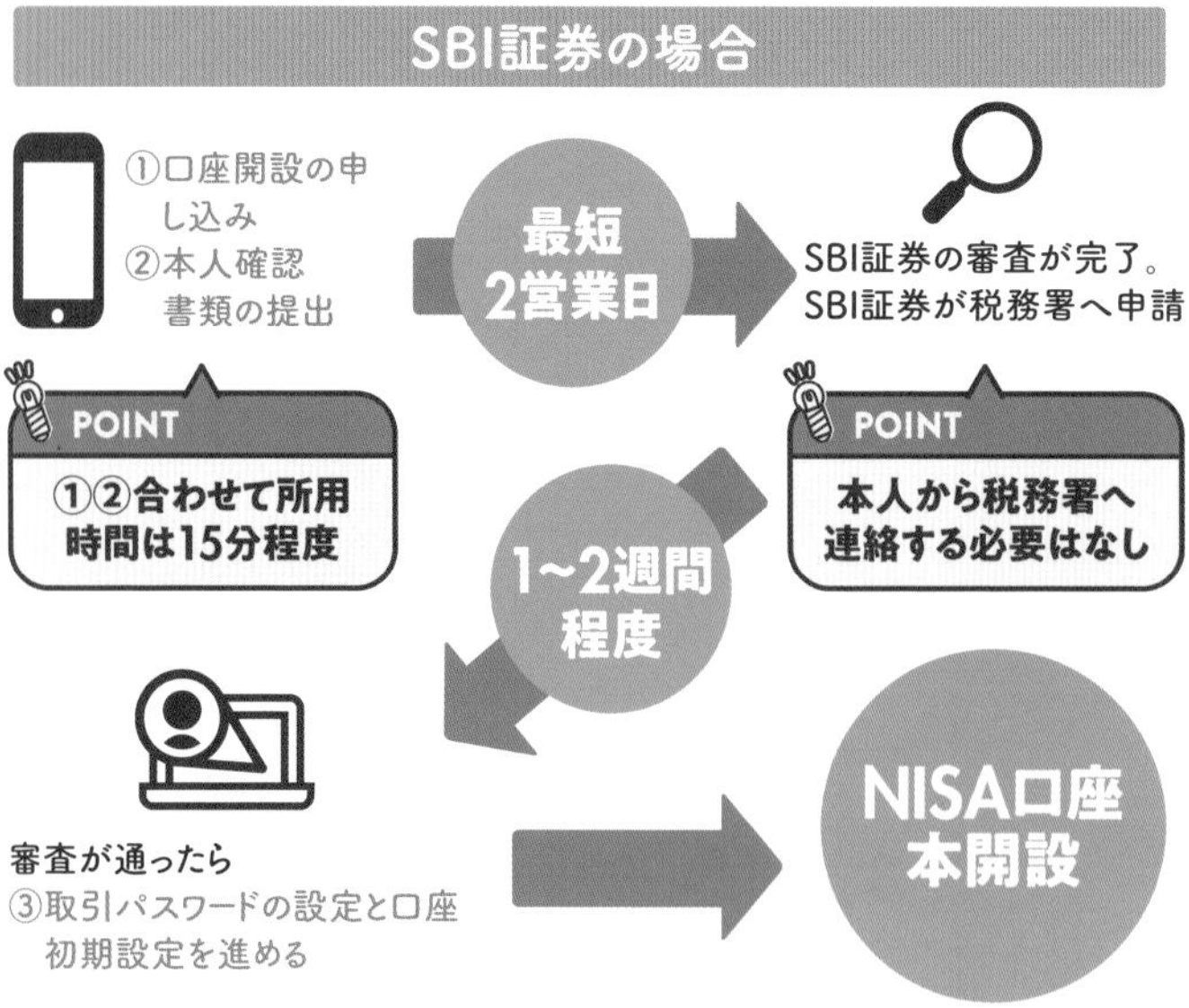
SBI証券の場合
①口座開設の申し込み
②本人確認書類の提出
最短2営業日
SBI証券の審査が完了。SBI証券が税務署へ申請
POINT
①②合わせて所用時間は15分程度
POINT
本人から税務署へ連絡する必要はなし
1~2週間程度
審査が通ったら
③取引パスワードの設定と口座初期設定を進める
NISA口座本開設

ネット証券のホームページから口座開設を申し込む

SBI証券の場合 ※2024年4月時点

❶ ウェブページで「口座開設」を選択

SBI証券のトップページの
「無料口座開設をスタート」をタップ

❷ メールアドレスを登録

POINT
コードは発行から
60分経過すると
無効になるので注意

登録したメールアドレス宛に認証コードが送られるので、コードを入力して手続きを進めます。

CHECK!

スマートフォンとマイナンバーカードがあれば、申込みから手続き完了まではペーパーレスで完結

開設までは
2週間〜1カ月程度
と考えておこう

SBI証券のNISA口座の開設手続きには、「マイナンバー」と「本人確認書類」が必要ですが、マイナンバーカードであれば両方を兼ねることができます。提出後、その場で自分の顔を撮影することで、郵送で書面の受け取りが不要となります。

③ お客様情報を入力

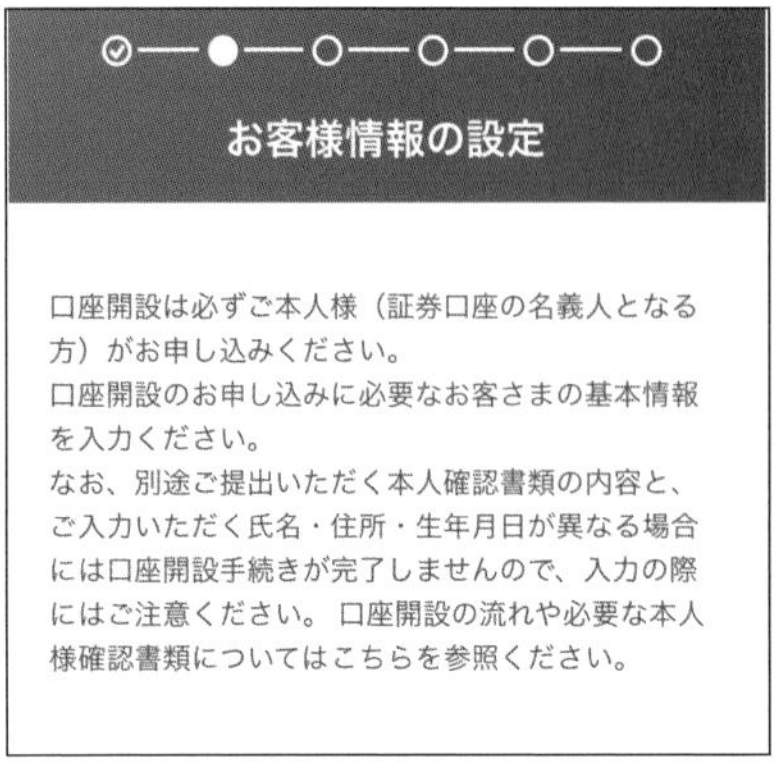

お客様情報の設定
口座開設は必ずご本人様（証券口座の名義人となる方）がお申し込みください。
口座開設のお申し込みに必要なお客さまの基本情報を入力ください。
なお、別途ご提出いただく本人確認書類の内容と、ご入力いただく氏名・住所・生年月日が異なる場合には口座開設手続きが完了しませんので、入力の際にはご注意ください。 口座開設の流れや必要な本人様確認書類についてはこちらを参照ください。

「名前」「生年月日」「住所」などを入力し、「SBI証券ポイントサービス申込」などの希望項目欄にチェックを入れます。

ポイントサービスの利用を希望する人はここで設定しておこう

④ 証券口座の種類を選択

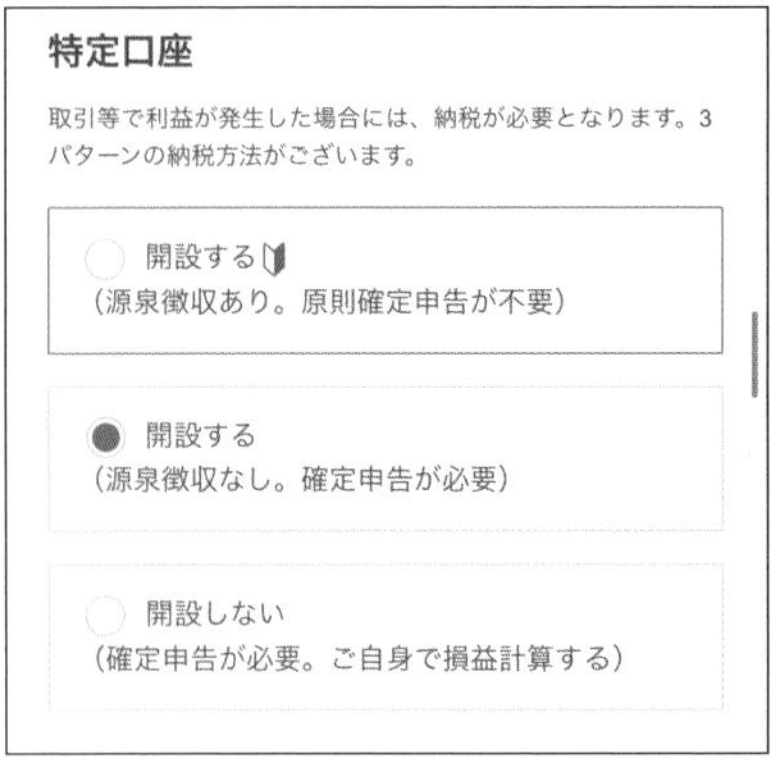

特定口座
取引等で利益が発生した場合には、納税が必要となります。3パターンの納税方法がございます。
開設する
（源泉徴収あり。原則確定申告が不要）
開設する
（源泉徴収なし。確定申告が必要）
開設しない
（確定申告が必要。ご自身で損益計算する）

将来NISA口座以外でも投資をするかもしれないと思う人は、確定申告の手続きが簡単な、特定口座も開設しておくとよいでしょう。「源泉徴収あり」は申告の必要はありませんが、利益があると源泉徴収されるデメリットがあります。「源泉徴収なし」は年間の投資の利益が20万円以下であれば、源泉徴収されず確定申告も不要です。

⑤ NISAの申込み

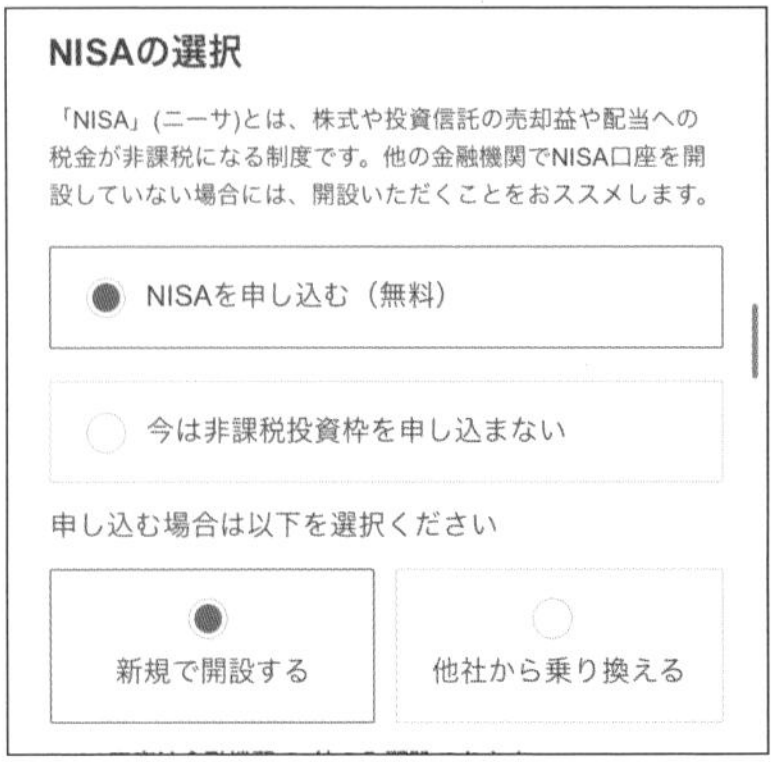

NISAの選択
「NISA」（ニーサ）とは、株式や投資信託の売却益や配当への税金が非課税になる制度です。他の金融機関でNISA口座を開設していない場合には、開設いただくことをおススメします。
NISAを申し込む（無料）
今は非課税投資枠を申し込まない
申し込む場合は以下を選択ください
新規で開設する
他社から乗り換える

NISA口座開設の有無もこのタイミングで選択します。すでにほかの金融機関でNISAを利用している人は、「他社から乗り換える」を選択して、手続きを進めましょう。

❻ 口座開設方法の選択

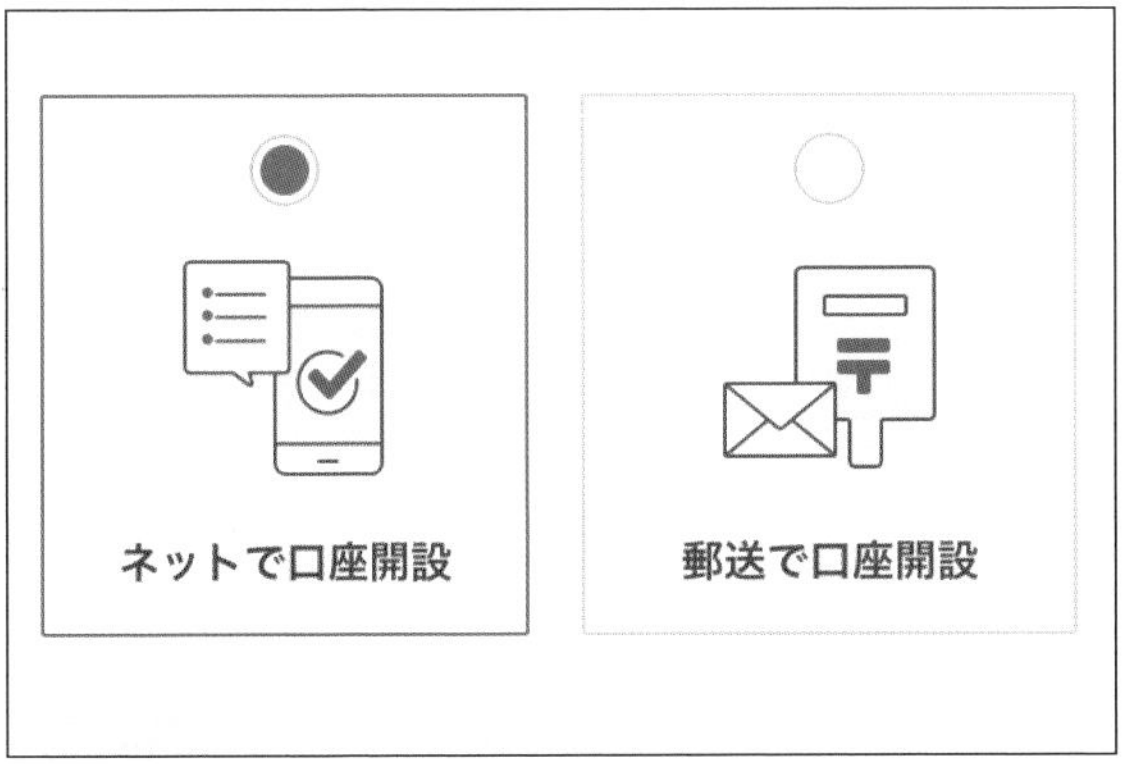

「ネットで口座開設」を選べば、口座開設がスピーディーに。口座開設方法を選択すると、口座開設申込は完了し、ユーザーネームとログインパスワードが発行されます。

❼ 提出するマイナンバー確認書類を選択

マイナンバーカードがなくても申請は可能ですが、その場合もマイナンバーが確認できる通知カードか住民票が必要となります。

❽ 書類の提出方法を選択

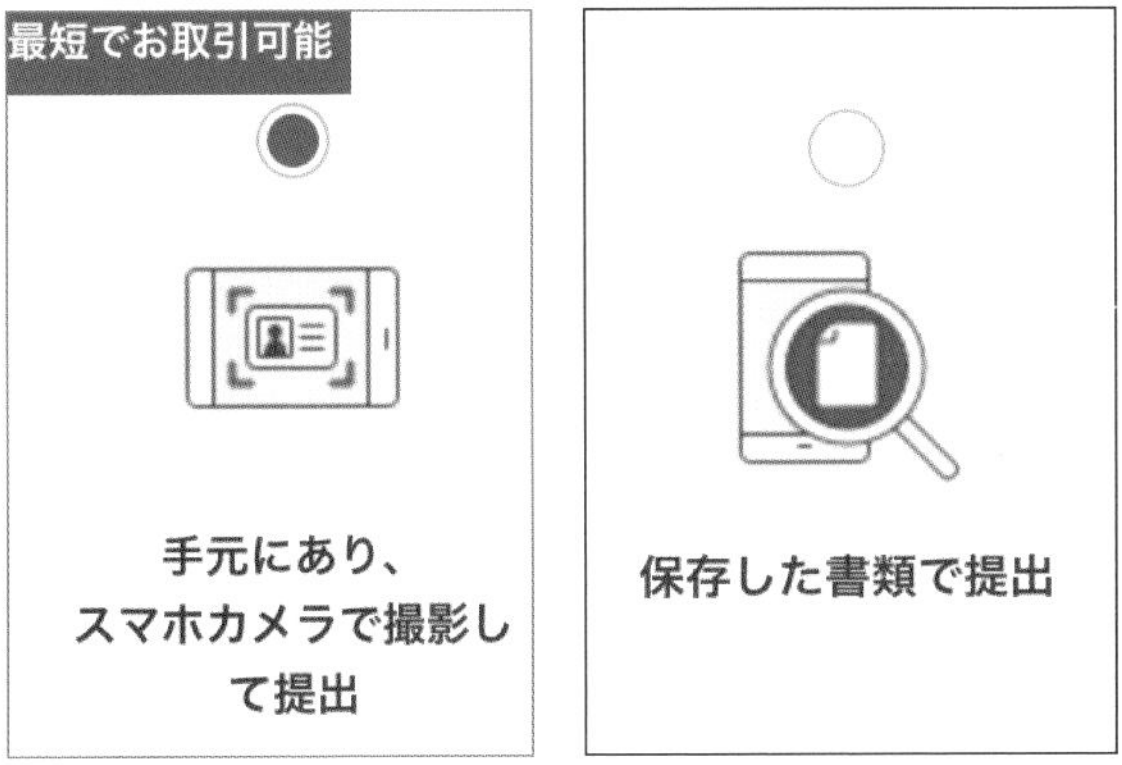

マイナンバーなどの本人確認書類がある人は、「手元にあり、スマホカメラで撮影して提出」を選択したほうが便利です。

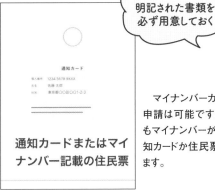

⑨ 通知・確認方法の選択

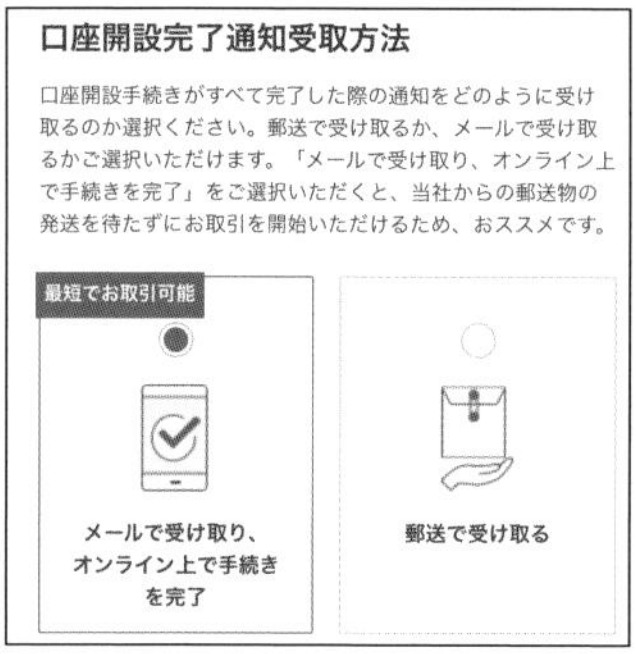
口座開設完了通知受取方法
口座開設手続きがすべて完了した際の通知をどのように受け取るのか選択ください。郵送で受け取るか、メールで受け取るかご選択いただけます。「メールで受け取り、オンライン上で手続きを完了」をご選択いただくと、当社からの郵送物の発送を待たずにお取引を開始いただけるため、おススメです。
最短でお取引可能
メールで受け取り、オンライン上で手続きを完了
郵送で受け取る

口座の開設手続きが完了した際の連絡を、メールで受けるか、郵送物で受けるかを選択します。ここでも、紙の書類よりもメールのほうが、手続きにかかる日数が短くなります。

⑩ 写真の撮影

本人撮影 （2カット）
イラストが自動で切り替わります
顔の向きをイラストに合わせて
撮影を行います

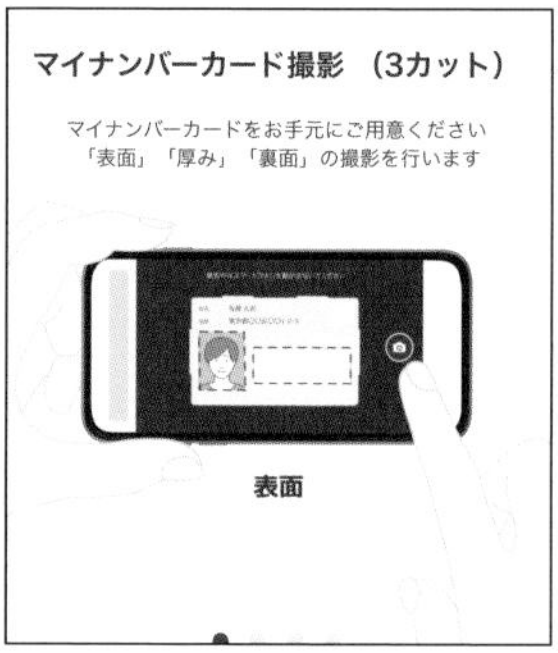
マイナンバーカード撮影 （3カット）
マイナンバーカードをお手元にご用意ください
「表面」「厚み」「裏面」の撮影を行います
表面

画面の指示に従って、スマホで自分の顔写真とマイナンバーカードの写真を撮影します。

⑪ 提出が終わると書類内容の審査が始まる

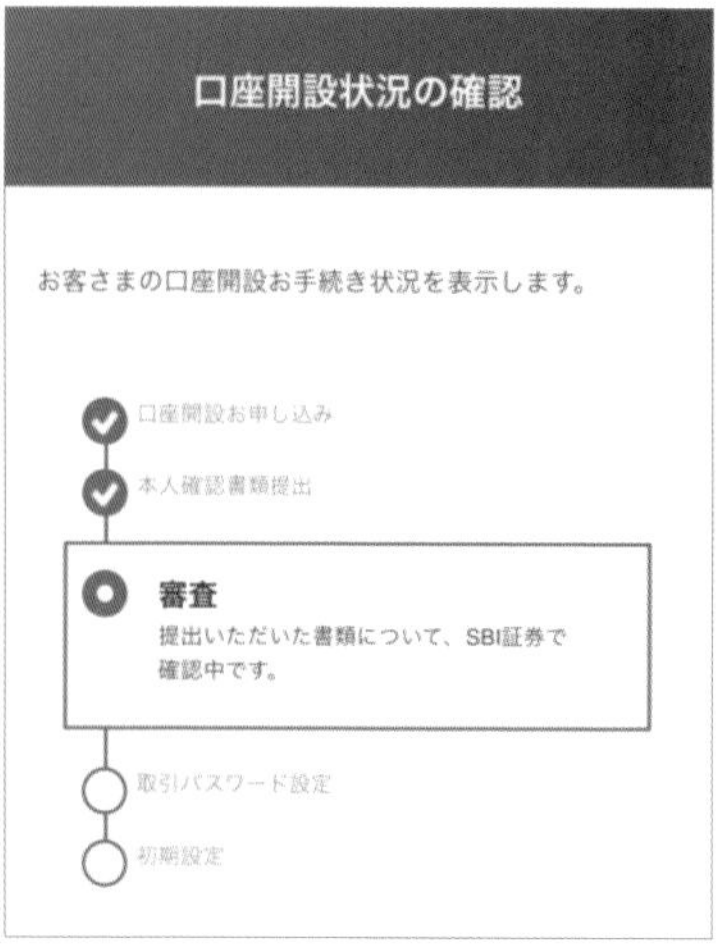
口座開設状況の確認
お客さまの口座開設お手続き状況を表示します。
口座開設お申し込み
本人確認書類提出
審査
提出いただいた書類について、SBI証券で確認中です。
取引パスワード設定
初期設定

CHECK!

口座開設の申し込みと本人確認書類の提出にかかる時間の目安は15分程度

SBI証券のNISA口座開設で、ここまでの手続きにかかる時間は15分程度です。この後は、1～2週間ほど審査結果を待ち、無事に審査に通れば、口座の初期設定をして手続き完了という流れとなります。

POINT

SBI証券の審査に通ったら税務署への申請がスタート。書類の提出から1～2週間程度で審査結果メッセージがログイン後の「重要なお知らせ」に送られてくる

⑫ 取引パスワードの設定

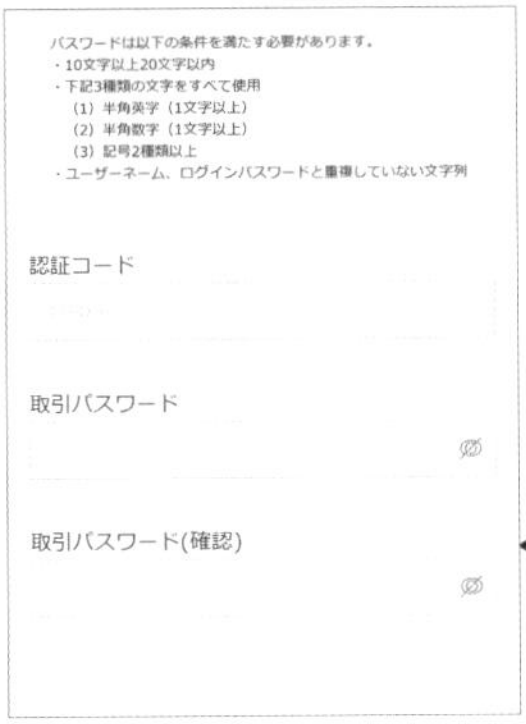
パスワードは以下の条件を満たす必要があります。
・10文字以上20文字以内
・下記3種類の文字をすべて使用
（1）半角英字（1文字以上）
（2）半角数字（1文字以上）
（3）記号2種類以上
・ユーザーネーム、ログインパスワードと重複していない文字列
認証コード
取引パスワード
取引パスワード(確認)

審査完了メールに記載されたURLから口座状況確認画面を開き、ユーザーネームとログインパスワードでログイン。ログイン後のページで取引パスワードの設定を進めましょう。通常は、NISA口座の税務署審査より先に、SBI証券の口座開設の審査が完了します。

POINT

取引パスワードは使用頻度が高いのでしっかり管理する

入力画面のスクリーンショットを保存しておきましょう

⑬ 口座の初期設定

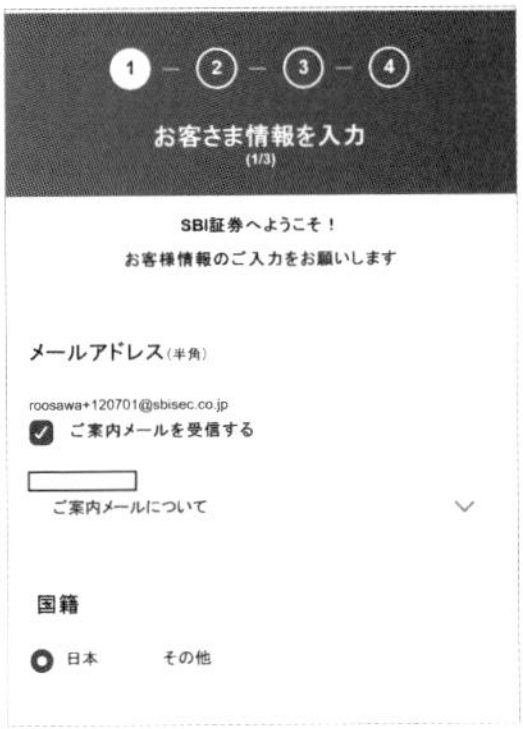
1 - 2 - 3 - 4
お客さま情報を入力
(1/3)
SBI証券へようこそ！
お客様情報のご入力をお願いします
メールアドレス(半角)
roosawa+120701@sbisec.co.jp
ご案内メールを受信する
ご案内メールについて
国籍
日本
その他

国籍、携帯電話番号や職業、世帯主の情報、振込先金融機関などの情報を入力して、初期設定を進めます。

CHECK!

取引プランはアクティブプランがおすすめ

スタンダードプラン	アクティブプラン
1回の注文ごとの約定代金に対して、手数料が発生	1日の約定代金の合計額に対して手数料がかかる。100万円以下は手数料0円

アクティブプランの場合は、1日の約定代金が100万円を下回っていれば、取引手数料は無料となるので、基本的にはこちらがおすすめです。1日の約定代金が100万円を超えたり、1回の取引で100万円以上購入したりする人はスタンダードプランのほうが手数料を抑えることができます。ただし、2023年9月末以降の国内株の取引では、条件を満たせばどちらのプランでも手数料が0円になります。

初期設定ができたら口座開設完了！

新NISA

第2章

5 投資信託はインデックス型を選ぶ

長期運用は手数料の安いインデックス型が有利

「インデックス型か、アクティブ型か」という選択は、投資信託の商品を選ぶ際に悩みやすいポイントです。

アクティブ型はそれぞれに運用方針が設定されているため、自分の考えにあった商品を選ぶことができます。さらに、株価指数を上回る利益を目指しているため将来的に優秀な運用成績を残す可能性があります。しかし、指数と同じ値動きを目指すインデックス型は運用会社の手間が少なく、運用コストが安くなります。

長期運用では手数料が大きな差をうむため、信託報酬が安い商品が多いインデックス型のほうが、一般的に長期積立投資に適しているといわれています。また、保有資産の種類の多さから分散効果が高い傾向にあるため、ビギナーにはインデックス型がおすすめです。

■ インデックス型とアクティブ型の特徴をおさえる

投資信託の種類

インデックス型

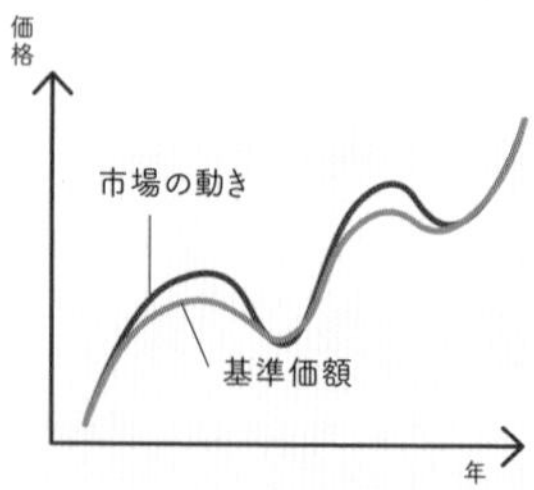

特徴

・信託報酬が安い商品が多い
・1本で幅広い資産に分散投資可能
・資金流入が活発

アクティブ型

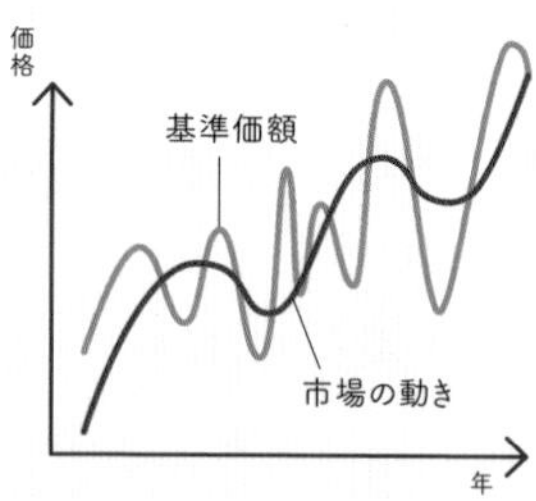

特徴

・市場を超える利益に期待できる
・信託報酬が高い商品が多い
・インデックス型よりも分散効果が低い

■ 世界の指数を解説

NYダウ

エリア	構成銘柄	主な企業
アメリカ	30社	アップル マクドナルド

特徴

アメリカを代表する30社で構成
長期的にみても上昇中

アメリカの最も有名な株価指数です。ダウ・ジョーンズ社が、ニューヨーク証券取引所やナスダック市場に上場している合計30銘柄を対象に算出しています。銘柄は時代の変化とともに入れ替えが行われ、大きな下落も経験していますが、長期的にみれば成長を続けています。

TOPIX

エリア	構成銘柄	主な企業
日本	約2200社	トヨタ自動車 三菱UFJFG

特徴

国内の株式市場を広く網羅する
日本の代表的な株価指数

東京証券取引所より算出される指数。基準日である1968年1月4日の時価総額を基準指数の100ポイントとしたとき、現在の時価総額が何ポイントにあたるかを表します。日経平均株価と比較すると、より日本株式市場全体の動きを反映しやすいのが特徴です。

MSCI オール・カントリー・ワールド・インデックス

エリア	構成銘柄	主な企業
アメリカや日本など先進国と新興国	約2800社	アップル マイクロソフト

特徴

国際分散投資ができる
超人気ファンドの採用指数

世界的な指数算出会社であるMSCI社が算出、公表している指数です。人気ファンドの「eMAXIS Slim全世界株式（オール・カントリー）」が利用している指数として有名。先進国23ヵ国と新興国24ヵ国の大型株および中型株で構成されています。

S&P500

エリア	構成銘柄	主な企業
アメリカ	500社	アップル マイクロソフト

特徴

アメリカの株式市場の時価総額の
約80%をカバーする定番指数

S&Pダウ・ジョーンズ・インデックス社が公表している株価指数です。ニューヨーク証券取引所やナスダックに上場している代表的な500銘柄の時価総額を元に算出されます。NYダウとは違い、全業種の中で大型株から新興株まで、幅広い銘柄から選出されます。

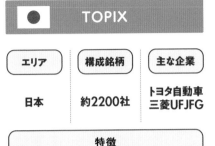

新NISA

第2章

6 全世界株式か全米株式を対象に

全世界商品はリスク分散が可能

投資信託は、インデックス型／アクティブ型以外にも商品の特徴によって、さまざまな分類方法があります。商品選びでは、どの資産や地域を投資対象とするのかも重要ポイントです。日本だけに投資する商品や、米国を投資対象とする商品などがありますが、世界中の市場を投資対象とする全世界商品なら、高い分散効果が期待できます。

そのなかでも、「オルカン」の愛称で親しまれる「eMAXIS Slim 全世界株式（オール・カントリー）」は全世界の株式を対象とする商品。投資の専門家など玄人筋からの評価が高い商品です。同じく人気の「eMAXIS Slim米国株式（S&P500）」は米国株式を対象にした商品で、低コストで米国の主要な株に分散投資ができるので注目されています。

全世界に分散する商品なら暴落のリスクが小さい

分散しないと特定の国や地域の経済状況が直撃
米国株
日本株
特定の国の経済が低迷しても他の国がカバー

CHECK!

全世界商品でも一時的に値下がりすることはある

分散効果が高い全世界商品ですが、当然値下がりする場合もあります。世界経済は長期では右肩上がりに上昇していますが、その時々の経済情勢で上下します。

■ インデックス型投資信託のおすすめ商品

eMAXIS Slim 全世界株式（オール・カントリー）

運用会社：三菱UFJアセットマネジメント

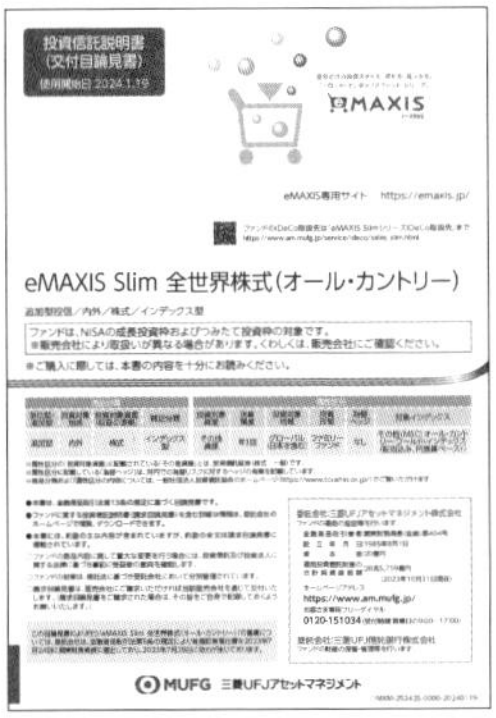
投資信託説明書
(交付目論見書)
使用開始日 2024.1.19
eMAXIS
eMAXIS専用サイト https://emaxis.jp/
eMAXIS Slim 全世界株式(オール・カントリー)
追加型投信／内外／株式／インデックス型
ファンドは、NISAの成長投資枠およびつみたて投資枠の対象です。
※販売会社により取扱いが異なる場合があります。くわしくは、販売会社にご確認ください。
※ご購入に際しては、本書の内容を十分にお読みください。
https://www.am.mufg.jp/
0120-151034
MUFG 三菱UFJアセットマネジメント

1.手数料が安い

eMAXIS Slimシリーズは「業界最低コストを目指し続ける」という方針を掲げています。この商品は2023年9月に信託報酬の引き下げを実施し、0.05775%以内と非常に低い水準となりました。

2.全世界に分散

ベンチマークの「MSCIオール・カントリー・ワールド・インデックス(配当込み、円換算ベース)」は全世界の株式を対象とする指数。1本で全世界の株に投資できるのは大きな魅力です。

3.純資産総額が潤沢

純資産総額が高額になることは、安定したファンドの運用につながります。非常に人気の高い商品であるため、新規の購入者が後を絶たず、純資産総額は3兆円を上回り、どんどん増加傾向にあります。

eMAXIS Slim 米国株式（S&P500）

運用会社：三菱UFJアセットマネジメント

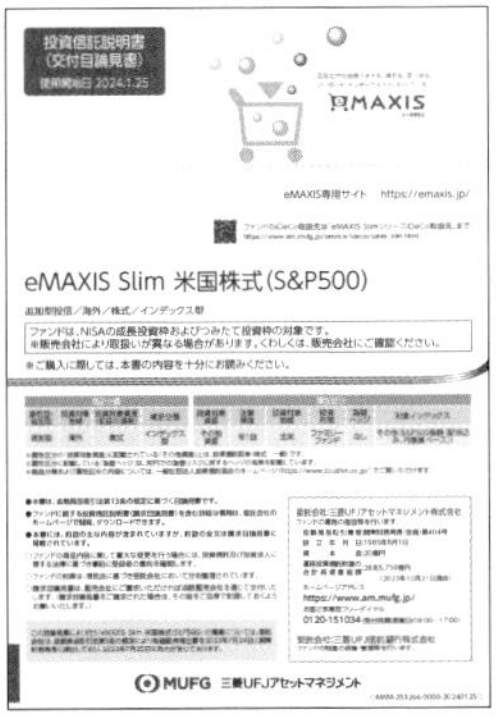
投資信託説明書
(交付目論見書)
使用開始日 2024.1.25
eMAXIS
eMAXIS専用サイト https://emaxis.jp/
eMAXIS Slim 米国株式(S&P500)
追加型投信／海外／株式／インデックス型
ファンドは、NISAの成長投資枠およびつみたて投資枠の対象です。
※販売会社により取扱いが異なる場合があります。くわしくは、販売会社にご確認ください。
※ご購入に際しては、本書の内容を十分にお読みください。
https://www.am.mufg.jp/
0120-151034
MUFG 三菱UFJアセットマネジメント

1.米国株式は成長性が高い

米国の株式市場は世界最大の時価総額を保ち、株価は長期的に上昇を続けてきました。GDPの上昇や、人口の増加が株価上昇の一員となっているのではないかと考えられています。

2.手数料が安い

上記でも説明した通り、eMAXIS Slimシリーズは「業界最低コストを目指し続ける」という方針のもと、この商品の信託報酬も、0.09372%以内と低い水準となっています。

3.純資産総額が潤沢

米国を代表する指数である「S&P500」に投資する商品。2024年3月時点での純資産総額は4兆円を上回りました。ただし、1カ国への集中投資はリスクの分散ができないため、注意しましょう。

CHECK!

目論見書で商品の特徴がわかる

見るべきポイント
・運用実績・対象ベンチマーク・管理費用

投資信託の商品情報を知りたければ、商品の取扱説明書といえる、目論見書をチェック。SBI証券の場合、商品個別ページから確認できます。

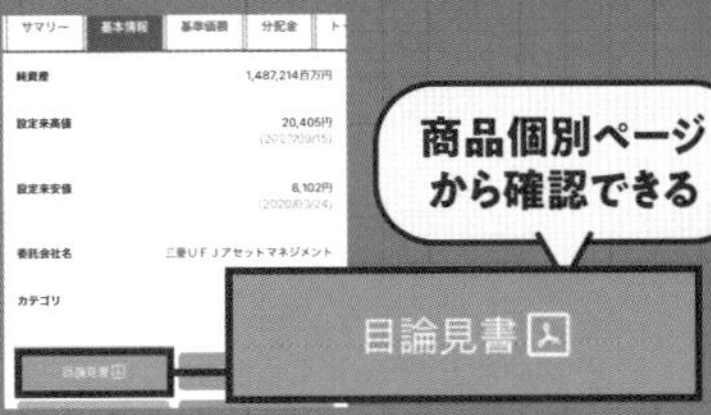

新NISA

第2章

7 買付金額の設定をしよう

積立頻度は毎日・毎週・毎月から選択可能

SBI証券では、銘柄の詳細画面から積立を設定することができます。NISAで積立買付する場合、積立の頻度は毎日、毎週、毎月の3つから選択可能です。どの積立頻度を選んだとしても結果に大差は出ないので、好みで決めて問題ないでしょう。設定可能な積立頻度は、金融機関によって異なります。

近年では、積立投資の資金をクレジットカードで引き落としできるサービスが増えており、NISAに対応する金融機関も増加。クレジットカードを利用する場合、投資する資金分のポイントを貯められるメリットがあるため、利用者は拡大傾向にあります。ただし、クレジットカードの種類や金融機関によっては、投資可能上限額が決まっていたり、積立設定の頻度に制限があったりする点には注意が必要です。

銘柄詳細画面から積立買付を選択

SBI証券の場合 ※2024年4月時点

①「NISA」ページから、つみたて投資枠で購入できる投資信託の検索ページへ移動

メインメニュー
メインメニューで「NISA」を選択

NISAで買える銘柄を探す
投資信託
国内株式
外国株式
投資信託
ページ内「探す」メニューから
つみたて投資枠で買える商品の
「投資信託」を選択

②購入するつみたて投資枠対応銘柄を検索して選択

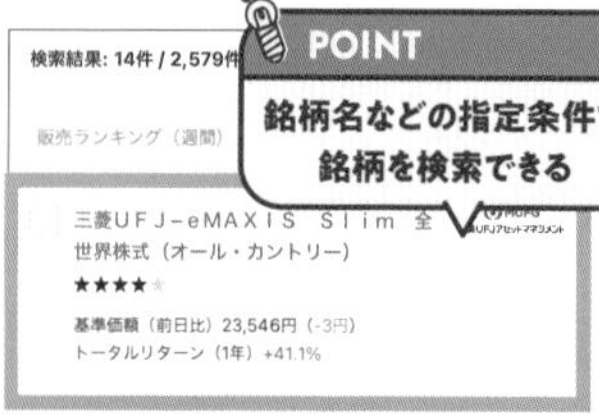
POINT
銘柄名などの指定条件で
銘柄を検索できる
検索結果: 14件 / 2,579件
販売ランキング（週間）
三菱UFJ－eMAXIS Slim 全世界株式（オール・カントリー）
★★★★
基準価額（前日比）23,546円（-3円）
トータルリターン（1年）+41.1%

つみたて投資枠で購入できる商品一覧から、欲しい商品を選択。

③銘柄詳細画面で「積立買付」を選択

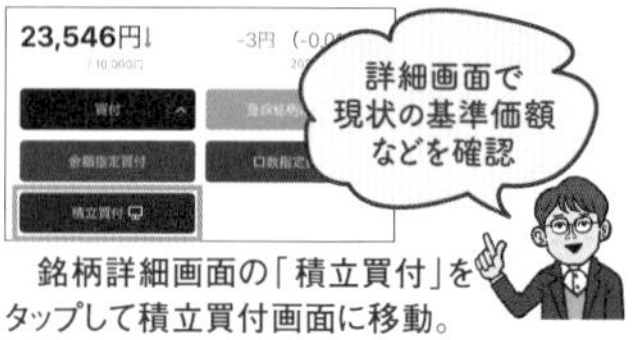
23,546円↓
-3円
買付
積立買付
詳細画面で
現状の基準価額
などを確認

銘柄詳細画面の「積立買付」をタップして積立買付画面に移動。

■ 積立買付画面で決済方法と積立の設定を行う

①
決済方法
現金
クレジットカード
※クレジットカード決済の積立注文に、ポイントは利用されません。
②
預り区分
特定/一般
NISA(成長投資枠)
NISA(つみたて投資枠)
NISA枠ぎりぎり注文
③
積立コースと申込設定日
毎日
毎週
毎月
毎月 -- 日に積立発注
※1日・30日・月末はご選択できません。
④
積立金額
金額 円 (手数料・消費税込)
最低申込金額: 100円
申込単位: 1円
最大申込金額: NISA(つみたて投資枠) 0円
クレジットカード: -円
⑤
1ヵ月あたりの概算
申込回数: 1 回
申込金額: -- 円
ボーナス月の積立設定
設定する
設定しない
⑥
次へ

①決済方法

積立をクレジットカードで決済するならここで設定します。初期設定では現金決済になっています。クレジットカード積立の月間設定上限額が、2024年5月積立分から、10万円に引き上げられました。

②預り区分

NISAの積立を設定したい場合は、「NISA(つみたて投資枠)」「NISA(成長投資枠)」が選べます。投資枠の上限付近まで購入する「NISA枠ぎりぎり注文」も選択可能です。

③積立コースと申込設定日

積立の頻度を「毎日」「毎週」「毎月」から選択。毎週では曜日、毎月なら日にちの設定も可能です。つみたて投資枠の場合は3種のみ。成長投資枠は5種から選択可能です。

④積立金額

1回の購入分の買付金額を入力しましょう。

⑤ボーナス月の積立設定

通常の積立に加えて、臨時で積立を行うボーナス月の積立設定を設定可能。未設定でも問題ありません。

⑥ファンド情報と入力内容の確認

入力が済んだら次のページでファンド情報、さらにその次のページで登録内容をそれぞれ確認します。内容に問題がなければ、取引パスワードを入力のうえ「設定する」ボタンをタップすれば設定完了です。

新NISA

第2章

8 運用成績は年1回の確認でOK

積立設定後はほったらかしでも大丈夫

積立の設定後は、決まった頻度で設定した金額分の商品を自動で購入してくれるため、基準価額を細かく確認する必要はありません。クレカ積立や銀行引落サービスなどを利用すれば、買付ごとの入金作業も不要。一度積立投資の設定をすれば、あとはほったらかしでも投資が継続できるため、運用成績の確認は年に1回できればOK。気になる人は月ごとに見てもいいですよ。積立内容の確認や設定の変更は、サイト内の積立設定一覧ページから行います。

第1章でも説明したように、資産形成のためには複利の効果を期待して長期的に投資を継続することが重要です。積立投資は購入のタイミングの分散によって買付の価格が平均化されるため、目先の相場に一喜一憂する必要はありません。

■ 確認と変更は積立設定一覧ページから

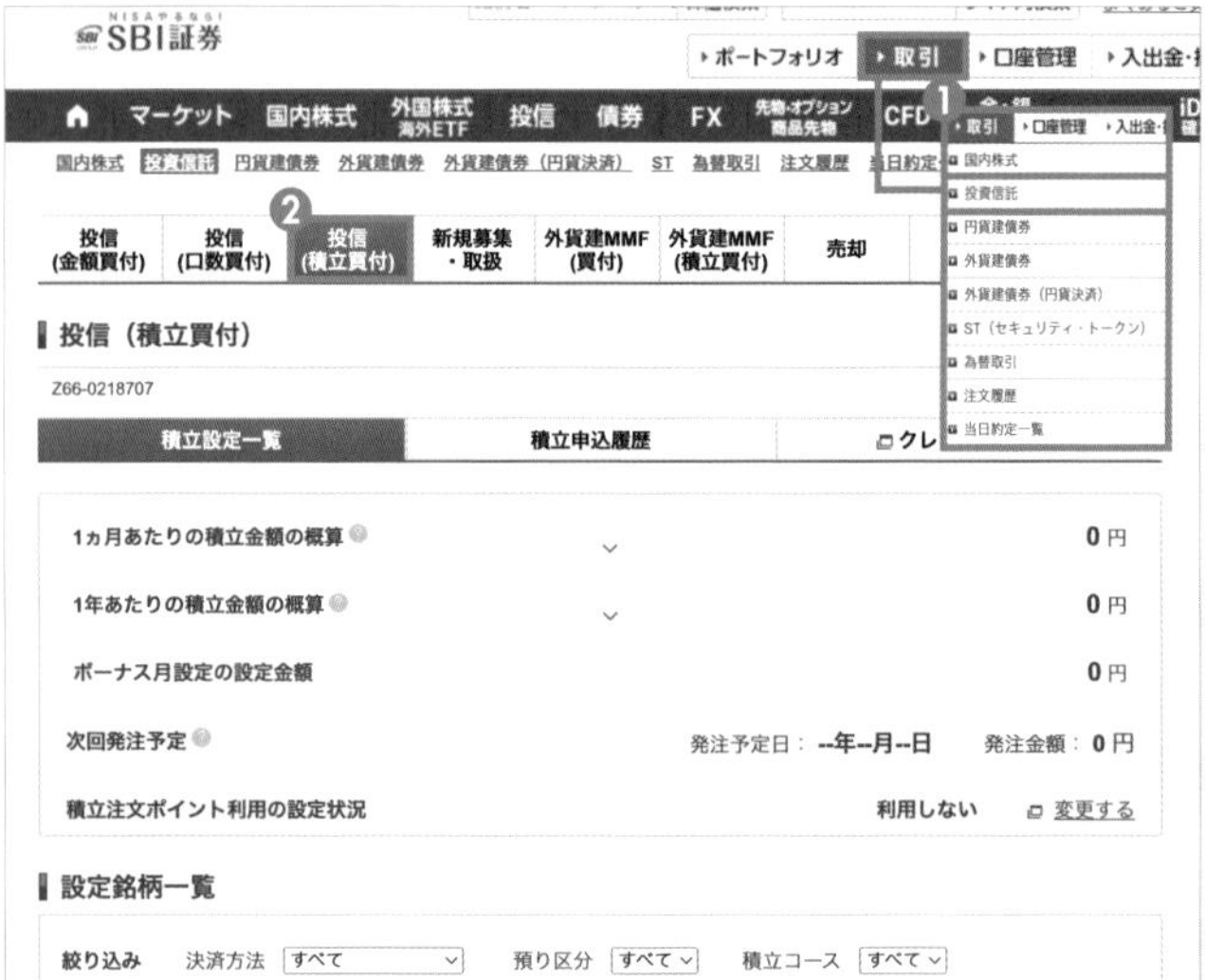

ログイン後のトップページで①取引タブにカーソルを合わせ、投資信託をクリック。移動先のページで②投信（積立買付）をクリックすると積立設定一覧が表示されます。一覧から確認したい銘柄を選択しましょう。

■ 口座サマリーページで運用状況をチェック

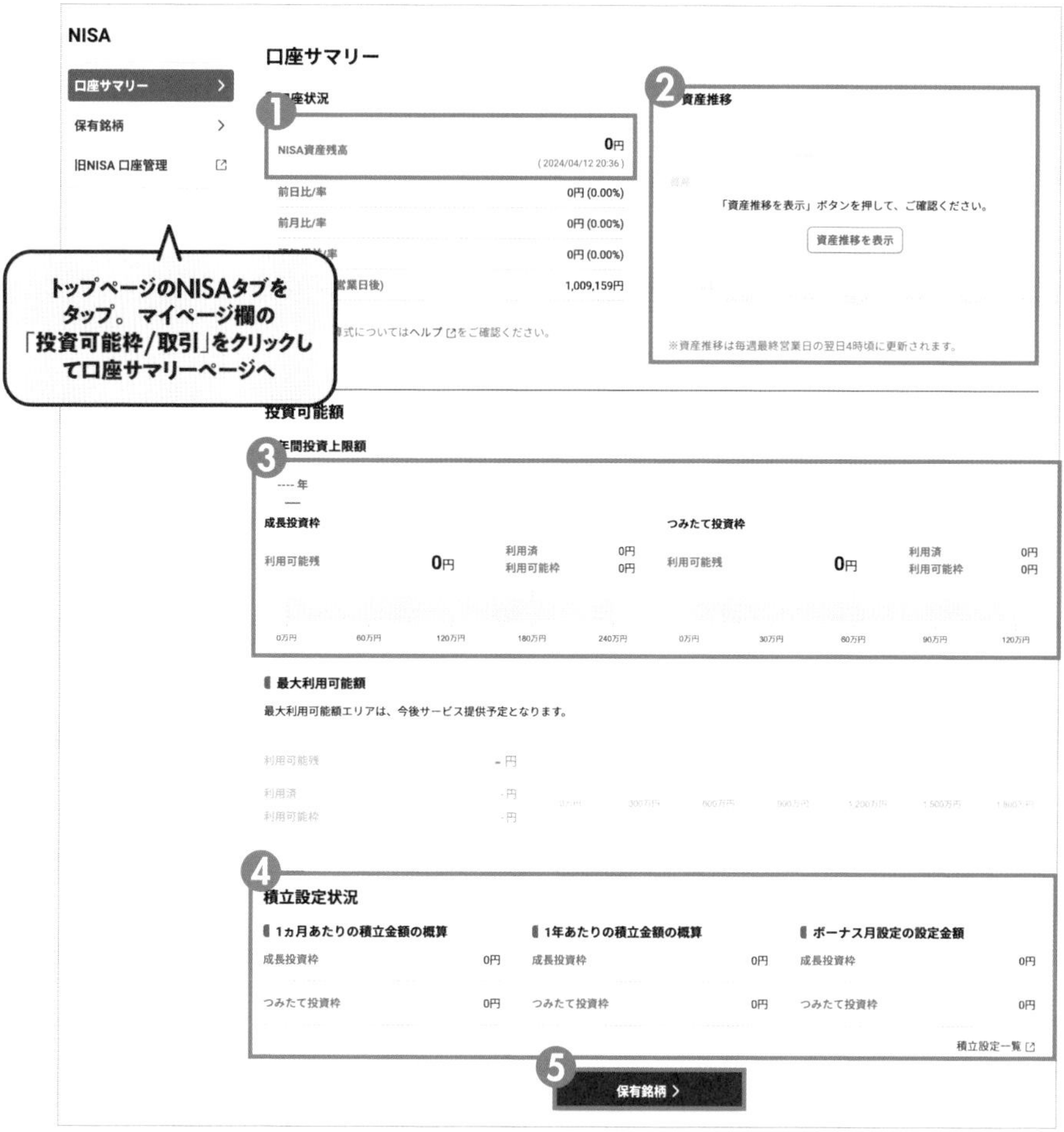

❶ NISA資産残高

NISA全体で保有している投資信託などの資産残高が確認できます

❷ 資産推移

資産推移のグラフ。
3カ月、1年、3年、全期間と範囲を変えられます

❸ 投資可能額

年間投資利用可能残額が投資枠別で確認できます

❹ 積立設定状況

現在設定している積立の概算が投資枠ごとに確認できます

❺ 保有銘柄

現在保有している銘柄の確認ページに移動できます

新NISA

第2章

9 余剰資金で成長投資枠を活用

リスクは抑えて成長投資枠を活用する

成長投資枠は年間投資上限額がつみたて投資枠の2倍。さらに、つみたて投資枠では購入できない個別株や投資信託商品も購入可能です。とはいえ、初めから値動きが大きい商品に高額資金を投入するのは避けましょう。成長投資枠で購入するのはつみたて投資枠と同じ商品でOKです。

違う商品にチャレンジしたいという人は、ETFという株式市場に上場している投資信託をスポット購入してみましょう。お勧めは米国市場で取引されている商品。値下がり時に購入します。つみたて投資枠にもETFはありますが、成長投資枠の商品のほうがお勧めです。つみたて投資枠は「投資信託の積立」、成長投資枠は「スポット購入」と役割を分けておくと、ペースを崩さず投資を続けていけるでしょう。

■ 成長投資枠とは

成長投資枠の利用イメージ図

積立購入もスポット購入も選択可能

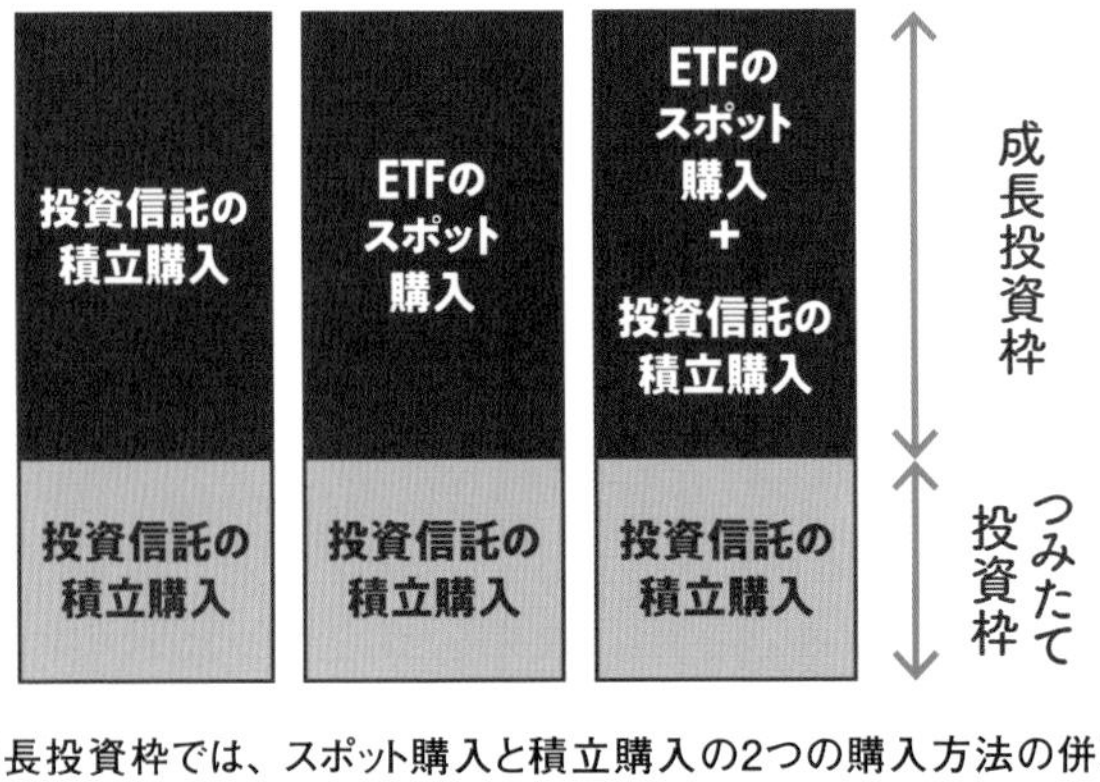

成長投資枠では、スポット購入と積立購入の2つの購入方法の併用が可能。つみたて投資枠と同じ商品を購入することもできます。リスクを抑えた運用をするためにも、まずはつみたて投資枠での購入を優先し、余った資金で成長投資枠を利用することを心掛けましょう。

■ 成長投資枠でのETFのスポット購入

ETFと投資信託の違い

ETF＝証券取引所に上場している投資信託

ETF		投資信託
上場	上場／非上場	非上場
リアルタイム	価格変動	1日に1回変動
安い	手数料	ETFよりも高い傾向

ETFは「Exchange Traded Fund」の略で、日本語では上場投資信託といいます。投資信託と似て非なる存在で、上場しているという点が最大の違いです。上場しているので、価格が1日1回しか変わらない投資信託と違い、リアルタイムで値動きが変動していきます。

ETFスポット購入のイメージ

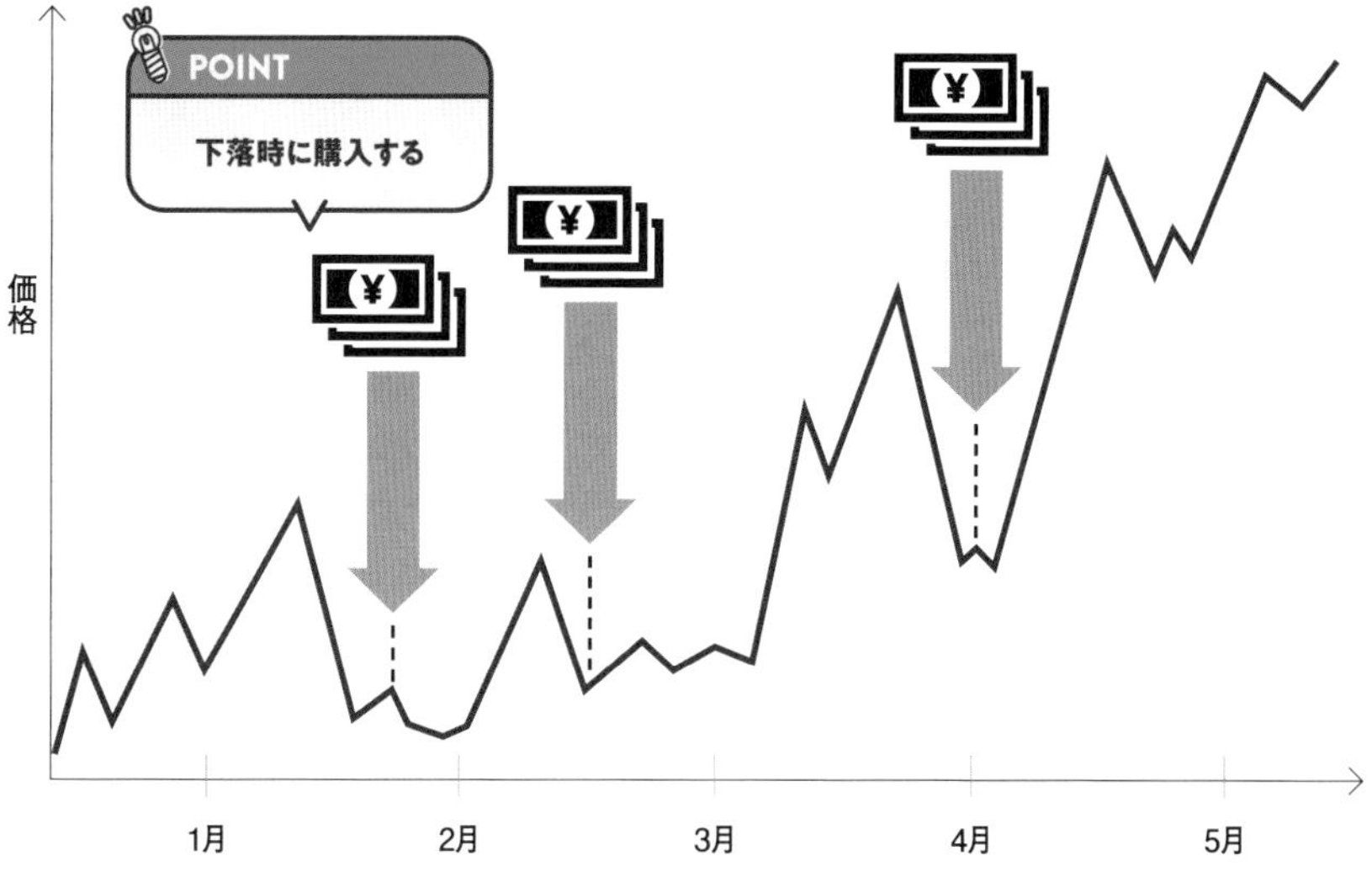

メリット	デメリット
○ 下落時にすぐ買える	✕ 値動きはこまめにチェックする必要がある
○ 安定的な値上がりが期待できる	

新NISA

第2章

10 成長投資枠で買うETF4選

米国株式市場への投資が中心

成長投資枠で選ぶETFは、全世界株式や米国株式が対象の銘柄を検討しましょう。全世界株式だけでなく、世界経済の中心である米国市場への投資は、全世界の経済成長に乗っかる性格を帯びます。

具体的な銘柄は、ここで挙げている信託報酬の安い4つ。「バンガード・トータル・ワールド・ストックETF」は世界40カ国の株式を対象に分散投資が可能です。構成比率の6割は米国株式であり、組入銘柄上位はAppleやMicrosoftなどのテック系の大企業が中心です。そのほか3つの銘柄は、米国株式市場が対象。そのなかでも分散投資を意識するなら、米国株式市場全体に投資する「バンガード・トータル・ストック・マーケットETF」が有力な候補となります。

VT

オススメ 1 バンガード・トータル・ワールド・ストックETF

POINT

- ●世界40カ国、9000以上の銘柄に分散投資
- ●構成比率の約6割が米国

■株価

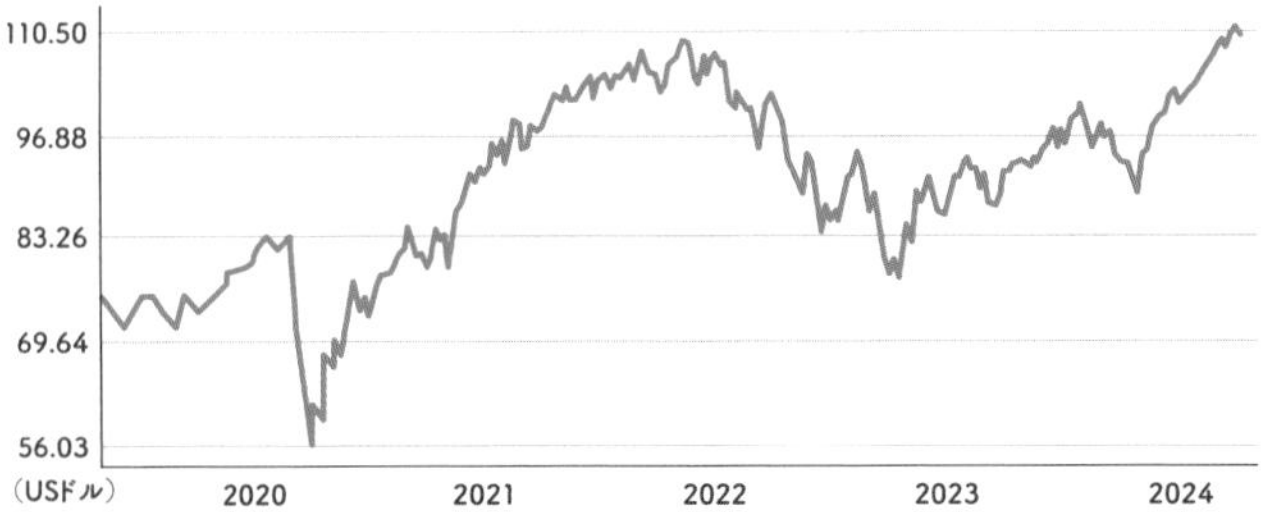

110.50
96.88
83.26
69.64
56.03
（USドル）
2020
2021
2022
2023
2024

信託報酬 0.07％

ベンチマーク FTSEグローバル・オールキャップ・インデックス

全世界を対象に分散投資できるETF。ベンチマークである「FTSEグローバル・オールキャップ・インデックス」の構成銘柄上位にはAppleやMicrosoft、Amazonなどの世界的な大企業が並びます。

オススメ 2 VTI
バンガード・トータル・ストック・マーケットETF

■株価

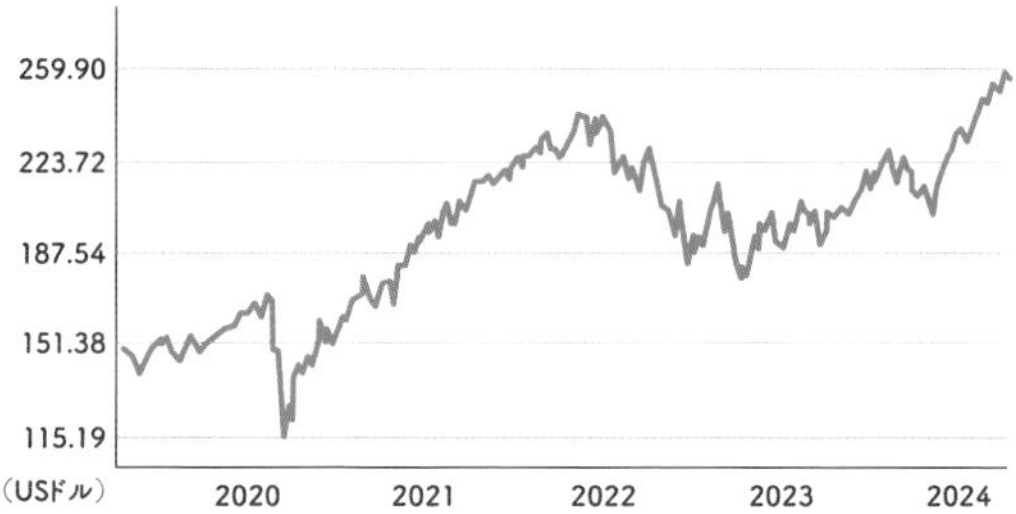
259.90
223.72
187.54
151.38
115.19
（USドル）
2020
2021
2022
2023
2024

POINT

- **信託報酬が最安水準**
- **米国株式市場の銘柄のほぼ100%をカバー**

米国市場の成長株および割安株の大型株～小型株を投資対象とし、CRSP USトータル・マーケット・インデックスに連動した投資成果を目指します。

信託報酬　0.03%

ベンチマーク　CRSP USトータル・マーケット・インデックス

オススメ 3 VOO
バンガード S&P500 ETF

■株価

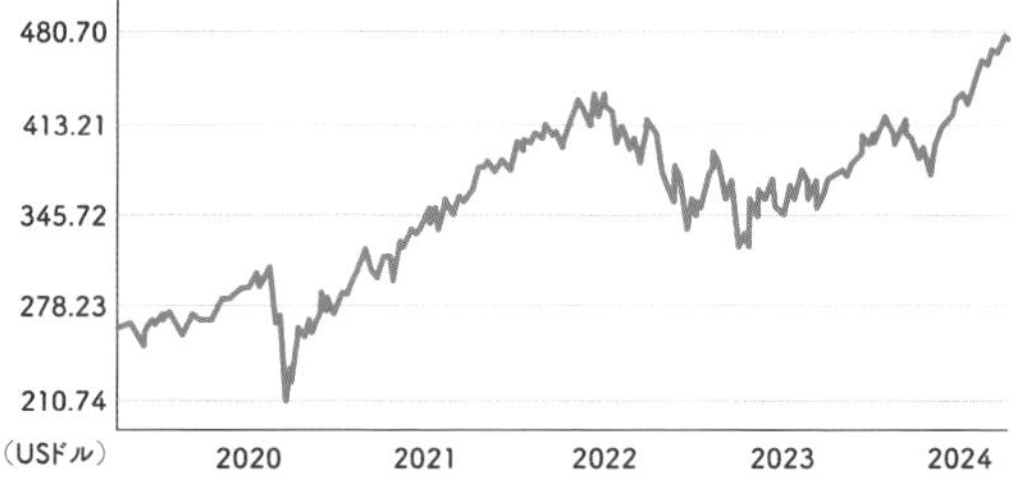
480.70
413.21
345.72
278.23
210.74
（USドル）
2020
2021
2022
2023
2024

POINT

- **米国の主要500社に分散投資できる**
- **信託報酬が最安水準**

米国の代表的な株価指数であるS&P500をベンチマークとするETF。米国の優良企業500社に分散投資が可能です。信託報酬はVTIと同じく0.03%と最安水準。

信託報酬　0.03%

ベンチマーク　S&P500

オススメ 4 QQQ
インベスコQQQトラスト・シリーズ1 ETF

■株価

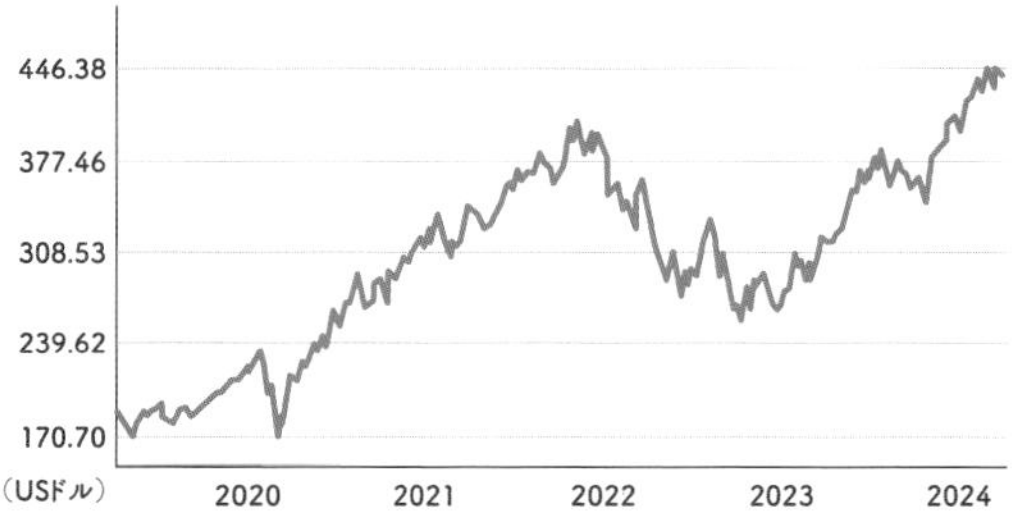
446.38
377.46
308.53
239.62
170.70
（USドル）
2020
2021
2022
2023
2024

POINT

- **金融銘柄を除いたNASDAQ市場上場の時価総額上位100社に投資**

米国の主要株価指数NASDAQがベンチマーク。GoogleやAppleなどテック株を含めたNASDAQ市場の時価総額上位100社に分散投資します。

信託報酬　0.2%

ベンチマーク　NASDAQ100

第2章

新NISA

11 旧NISAで投資していた分は？

旧NISA口座の商品は別口座として運用

新NISAがスタートするより前に、すでに旧NISAで投資をしていたという人は、自動的に旧NISA口座と同じ金融機関に新NISA口座が開設されています。また、SBI証券ではNISA口座で登録していた積立設定が新NISA口座に自動で引き継がれているので、新たな設定は不要です。

旧NISAの保有商品は新NISA口座に移すことはできませんが、旧NISA制度の期限まで商品の運用は非課税で継続できます。なお旧制度で保有している商品の金額は、新NISAの投資枠に影響を与えません。旧NISAの商品は非課税期間が続く間は運用を続け、終了するタイミングで売却か課税口座への移管かを選択しましょう。選択しない場合は、自動的に課税口座へ移管されてしまいます。

■ 旧NISAの保有商品は引き続き非課税で運用可能

※つみたてNISAの場合

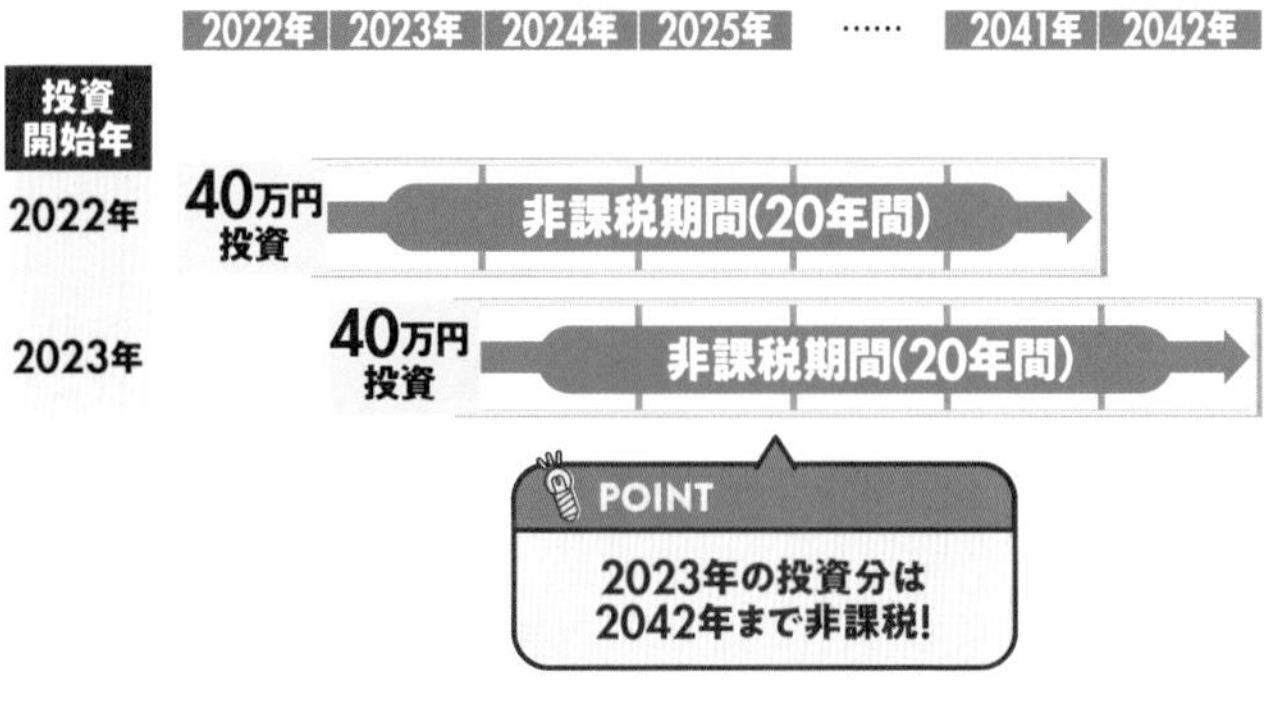
2022年 2023年 2024年 2025年 …… 2041年 2042年
投資開始年
2022年
40万円投資
非課税期間(20年間)
2023年
40万円投資
非課税期間(20年間)
POINT
2023年の投資分は2042年まで非課税!

2024年に新NISAが始まったあとも、2023年までの旧NISAで購入した資産は、購入年から起算してつみたてNISAは20年間、一般NISAは5年間非課税のままで運用が継続できます。たとえばつみたてNISAで2022年に購入した資産は2041年まで、2023年に購入した資産は2042年まで売却益が非課税で運用できます。

旧NISAの商品は2024年以降も保有が可能

旧NISAの保有商品

× 新NISAへの移管は不可

○ 新制度開始後も保有は可能

投資信託など

旧NISAで保有していた商品を新NISAに移すことはできませんが、2023年までに旧NISAで購入した商品は新NISA制度が開始した後も非課税で運用可能です。このとき、保有している旧NISAの商品は、新NISAの投資上限の枠に加算されません。

新旧NISAは併せて持てる

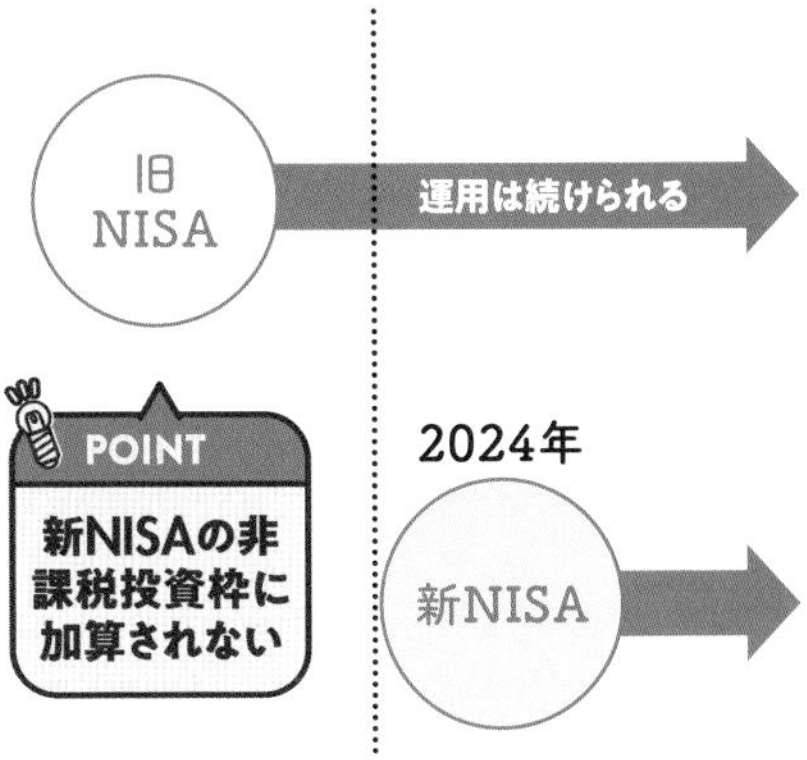
旧
NISA
運用は続けられる
POINT
新NISAの非課税投資枠に加算されない
2024年
新NISA

旧NISAの商品は非課税のうちに売却したい

旧NISA非課税期間満了時の対応

課税口座へ移管 or **期限までに売却**

TAX

移管後に出た利益は課税対象になる

SALE

売却益は非課税

CHECK!

旧NISAの非課税期間をおさえておく

旧NISAの運用をしていた人は、非課税期間がいつ終了するのかをおさえておきましょう。つみたてNISAは期間が長いので注意。

2023年購入分の非課税期間	
一般NISA	つみたてNISA
2027年	2042年

コラム

Column

課税口座で保有している資産は買い直すべき?

インデックス
ファンドなら
買い直しを検討

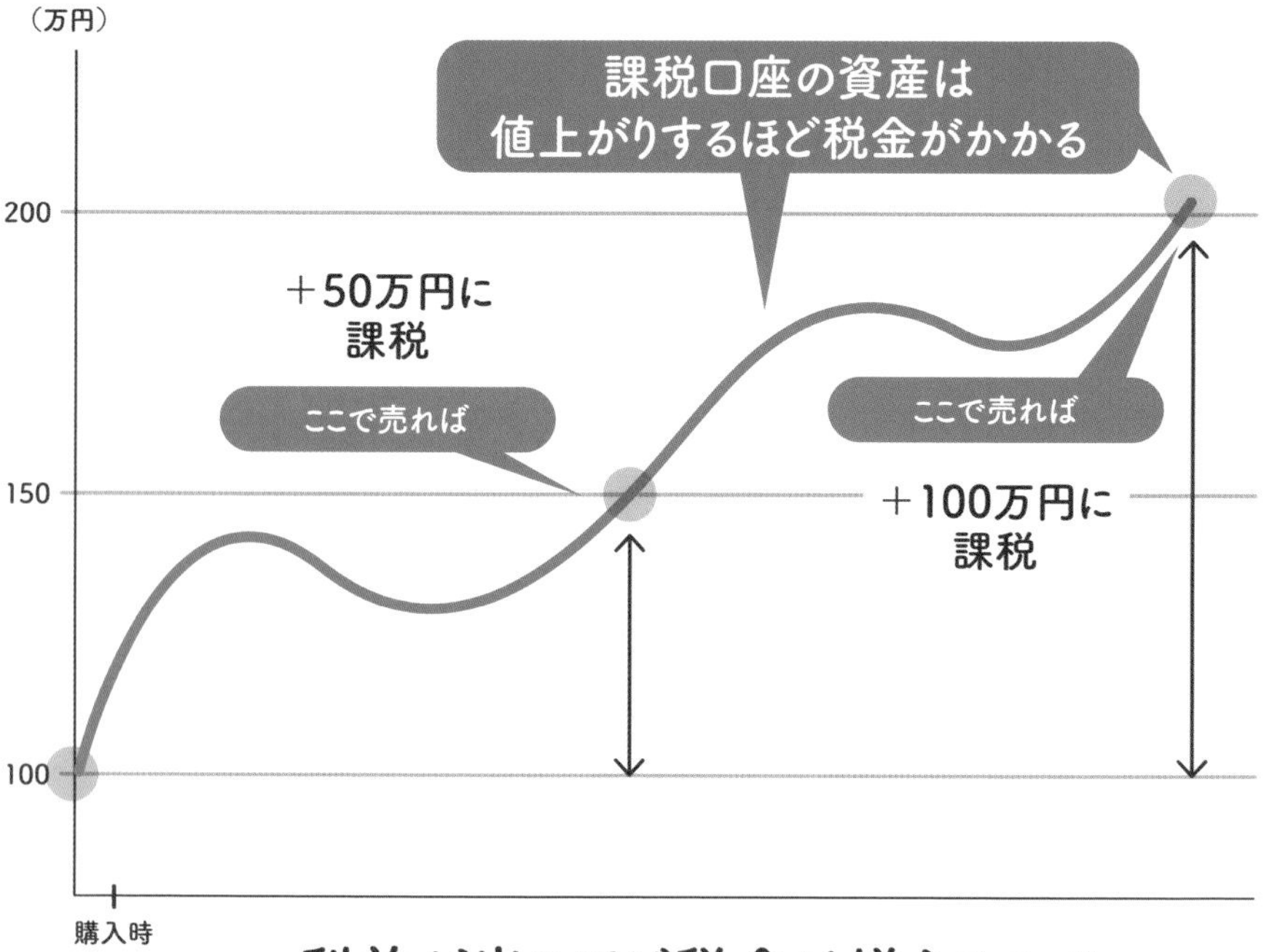
（万円）
課税口座の資産は
値上がりするほど税金がかかる
200
＋50万円に
課税
ここで売れば
ここで売れば
150
＋100万円に
課税
100
購入時

利益が出るほど税金は増えるので早めに買い直したほうがお得!

値上がり想定なら NISA口座が正解

結論からいうと、課税口座で運用しているインデックスファンドは、NISA口座で買い直しましょう。

課税口座では、売却益に約20・315%の税金がかかります。そして過去の実績を鑑みると、この本で紹介しているインデックスファンドは「負けにくい」商品であり、将来の値上がりは十分に想定できます。そのため、利益が少ない間に売却してNISAで買い直したほうが、将来の税負担は少なくなります。

仮に利益が出ていない場合でも、市場価格が安く、NISAの非課税投資枠の消化額が少ないうちにNISA口座で買い直しておく、という考え方もできます。NISA口座の非課税投資枠が余っているなら検討しましょう。

第3章

iDeCo

～老後の生活費を蓄え、節税効果も大きい～

リタイア後に余裕のある生活を送るためには、早いうちからの準備が不可欠。iDeCo（個人型確定拠出年金）は、自分で掛金を拠出・運用して老後のための資産形成をする制度です。制度を使いこなせば、節税しながら公的年金の「上乗せ分」を準備できます。第3章では、老後の備えにぴったりのiDeCoについて解説します。

1 老後のお金づくりならiDeCo

NISAの次に始めるならiDeCo

iDeCoとは、自分で掛金を拠出・運用して老後に受け取る私的年金制度です。最大のメリットとして「税制優遇の機会が多い」点が挙げられます。NISAと同様に運用益が非課税になるほか、掛金が全額所得控除の対象となったり、受取時も控除が適用されたりと、節税メリットを長く享受できます。

また、iDeCoは職業ごとに上限額が異なります。とくに、自営業者などの第1号被保険者は多くの掛金を拠出できます。厚生年金に加入していない分、積極的に拠出額を増やしていきたいところです。

iDeCoは加入期間が10年以上になれば60歳から受け取ることができます。50歳以降に始めた場合は受取開始年齢は繰り下がります。60歳以降で加入した場合は、5年経過すると受け取れます。

■ iDeCoの概要

加入条件	20歳以上65歳未満（※）
最低拠出額	5000円（1000円単位で調整可能）
拠出上限額	年間14万4000円～81万6000円 （職業による）
投資商品	投資信託、定期預金、保険商品
投資方法	毎月一定額を積み立て （事前申請でまとめ払い可）
節税効果	掛金：所得控除 運用益：非課税 老齢給付金：退職所得控除または公的年金等控除
受取開始年齢	60～75歳
手数料	加入時：2829円 運用時：171～数百円／月（金融機関による） 受取時：440円／回

※70歳未満まで引き上げ案が検討中

POINT
まずはNISAを始め
余裕があれば
iDeCoもスタート

iDeCoの特徴① 節税メリットを長く享受できる

■ iDeCoの節税タイミングは3回

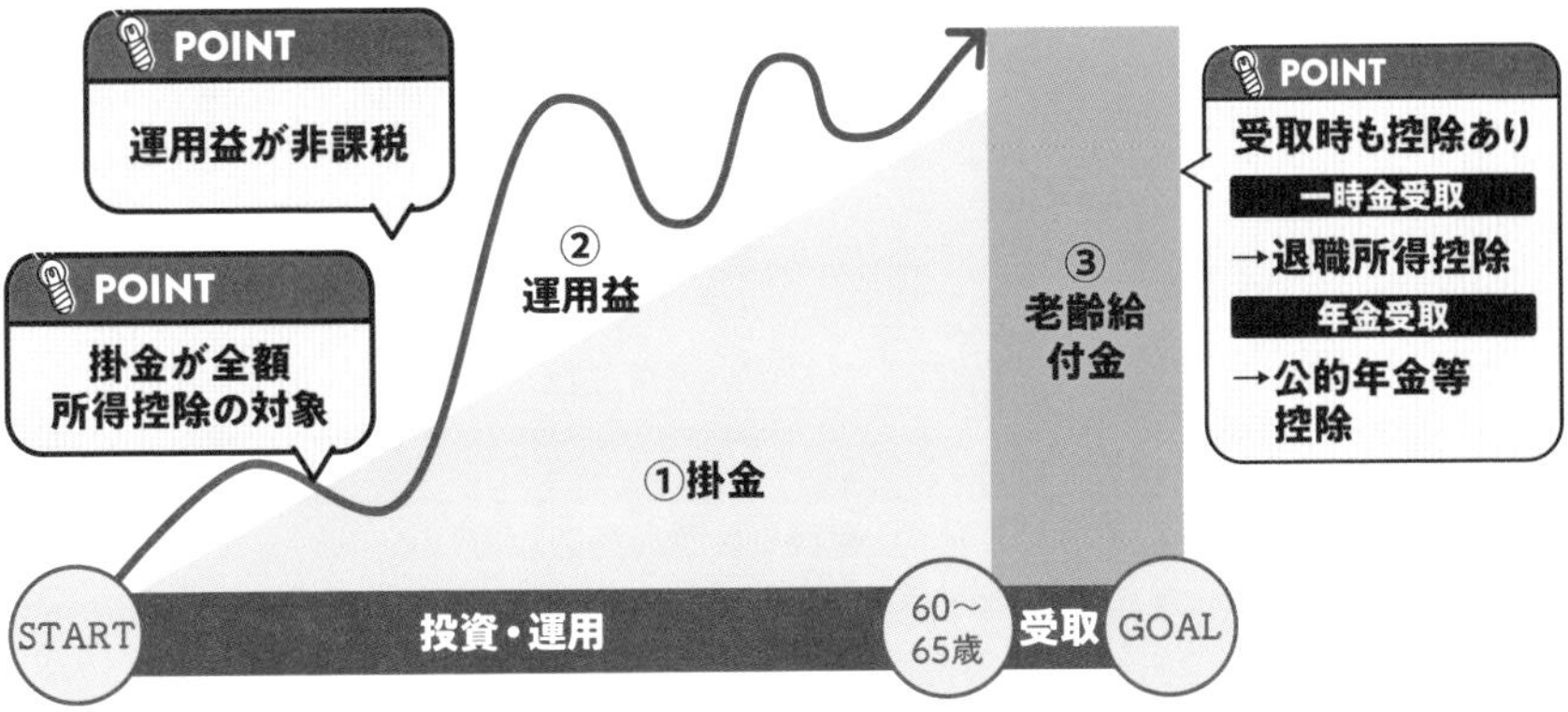
POINT
運用益が非課税
POINT
掛金が全額
所得控除の対象
②
運用益
①掛金
③
老齢給
付金
POINT
受取時も控除あり
一時金受取
→退職所得控除
年金受取
→公的年金等
控除
START
投資・運用
60〜
65歳
受取
GOAL

①掛金が所得控除対象

↓

所得税・住民税の税額が減少

↓

給料の手取りがアップ

iDeCoの掛金は全額が所得控除の対象です。所得控除とは、所得税や住民税の計算をする際に、所得から一定額を差し引くことです。税金がかかる所得額が少なくなるので、所得税や住民税の額を減らせます。

②運用益が非課税

↓

利益をすべて再投資できる

↓

効率良く資産を増やせる

通常、課税口座での運用益（売却益・分配金・利息）には20.315%の税金がかかりますが、NISA同様、iDeCoも非課税です。利益をすべて再投資できるため、より多く複利効果を得られ、効率良く資産を増やせます。

③受取時も控除あり

↓

税負担額が減少

↓

老後資金の手取りがアップ

運用を終えて受け取る際も、控除が適用されます。一時金形式で受け取る場合に適用されるのは「退職所得控除」、年金形式で受け取る場合は「公的年金等控除」です。それぞれの違いはP114で詳しく解説します。

■ 掛金拠出時の節税額を計算

iDeCoによる節税効果 ＝ **iDeCoの掛金（年額）** ×（ **所得税率** ＋ **住民税率10%** ）

例

年収550万円（所得税率10%）年間掛金24万円 → **年間4万8000円** → **15年間で72万円節税!**

※iDeCo公式サイト（https://www.ideco-koushiki.jp/simulation/）でのシミュレーション

所得が大きいと
効果大!

iDeCoの特徴② 働き方によって掛金の拠出上限額が異なる

■ 自分の拠出上限額を確認

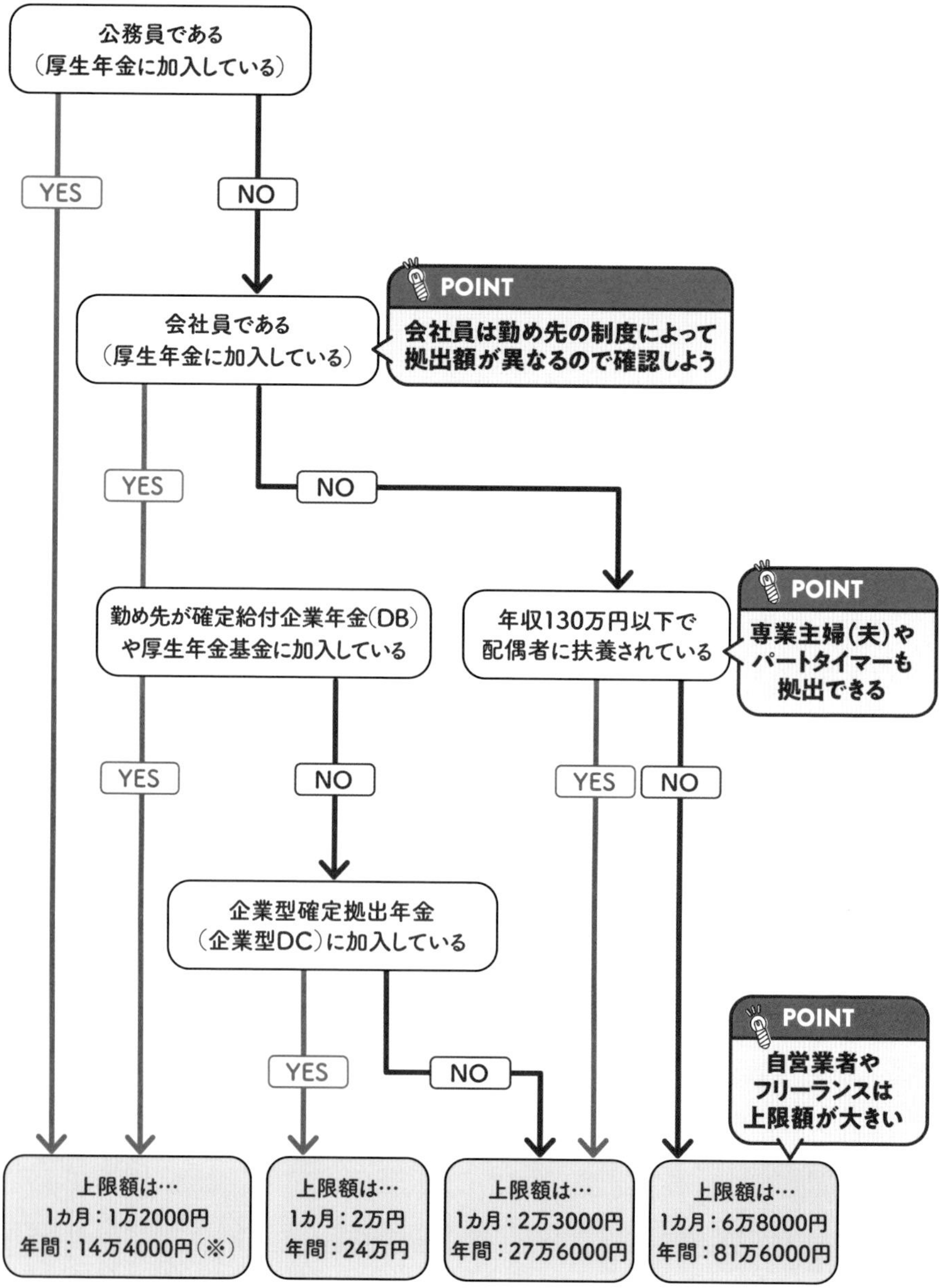
公務員である
（厚生年金に加入している）
YES
NO
会社員である
（厚生年金に加入している）
POINT
会社員は勤め先の制度によって
拠出額が異なるので確認しよう
YES
NO
勤め先が確定給付企業年金（DB）
や厚生年金基金に加入している
年収130万円以下で
配偶者に扶養されている
POINT
専業主婦（夫）や
パートタイマーも
拠出できる
YES
NO
YES
NO
企業型確定拠出年金
（企業型DC）に加入している
YES
NO
POINT
自営業者や
フリーランスは
上限額が大きい
上限額は…
1カ月：1万2000円
年間：14万4000円（※）
上限額は…
1カ月：2万円
年間：24万円
上限額は…
1カ月：2万3000円
年間：27万6000円
上限額は…
1カ月：6万8000円
年間：81万6000円

※2024年12月から月額2万円に引き上げ

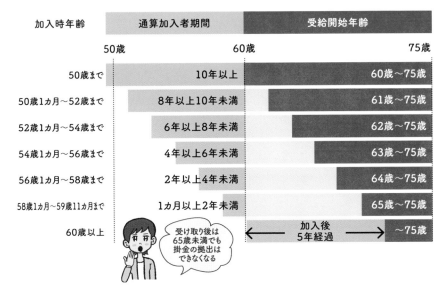

iDeCoの特徴③ 加入期間が10年以上で受け取れる

■ 受給開始が可能な年齢一覧

50歳 60歳 75歳

加入時年齢	通算加入者期間	受給開始年齢
50歳まで	10年以上	60歳～75歳
50歳1ヵ月～52歳まで	8年以上10年未満	61歳～75歳
52歳1ヵ月～54歳まで	6年以上8年未満	62歳～75歳
54歳1ヵ月～56歳まで	4年以上6年未満	63歳～75歳
56歳1ヵ月～58歳まで	2年以上4年未満	64歳～75歳
58歳1ヵ月～59歳11ヵ月まで	1ヵ月以上2年未満	65歳～75歳
60歳以上	加入後5年経過	～75歳

受け取り後は
65歳未満でも
掛金の拠出は
できなくなる

■ 障がいが残ったとき、死亡時の給付金

種類	給付条件	受取方法	受給者	手続き	税金
障害給付金	加入者が障害状態になったとき	一時金・年金	本人	障害を負い1年6カ月を経過後に、障害認定を受けてから本人が行う	非課税
死亡一時金	加入者が亡くなったとき	一時金	遺族 （※受取人の指定が優先） 優先順位： 1. 配偶者 2. 扶養されていた親族 （子・親など） 3. 扶養されていなかった親族	亡くなってから5年以内に遺族が手続き	みなし相続財産として相続税の対象になる（法定相続人1人につき500万円まで非課税）

定年後も働いて
運用期間を長めに
取るのもアリ

POINT
もしもの備えにもなる

第3章

2 iDeCoの口座を開設

手数料が安く商品数が多いのはネット証券

iDeCoの口座は証券会社や銀行、生命保険会社などで開設できます。なかでも、ネット証券での開設には2つのメリットがあります。

1つ目は投資信託の取扱数の多さです。NISAとは異なり、金融機関がiDeCoで取り扱える商品数は最大35種類と限られていますが、ラインナップには金融機関ごとの特色があります。ネット証券はインデックス型の投資信託の取扱数が多いため、資産を「増やす」ための運用がしやすいです。

2つ目のメリットは取引手数料の安さです。iDeCoの口座管理手数料は、金融機関によって価格に差があります。ネット証券大手であれば、最低金額の171円で運用できます。また、自宅から手続きできる点もネット証券の魅力です。

■ iDeCo口座は審査に1〜2カ月かかる

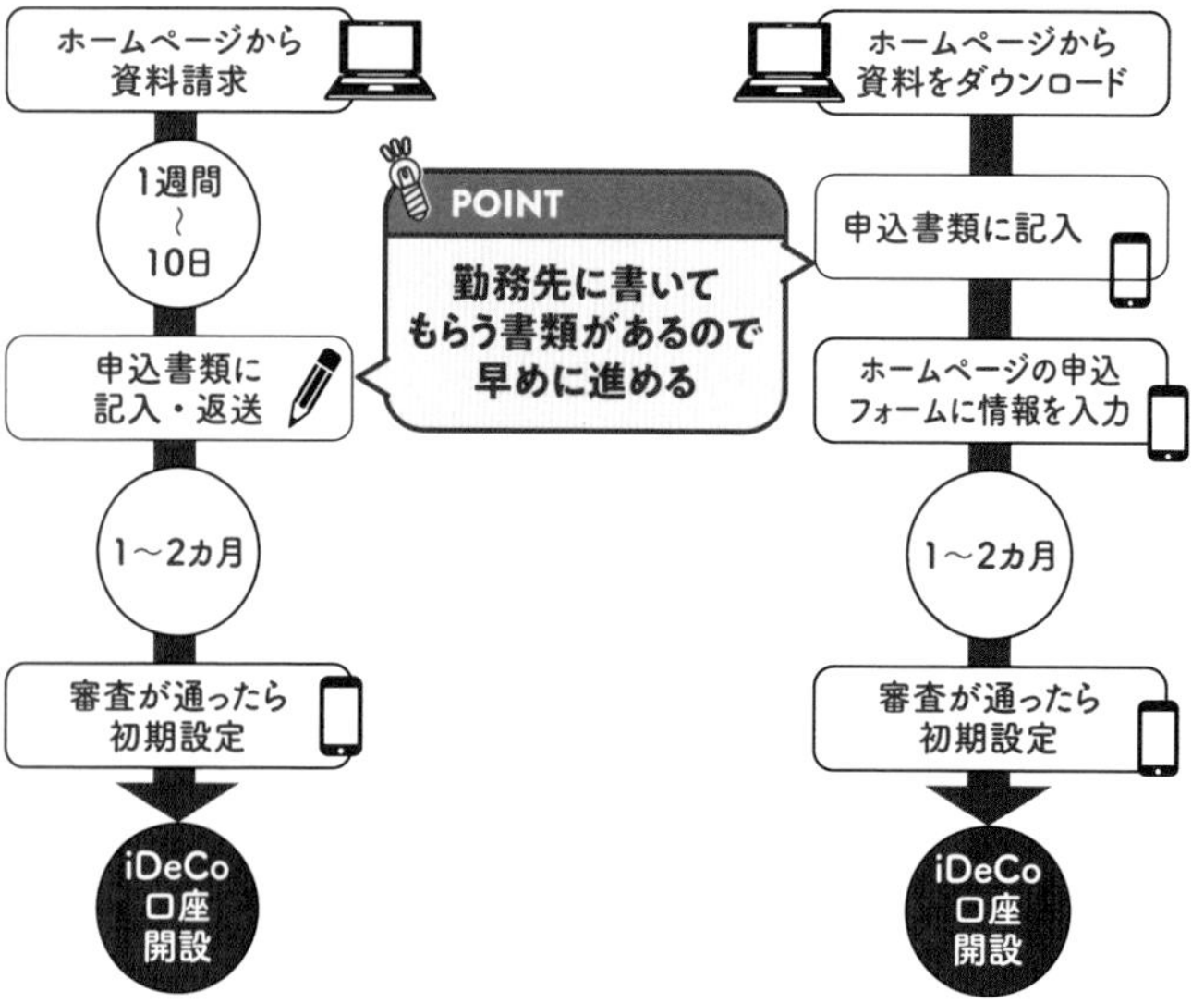
郵送で申込の場合
ホームページから資料請求
1週間〜10日
申込書類に記入・返送
1〜2カ月
審査が通ったら初期設定
iDeCo口座開設
POINT
勤務先に書いてもらう書類があるので早めに進める
ウェブ申込の場合
ホームページから資料をダウンロード
申込書類に記入
ホームページの申込フォームに情報を入力
1〜2カ月
審査が通ったら初期設定
iDeCo口座開設

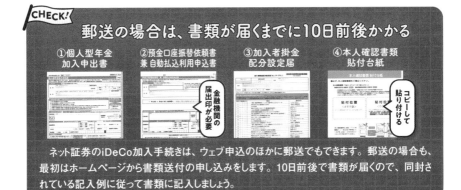

■ 口座開設に必要なもの

①本人確認書類
②基礎年金番号
③メールアドレス
④引落口座情報
⑤事業主の証明書
（会社員・公務員のみ）

使用できるのは……

マイナンバーカード　運転免許証　健康保険証

■ ウェブ申込の方法

❶ホームページから「事業主の証明書」をダウンロード

対象者：会社員・公務員

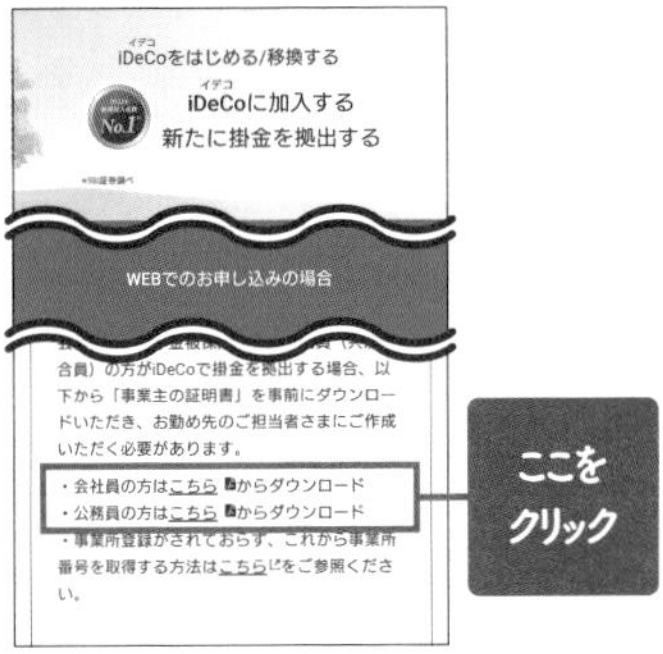
iDeCo《イデコ》をはじめる/移換する
iDeCo《イデコ》に加入する
新たに掛金を拠出する
WEBでのお申し込みの場合
合員）の方がiDeCoで掛金を拠出する場合、以下から「事業主の証明書」を事前にダウンロードいただき、お勤め先のご担当者さまにご作成いただく必要があります。
・会社員の方はこちらからダウンロード
・公務員の方はこちらからダウンロード
・事業所登録がされておらず、これから事業所番号を取得する方法はこちらをご参照ください。
ここをクリック

SBI証券のダウンロードページ
https://go.sbisec.co.jp/prd/ideco/flow_01.html

会社員と公務員は、勤務先の記入欄がある「事業所登録申請書 兼 第2号加入者に係る事業主の証明書」を事前に用意する必要があります。ウェブページから会社員用・公務員用のうち当てはまるほうをダウンロードしましょう。

CHECK!

ウェブで手続きできない場合

- 払込方法が「事業所払込」
- 加入者が60歳以上
- 勤務先が国民年金基金連合会への登録を完了していない　など

CHECK!

郵送の場合は、書類が届くまでに10日前後かかる

①個人型年金加入申出書　②預金口座振替依頼書 兼 自動払込利用申込書　③加入者掛金配分設定届　④本人確認書類貼付台紙

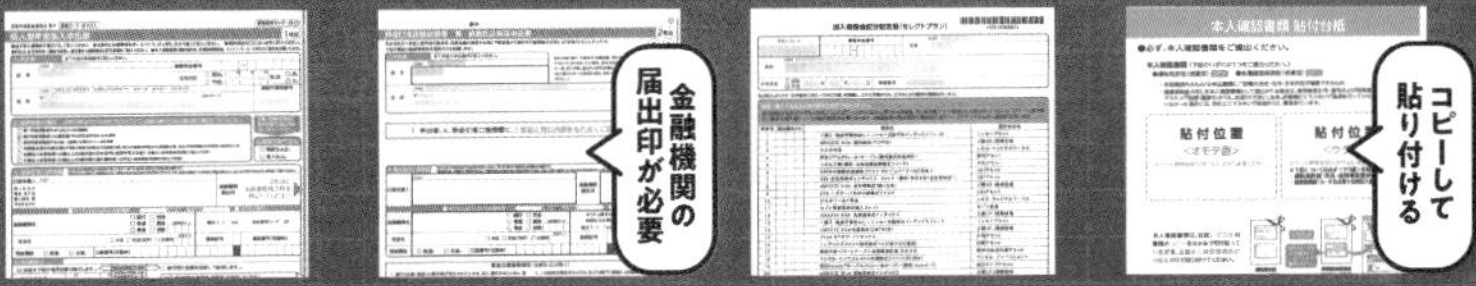
金融機関の届出印が必要
本人確認書類 貼付台紙
コピーして貼り付ける

ネット証券のiDeCo加入手続きは、ウェブ申込のほかに郵送でもできます。郵送の場合も、最初はホームページから書類送付の申し込みをします。10日前後で書類が届くので、同封されている記入例に従って書類に記入しましょう。

❷「事業主の証明書」を記入

対象者：会社員・公務員

赤は自分で記入する
青は勤め先が記入する

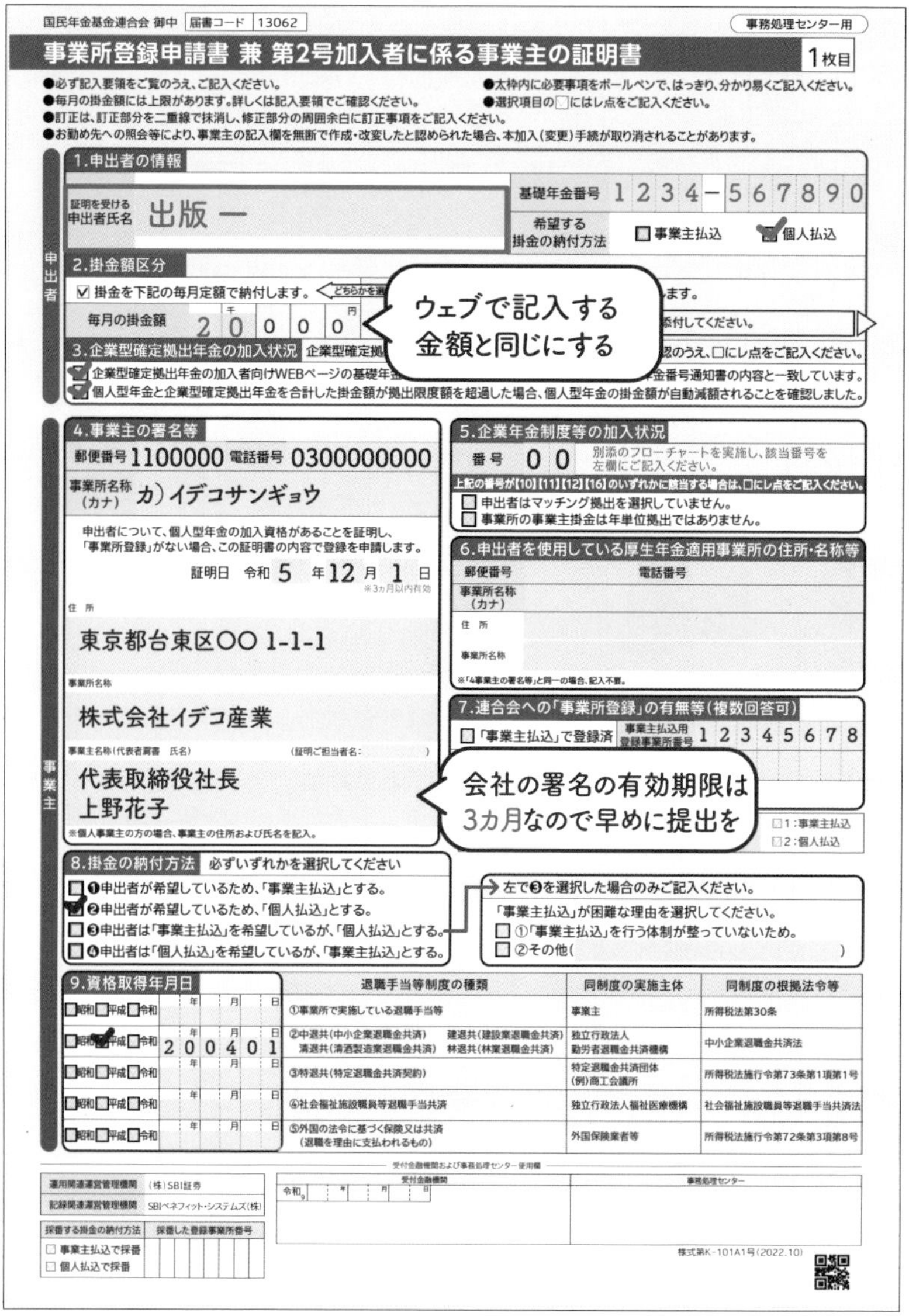

国民年金基金連合会 御中　届書コード 13062　事務処理センター用

事業所登録申請書 兼 第2号加入者に係る事業主の証明書　1枚目

●必ず記入要領をご覧のうえ、ご記入ください。
●太枠内に必要事項をボールペンで、はっきり、分かり易くご記入ください。
●毎月の掛金額には上限があります。詳しくは記入要領でご確認ください。
●選択項目の□にはレ点をご記入ください。
●訂正は、訂正部分を二重線で抹消し、修正部分の周囲余白に訂正事項をご記入ください。
●お勤め先への照会等により、事業主の記入欄を無断で作成・改変したと認められた場合、本加入（変更）手続が取り消されることがあります。

申出者

1.申出者の情報
証明を受ける申出者氏名　出版 一
基礎年金番号　1234－567890
希望する掛金の納付方法　□事業主払込　☑個人払込

2.掛金額区分
☑ 掛金を下記の毎月定額で納付します。 どちらかを選…
…ます。
毎月の掛金額　千 20000 円
…添付してください。

3.企業型確定拠出年金の加入状況　企業型確定拠…
…認のうえ、□にレ点をご記入ください。
☑企業型確定拠出年金の加入者向けWEBページの基礎年金…
…年金番号通知書の内容と一致しています。
☑個人型年金と企業型確定拠出年金を合計した掛金額が拠出限度額を超過した場合、個人型年金の掛金額が自動減額されることを確認しました。

事業主

4.事業主の署名等
郵便番号 1100000　電話番号 0300000000
事業所名称（カナ）　カ）イデコサンギョウ
申出者について、個人型年金の加入資格があることを証明し、「事業所登録」がない場合、この証明書の内容で登録を申請します。
証明日　令和 5 年 12 月 1 日
※3ヵ月以内有効
住所　東京都台東区〇〇 1-1-1
事業所名称　株式会社イデコ産業
事業主名称（代表者肩書　氏名）　（証明ご担当者名：　　）
代表取締役社長
上野花子
※個人事業主の方の場合、事業主の住所および氏名を記入。

5.企業年金制度等の加入状況
番号 00　別添のフローチャートを実施し、該当番号を左欄にご記入ください。
上記の番号が【10】【11】【12】【16】のいずれかに該当する場合は、□にレ点をご記入ください。
□ 申出者はマッチング拠出を選択していません。
□ 事業所の事業主掛金は年単位拠出ではありません。

6.申出者を使用している厚生年金適用事業所の住所・名称等
郵便番号　電話番号
事業所名称（カナ）
住所
事業所名称
※「4事業主の署名等」と同一の場合、記入不要。

7.連合会への「事業所登録」の有無等（複数回答可）
□「事業主払込」で登録済　事業主払込用登録事業所番号　12345678
☑1：事業主払込
☑2：個人払込

8.掛金の納付方法　必ずいずれかを選択してください
□❶申出者が希望しているため、「事業主払込」とする。
☑❷申出者が希望しているため、「個人払込」とする。
□❸申出者は「事業主払込」を希望しているが、「個人払込」とする。
□❹申出者は「個人払込」を希望しているが、「事業主払込」とする。

→左で❸を選択した場合のみご記入ください。
「事業主払込」が困難な理由を選択してください。
□ ①「事業主払込」を行う体制が整っていないため。
□ ②その他（　　）

9.資格取得年月日		退職手当等制度の種類	同制度の実施主体	同制度の根拠法令等
□昭和□平成□令和	年 月 日	①事業所で実施している退職手当等	事業主	所得税法第30条
□昭和☑平成□令和	20年04月01日	②中退共（中小企業退職金共済）　建退共（建設業退職金共済）　清退共（清酒製造業退職金共済）　林退共（林業退職金共済）	独立行政法人勤労者退職金共済機構	中小企業退職金共済法
□昭和□平成□令和	年 月 日	③特退共（特定退職金共済契約）	特定退職金共済団体（例）商工会議所	所得税法施行令第73条第1項第1号
□昭和□平成□令和	年 月 日	④社会福祉施設職員等退職手当共済	独立行政法人福祉医療機構	社会福祉施設職員等退職手当共済法
□昭和□平成□令和	年 月 日	⑤外国の法令に基づく保険又は共済（退職を理由に支払われるもの）	外国保険業者等	所得税法施行令第72条第3項第8号

受付金融機関および事務処理センター使用欄
運用関連運営管理機関　（株）SBI証券
記録関連運営管理機関　SBIベネフィット・システムズ（株）
採番する掛金の納付方法　□ 事業主払込で採番　□ 個人払込で採番
採番した登録事業所番号
受付金融機関　令和 年 月 日
事務処理センター
様式第K-101A1号（2022.10）

申出者記入欄（証明書内1〜3）を埋めた後、勤務先の担当部署に提出し、事業主記入欄（4〜9）を記載してもらいます。返却された際に記入漏れがないか確認を忘れずに。なお、SBI証券の場合は、スマホやPCでPDFをそのまま編集し、手順⑧でアップロードできます。

❸ウェブページから申し込みボタンをタップ

対象：全員

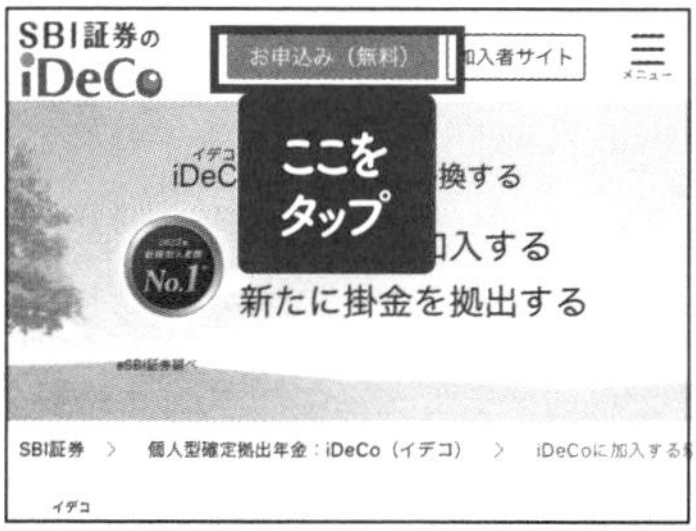

SBI証券の申し込みページ
https://go.sbisec.co.jp/prd/ideco/flow_01.html

ホームページ（①と同じページ）の「お申し込み（無料）」ボタンをタップします。自営業者や主婦（夫）の場合は、ここから始めてOKです。

❹メールアドレス登録後、認証コードを入れる

対象：全員

入力フォームに記入したメールアドレス宛に認証コードが届くので入力します。迷惑メールに振り分けられないよう、事前に設定確認を忘れずに。

❺基本情報を入力

対象：全員

入力項目

- 居住国
- 生年月日
- 氏名
- 性別
- 電話番号
- 住所など

❻加入者資格情報を入力

対象：全員

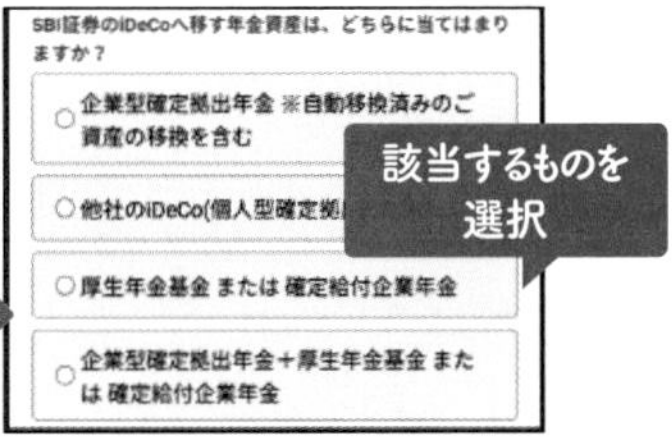

iDeCoや企業年金の加入状況について回答します。iDeCoや企業年金などから移す資産がある場合は続けて質問に回答します。

❼申し込み方法の選択

対象：全員

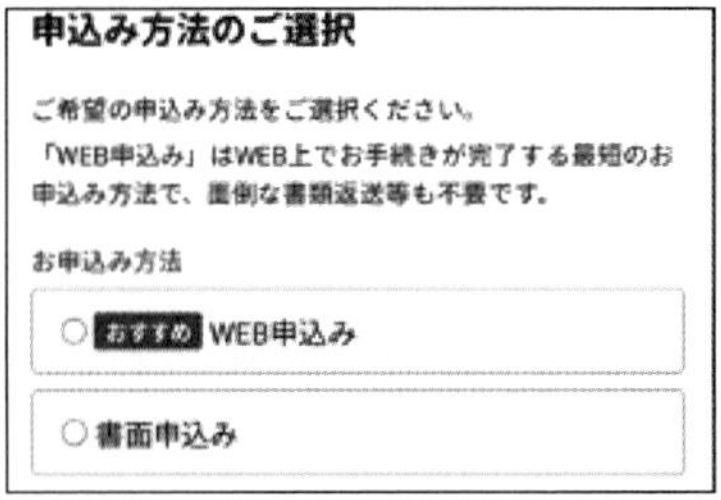

申込み方法には「ウェブ」と「書面」の2種類があります。ウェブでの申込みは、書類の返送などが不要で簡単に手続きできる点が魅力です。

❽「事業主の証明書」を提出（※） 再開可能ポイント

対象：会社員・公務員

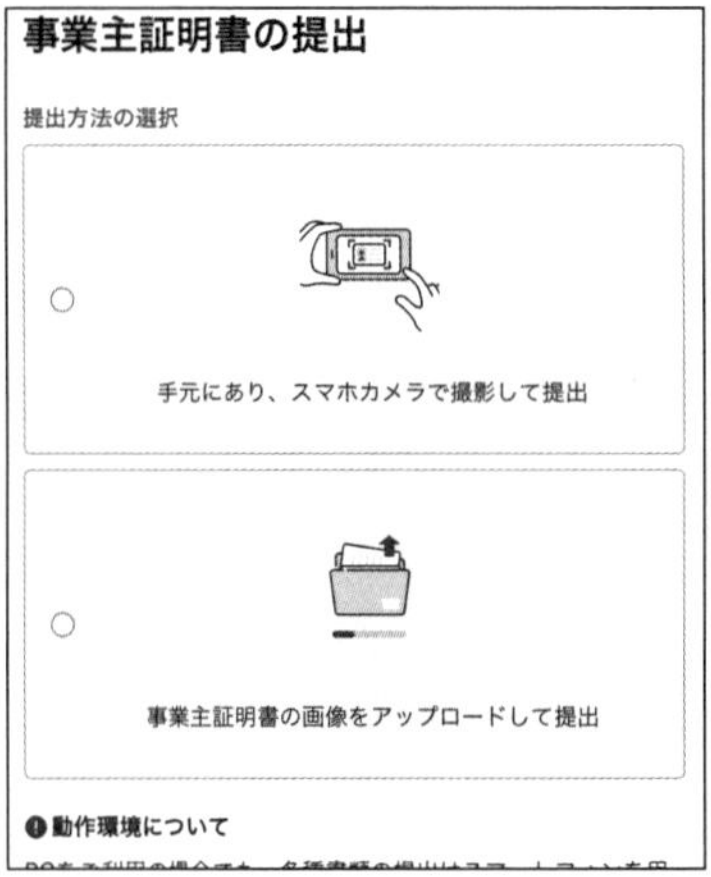

会社員と公務員は②で記入した「事業者登録申請書 兼 第2号被保険者に係る事業主の証明書」を提出します。本人確認書類と同様、スマホで撮影して提出することができます。

※以降の手順はウェブ申込みを選択した場合のものです

CHECK!

中断した手続きを再開できる

手続きを再開するには申込時に入力した氏名・電話番号・生年月日のほか、「iDeCo 申込番号」が必要になります。申込番号は口座開設申込後の画面上、または登録メールアドレス宛に送付されたメールに記載されています。

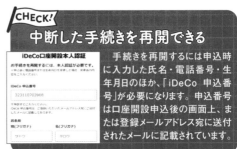

❾本人確認書類を提出

対象：全員

本人確認書類の提出
マイナンバーカード
運転免許証
この後、撮影して提出か
画像で提出かを選択する

本人確認書類はマイナンバーカード以外にも、運転免許証や健康保険証を使用できます。画像を事前に用意しなくてもその場で撮影すればOKです。

CHECK!

パソコンで申し込みの場合もスマホを使う

パソコンで申し込む場合も、「本人確認書類の画像をアップロード」だけではなく、「カメラで撮影」を選択できます。その場合は、画面に表示される2次元バーコードを読み取り、ブラウザからアップします。

❿加入者情報を入力 再開可能ポイント

対象：全員

入力項目

- 基礎年金番号
- 勤め先の登録事業所番号
- 掛金の金額
- 企業型DCの加入履歴
- 現在の企業年金制度の加入状況

「事業主の証明書」の記載事項(加入者情報)を入力フォームに入れていきます。書類の内容と相違があると審査に通らなくなってしまうので、入力ミスがないよう気をつけましょう。

⓫振替口座を登録

対象：全員

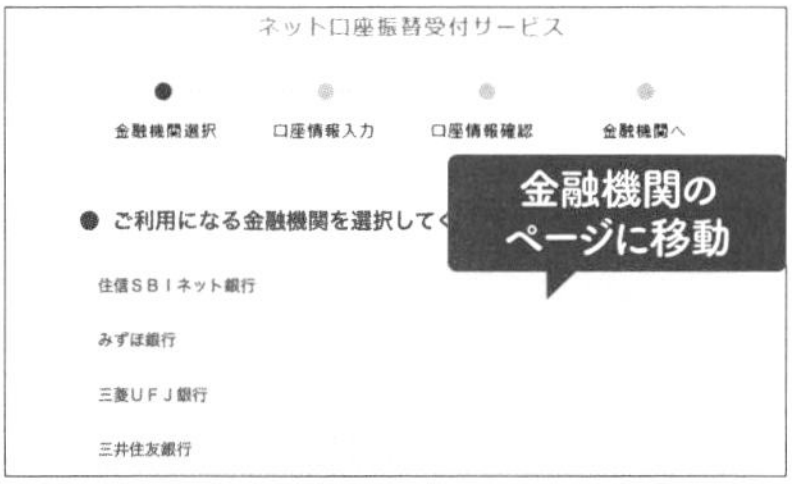
ネット口座振替受付サービス
金融機関選択
口座情報入力
口座情報確認
金融機関へ
ご利用になる金融機関を選択してく
金融機関の
ページに移動
住信ＳＢＩネット銀行
みずほ銀行
三菱ＵＦＪ銀行
三井住友銀行

掛金が引き落とされる口座を登録します。メガバンクや大手ネット銀行以外に、地方銀行や信用組合なども登録可能です。選択後は各金融機関のウェブページに移動し、口座番号等を入力します。

⓬商品の選択と掛金の配分を決定

対象：全員

商品の選択と掛金の配分割合を入力します。決まらない場合は後ほど設定することも可能ですが、審査完了後にスムーズに積み立てを始めるためにも、入力しておくことが望ましいです。

3 iDeCoの商品タイプを知る

iDeCoでも「増やす」運用を選ぶ

iDeCoの運用商品のタイプは、「元本確保型」と、「価格変動型」の2種類に分かれます。

元本確保型とは、決められた利率で元本に利息がつき、少しずつお金が増えていく商品です。満期まで運用すれば、積立額（元本）が保証されます。しかし、利回りが低い傾向があり、運用コスト次第では資産が目減りしてしまう危険性があります。また、保険の場合は中途解約時に解約控除がかかり、元本割れを起こす可能性もあります。資産を減らさないための「守り」の商品といえるでしょう。

一方、価格変動型は、運用の結果次第で資産残高が増減します。中心となる商品は、NISA同様に投資信託です。元本割れの可能性がありますが、より資産を「増やす」ための運用ができます。

■ 金融機関によって取扱商品は異なる

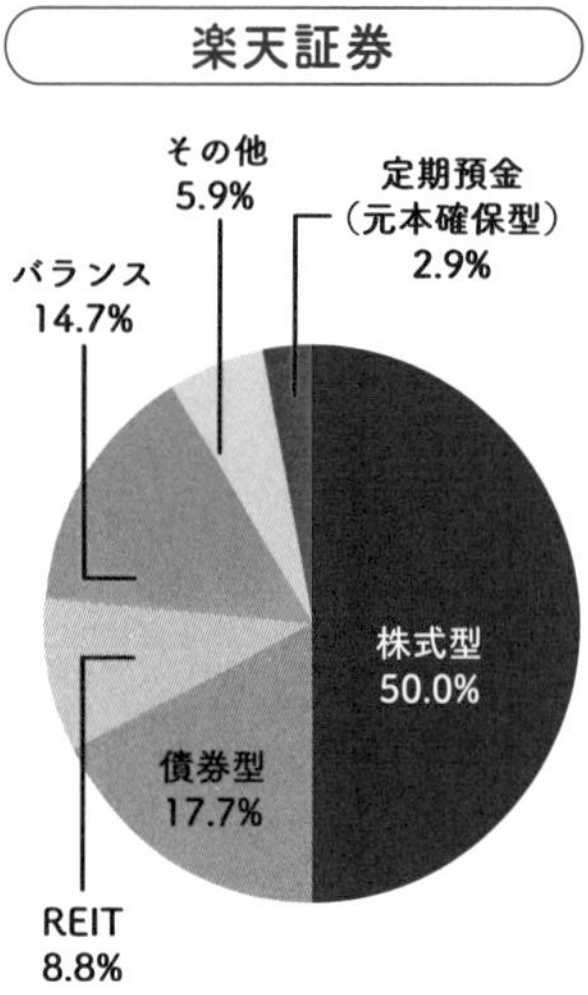
楽天証券
その他
5.9%
定期預金
（元本確保型）
2.9%
バランス
14.7%
株式型
50.0%
債券型
17.7%
REIT
8.8%

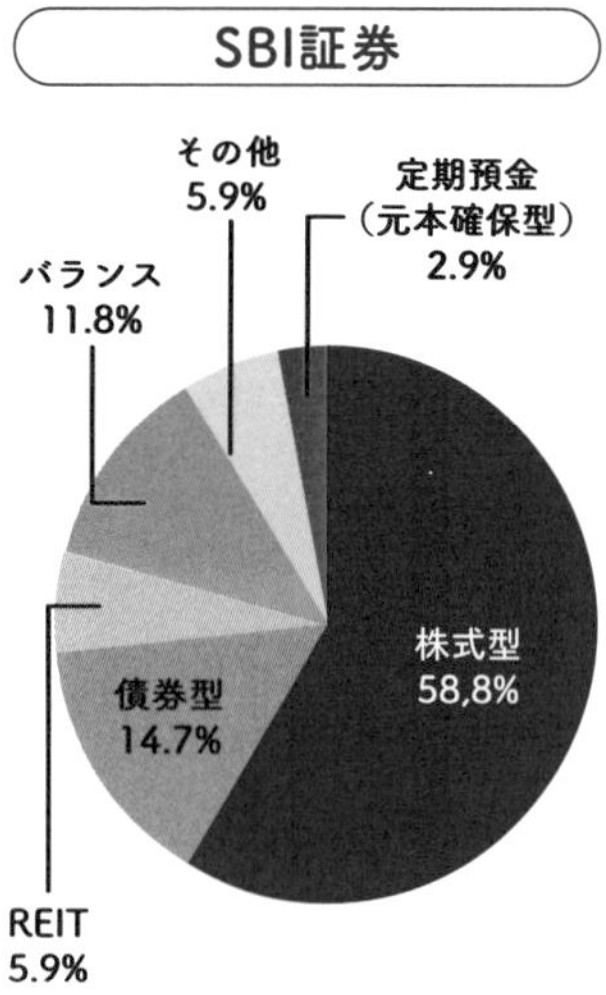
SBI証券
その他
5.9%
定期預金
（元本確保型）
2.9%
バランス
11.8%
株式型
58,8%
債券型
14.7%
REIT
5.9%

インデックス型の投資信託を多く扱うネット証券でも、各社で取扱商品が異なります。自分が運用したい商品を扱っているかは事前に確認しましょう。

■ iDeCoで購入できる商品のタイプ

受け取るお金が減らない
貯蓄型!

元本確保型

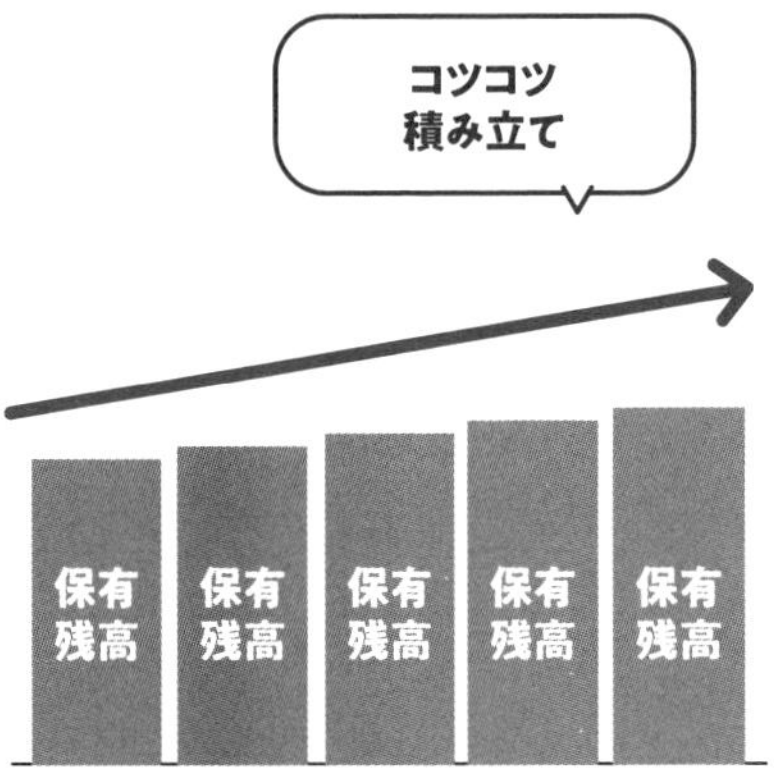
コツコツ
積み立て
保有残高
保有残高
保有残高
保有残高
保有残高

選べる商品

定期預金　保険　守り重視

定期預金は毎月金利が見直されるため、当初の想定より利息が少ない場合があります。保険は中途解約で解約控除が適用され、元本割れすることも。

受け取るお金が
増えたり減ったりする

価格変動型

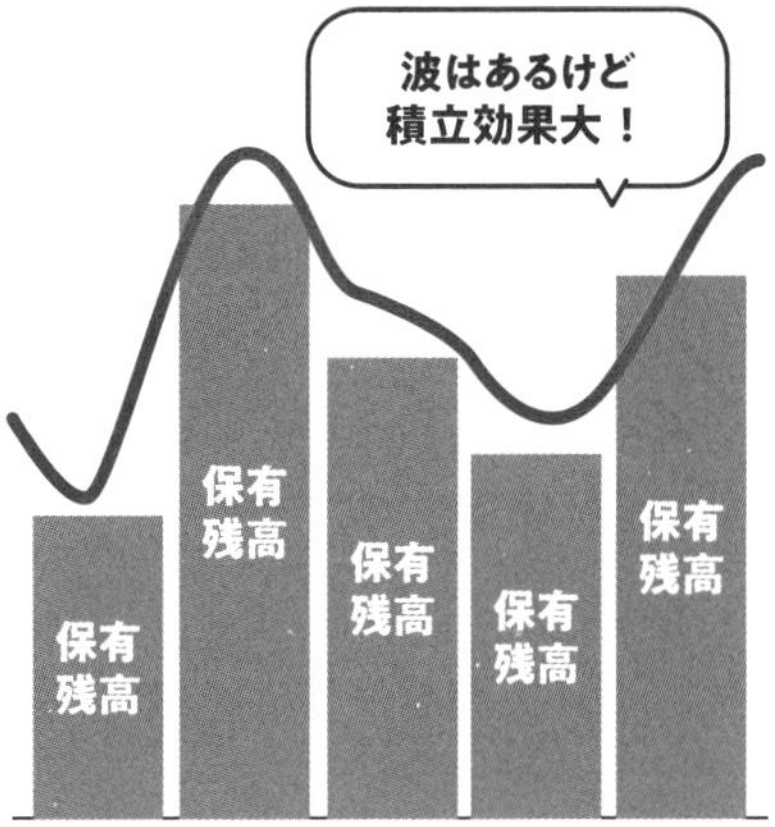
波はあるけど
積立効果大！
保有残高
保有残高
保有残高
保有残高
保有残高

選べる商品

投資信託　NISAと同じ

価格変動型の代表はNISA（つみたて投資枠）の中心商品でもある投資信託。リスクはありますが、より資産を「増やす」ための運用ができます。

CHECK!

運用コストで損をする可能性もあり!

加入時	国民年金基金連合会手数料：2829円
毎月	国民年金基金連合会手数料：105円 事務委託先金融機関手数料：66円 口座管理手数料：0～数百円前後（金融機関ごとに異なる）

iDeCoは加入時と運用中に手数料がかかります。元本確保型だけを運用していると、運用益を運用コストが上回り、資産が目減りしてしまう危険性があります。

老後にしっかり
備えるなら
「価格変動型」を
選ぶ

4 iDeCoも基本は「全世界株式」

「全世界株式」を基本に他の資産も検討を

iDeCoでも、NISA同様に「全世界株式」または「米国株式」の投資信託を選ぶのがおすすめです。ただし、iDeCoはNISAと比べて対象商品数が少ないため、投資したい商品が決まっている場合は、金融機関を探す必要があります。とはいえ、同じカテゴリーのインデックス型商品であれば、信託報酬や基準価額に大きな差はないことも多いため、選んだ金融機関で該当商品を探してもいいでしょう。

また、運用期間が短い場合は、リスクを抑えた運用が重要です。例えば、1つの商品で複数の資産に分散投資できるバランス型は、各資産の割合が自動で調整される点がメリットです。また、よりコストを抑えたい場合は、債券など他の資産が対象のインデックス型の投資信託を購入する方法もあります。

■ iDeCoで投資できる商品例

SBI証券で取り扱いアリ

SBI・
全世界株式
インデックス・ファンド

基準価額
2万2601円

信託報酬
0.1022%程度

純資産総額
1926億2600万円

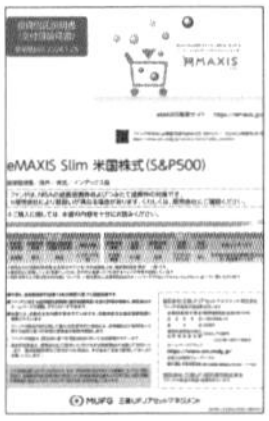

eMAXIS Slim
米国株式
(S&P500)

基準価額
2万8582円

信託報酬
0.09372%以内

純資産総額
4231億900万円

楽天証券で取り扱いアリ

楽天・
全世界株式
インデックス・ファンド

基準価額
2万3213円

信託報酬
0.192%程度

純資産総額
4623億6900万円

楽天・
全米株式
インデックス・ファンド

基準価額
2万9051円

信託報酬
0.162%程度

純資産総額
1兆4545億9700万円

運用期間が短い場合はリスクを抑える

方法1 バランス型の投資信託を選ぶ

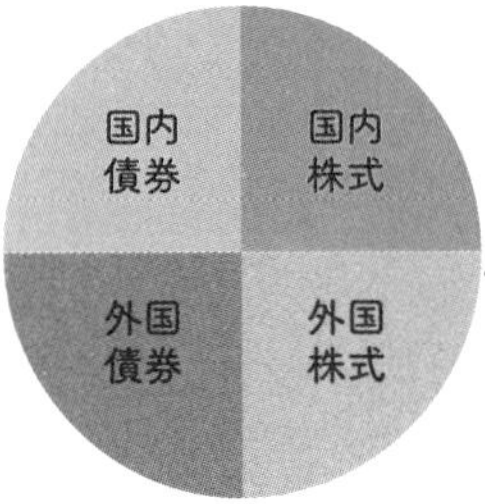
国内
債券
国内
株式
外国
債券
外国
株式

POINT
各資産が均等に配分されている

バランス型とは、1つの商品で複数の資産や市場に分散投資できる投資信託で、資産のバランスが自動で調整される点がメリットです。組み入れられる資産の種類は商品によって異なるため、自分が取れるリスクの大きさに合った商品を探しましょう。

iDeCoで購入できる商品例

eMAXIS
MUFG 三菱UFJ国際投信

eMAXIS Slim バランス（8資産均等型）

基準価額	信託報酬
1万4330円	0.143%以内

純資産総額
2182億8000万円

株式と債券に加えて
不動産にも投資できる

国内・先進国の株式と債券とREITに加え、新興国の株式と債券の合計8資産に12.5%ずつ均等投資するファンド。

方法2 ほかの資産を取り入れる

全世界株式型の投資信託と国内債券型の投資信託の価格推移（2018年10月末=100）

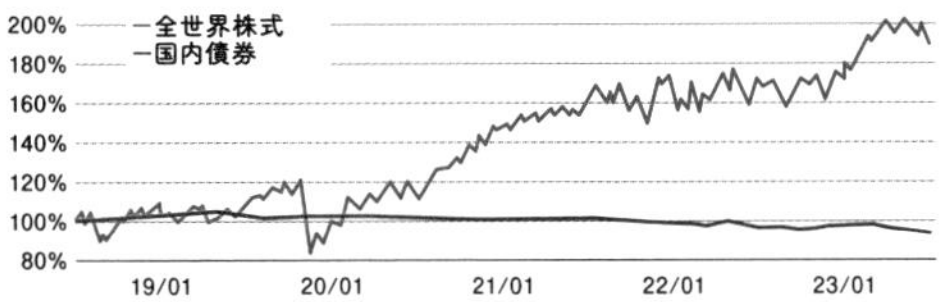
200%
180%
160%
140%
120%
100%
80%
全世界株式
国内債券
19/01
20/01
21/01
22/01
23/01

バランス型はインデックス型に比べてやや信託報酬が高い点がデメリットです。コストを少しでも抑えたい場合や、より細かくリスクを管理したい場合は、ほかの資産に投資している投資信託を購入するという方法もあります。例えば債券は、株式に比べて値動きが小さく、「守りの資産」と呼ばれています。

※世界株式型は「eMAXIS Slim 全世界株式（オール・カントリー）」、国内債券は「eMAXIS Slim 国内債券インデックス」の基準価額を参照

iDeCoで購入できる商品例

eMAXIS
MUFG 三菱UFJ国際投信

eMAXIS Slim 国内債券インデックス

基準価額	信託報酬
9423円	0.132%以内

純資産総額
206億7500万円

債券の割合で
資産全体のリスクを
調整できる

日本の国債や社債に投資。国内の代表的なベンチマークと連動しており、債券市場にバランス良く投資できます。

※商品データは2024年4月15日時点

5 掛金の配分割合の設定方法

頻繁な商品の入れ替えは避ける

購入した商品は、長く積立・運用を続けたほうが、分散投資や長期投資のメリットを多く享受できます。そのため、一度購入商品を決めたら、基本的に変更せずに運用を続けるようにしましょう。

ただし、自身のリスク許容度が変わった際は、掛金の配分割合や購入商品を変更し、資産のリスクを調整する必要があります。

掛金の配分変更では、これまで購入した商品の運用は続けたまま、購入商品を変更します。同じ商品の割合だけを変更することも、新しい商品の購入もできます。資産全体の配分をすぐに大きく変更することはできませんが、複利によるメリットを享受しながら、資産配分は徐々に調整されます。掛金の配分変更手続きは、拠出日の前日までに行いましょう。

■ 配分変更の考え方

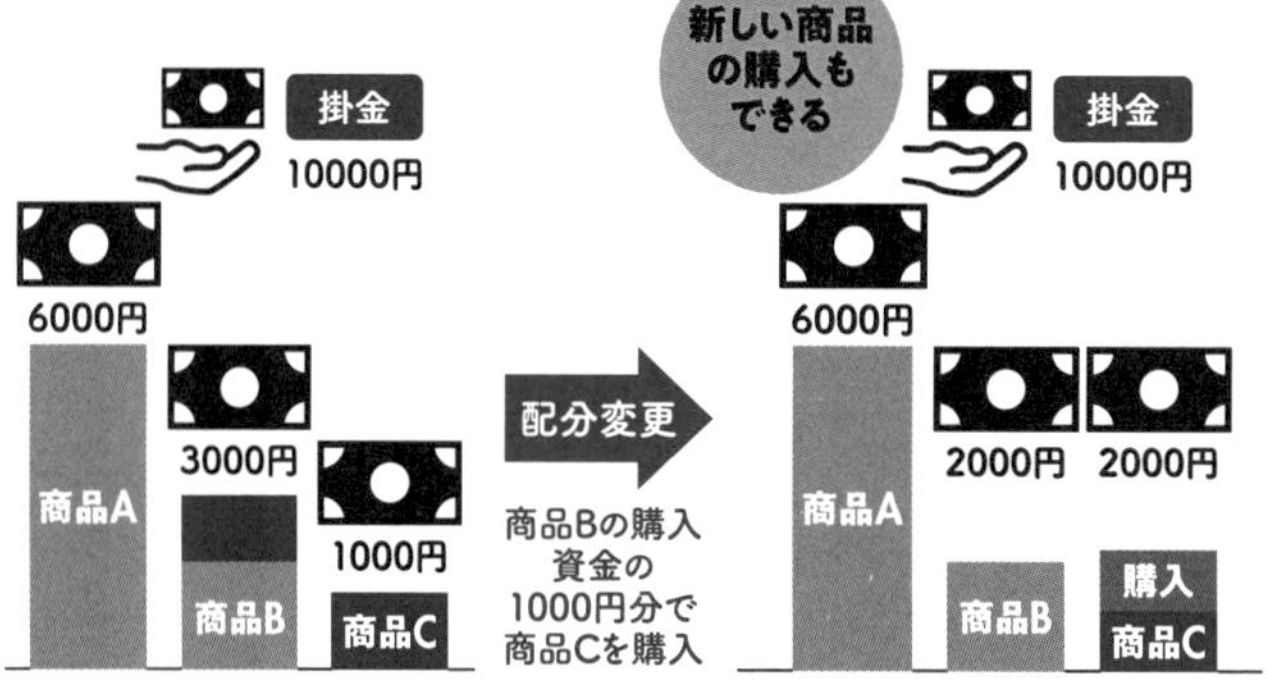
掛金
10000円
6000円
商品A
3000円
商品B
1000円
商品C
配分変更
商品Bの購入資金の1000円分で商品Cを購入
新しい商品の購入もできる
掛金
10000円
6000円
商品A
2000円
商品B
2000円
購入
商品C

CHECK!

運用方針を変更するときに行う

一度運用商品を決めたら、基本的に変更する必要はない。受取時期が近くなったタイミングで、資産のリスクを引き下げるために調整しよう。

ポートフォリオの調整にも使える

■ あとから設定を変更する方法　SBI証券の場合

❶ 配分割合の指定ページに移動

ホーム
資産状況
運用商品一覧
掛金の配分割合
移換金等の配分割合
スイッチング（預け替え）

iDeCo加入者サイトにログインし、ホームメニューから「掛金の配分割合」を選択。

❷ 割合を入力

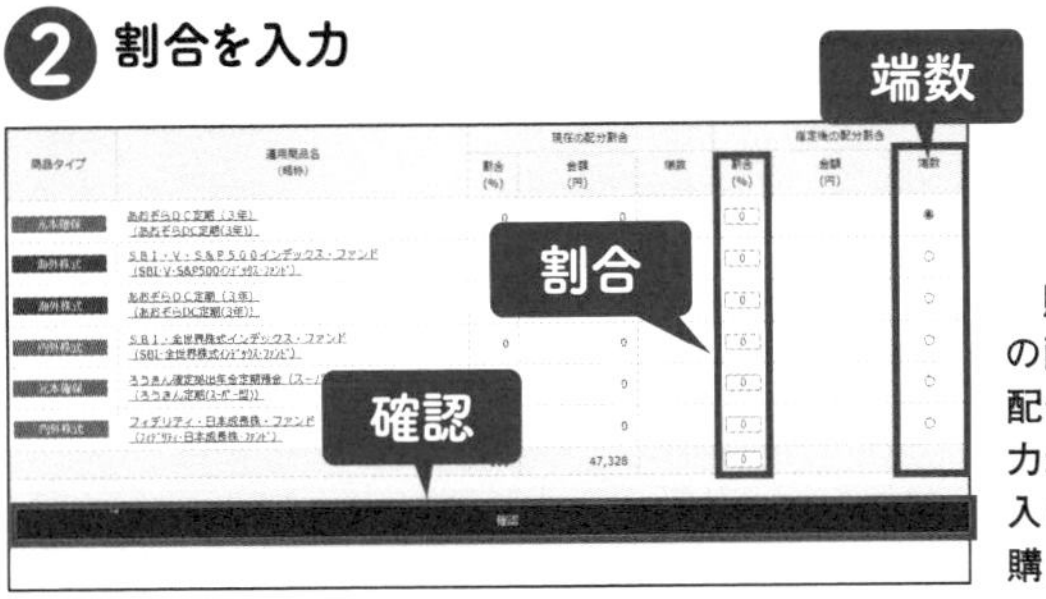
端数
割合
確認

購入したい商品の配分割合を「指定後の配分割合」欄に入力しましょう。現在の配分割合から変更しない商品についても入力が必要です。また、「端数」にチェックを入れると、1円未満の端数が生じた際に、購入額に加算する商品を指定できます。

❸ 内容を確認して実行をタップ

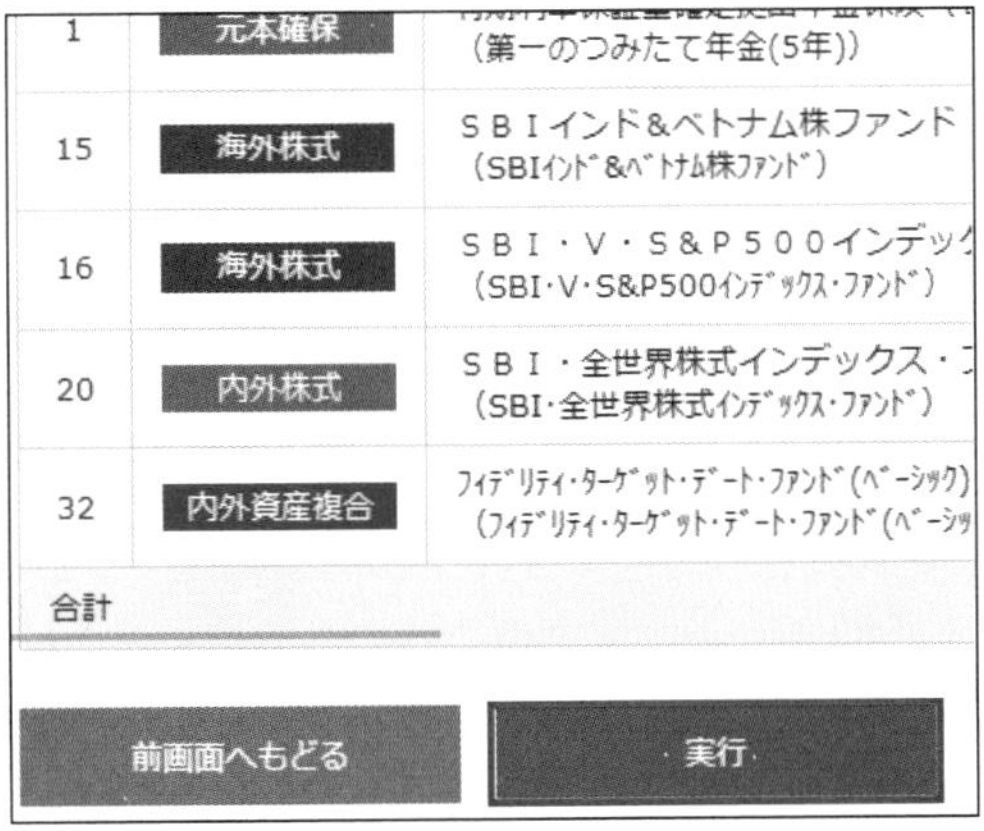
1 元本確保 （第一のつみたて年金(5年)）
15 海外株式 ＳＢＩインド＆ベトナム株ファンド （SBIｲﾝﾄﾞ&ﾍﾞﾄﾅﾑ株ﾌｧﾝﾄﾞ）
16 海外株式 ＳＢＩ・Ｖ・Ｓ＆Ｐ５００インデッ （SBI･V･S&P500ｲﾝﾃﾞｯｸｽ･ﾌｧﾝﾄﾞ）
20 内外株式 ＳＢＩ・全世界株式インデックス・ （SBI･全世界株式ｲﾝﾃﾞｯｸｽ･ﾌｧﾝﾄﾞ）
32 内外資産複合 ﾌｨﾃﾞﾘﾃｨ･ﾀｰｹﾞｯﾄ･ﾃﾞｰﾄ･ﾌｧﾝﾄﾞ(ﾍﾞｰｼｯｸ) （ﾌｨﾃﾞﾘﾃｨ･ﾀｰｹﾞｯﾄ･ﾃﾞｰﾄ･ﾌｧﾝﾄﾞ(ﾍﾞｰｼｯ
合計
前画面へもどる
実行

内容確認画面、重要事項確認画面が出てくるので、変更内容に間違いがないかをチェックし実行。

CHECK!

拠出日の前日までに設定を

SBI証券の場合、配分割合の変更は拠出日（商品を購入する日）前日まで受け付けています。金融機関によって受付期限が異なるため、確認のうえ早めの変更がおすすめです。

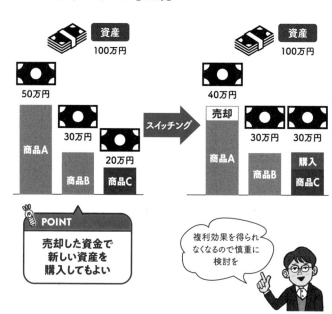

6 資産配分が大きく崩れたらスイッチング

スイッチングでリバランス

複数の商品を購入している場合は、年に1度程度は資産配分の見直しをしましょう。当初の設定から多少ずれている程度ならそのままでよいですが、10～15％以上など大きく崩れている場合はリバランスをしましょう。リバランスとは、配分変更や商品の入れ替えによって、当初のバランスに調整することです。

商品の入れ替えのことを「スイッチング」といいます。商品の一部または全部を売却し、別の商品を買い、資産の構成を変更します。リバランスだけではなく、受取を開始する時期が近付いてきたときなど、利益を確定したい場合にも使うことができます。スイッチングは商品を売却し買付する手続きですから、完了までに1週間以上かかることもあります。その間に商品の価格が動くこともあるのがデメリットです。

■ スイッチングの考え方

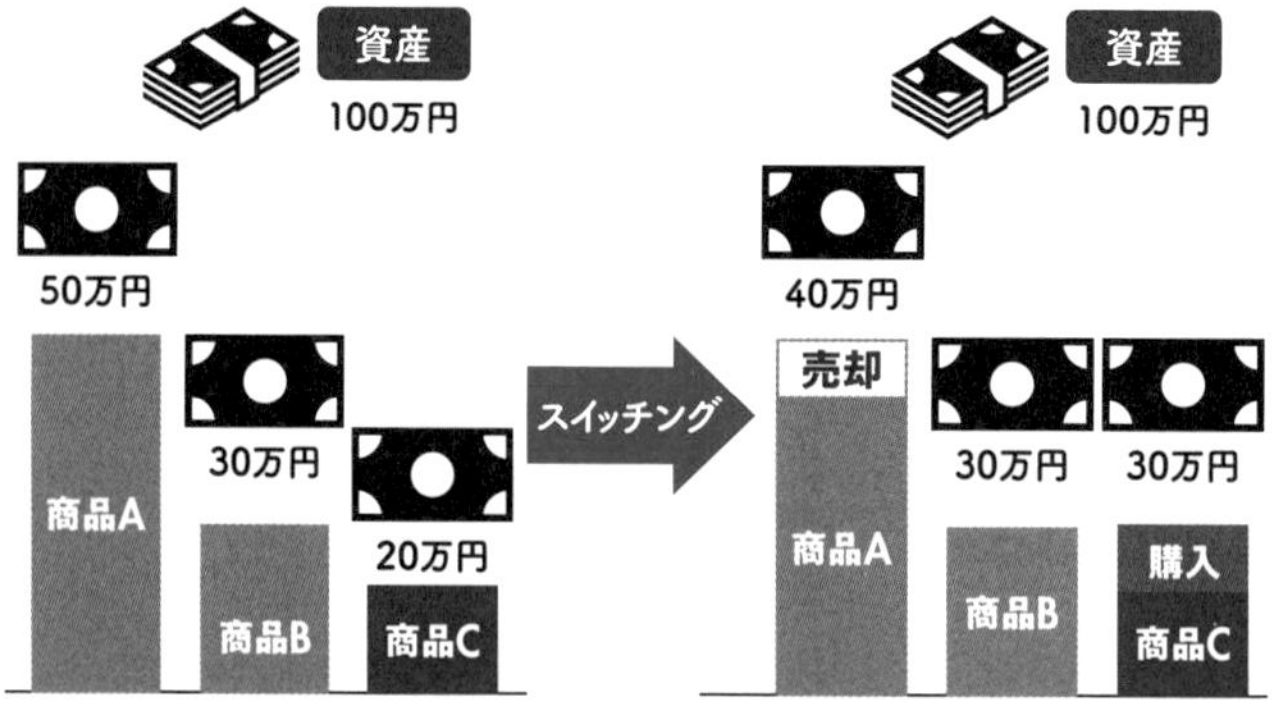
資産
100万円
50万円
30万円
20万円
商品A
商品B
商品C
スイッチング
資産
100万円
40万円
売却
30万円
30万円
購入
商品A
商品B
商品C

POINT
売却した資金で
新しい資産を
購入してもよい

複利効果を得られなくなるので慎重に検討を

■ スイッチングの手順

SBI証券の場合

❶ 売却商品を選択

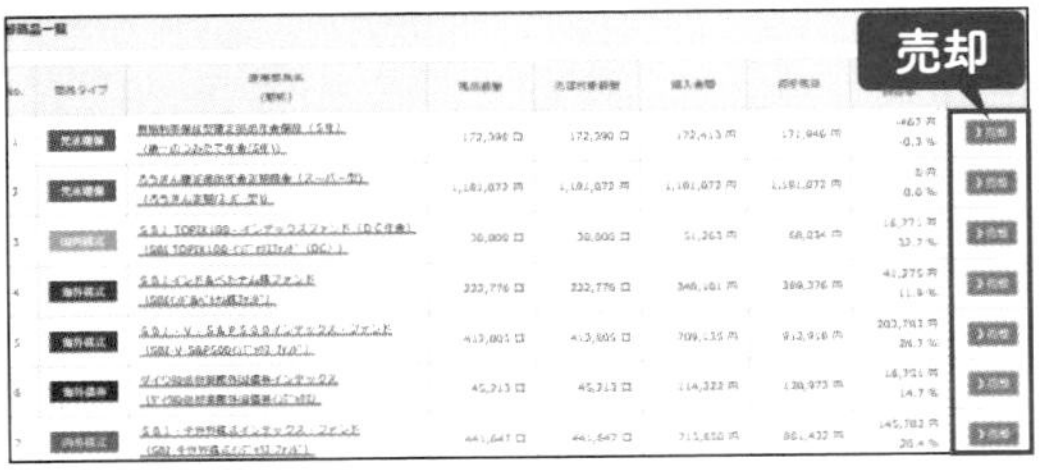
売却

ホームメニュー「スイッチング(預け替え)」を選択し、商品一覧に移動。売りたい商品の右側にある「売却」ボタンをタップ。

❷ -1 売却方法を設定(投資信託)

方法
- 全部
- 数量を指定

売却方法を選択します。すべて手放す場合は「全部」、一部売却の場合は「数量を指定」を選択し、数値を入力します。数量を指定した場合、購入日が新しいものから売却されます。

❷ -2 売却方法を設定(預金・保険)

方法
- 全部
- 数量・明細を指定

保険や預金を一部売却したい場合は、「数量を指定」または「明細を指定」で、数量を指定しましょう。また「明細を指定」では複数の明細を入力し、一度に売却することもできます。

❸ 購入商品を選択

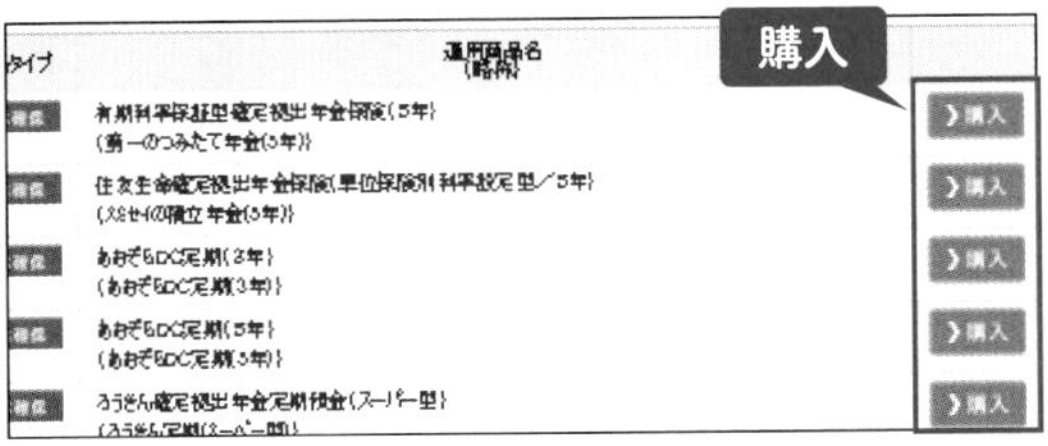
購入
タイプ
運用商品名

購入可能な商品の一覧が表示されるので、自分が買いたい商品を探して、右側の「購入」ボタンをタップします。

CHECK!

特定の日付や価格の指定はできない

スイッチングは所定の反映日に取引されます。日付や価格を指定できないため、申込時と売却・購入数量が異なることも。

売却する商品ごとに
方法の選択画面が
異なる

コラム

Column

銀行で勧められる変額保険って加入していいの?

セールストークの一例

インフレ対策になります

お金の価値が下がるインフレ下では、利率が低い預貯金だけでは資産が実質的に目減りします。しかしインフレはNISAやiDeCoでカバー可能です。

節税効果もありますよ

変額保険の保険料は「生命保険料控除」が適用でき、税金を減らす効果も。ただし、満期保険金や解約返戻金の利益には税金がかかります。

資産運用と保険もこれ1本で安心です

保障機能がついているとはいえ、最低保証額が定められているのは死亡・高度障害保険金のみ。掛け捨ての生命保険などのほうが割安です。

変額保険の特徴

○運用次第で保険金や解約したときに戻ってくるお金が増える

○保障と資産運用を兼ね備えられる

○生命保険料控除の対象になる

×運用次第で払った保険料より保険金が少なくなる

×節税効果は大きくない

■ タイプによって特徴が異なる

有期型	保障期限が定められたタイプ
終身型	保障期限が一生涯のタイプ
年金型	年金形式で保険金を受け取る。一時金でまとめて受け取ったり、増えた年金を最低保証するタイプなどさまざま

保障機能はあれど元本割れリスクも

金融機関で勧められる金融商品の1つに「変額保険」と呼ばれるものがあります。変額保険とは、加入者の保険料を保険会社などが運用し、運用結果によって保険金や解約返戻金の金額が変動する商品です。運用成果次第では、受取額が払込保険料の合計額を下回る可能性があります。

変額保険には、「終身型」「有期型」「年金型」の3タイプがあります。

終身型が一生涯保障が続くのに対し、有期型は保障期間が定められ、期間が終了すると、満期保険金を受け取る仕組みです。

年金型は「変額個人年金保険」ともいわれ、契約時に定めた年齢に達すると年金を受け取れます。年金型で保険金を受け取る方法には、5年や10年などの一定期間で受け取る「確定年金」と、生涯受け取れる「終身年金」の2種類があります。

ここであらためて注意しておきたいのが、運用実績に応じて受取額が変わるという点。死亡保険金・高度障害保険金については最低金額が保証されていますが、解約返戻金や満期保険に最低保証はありません。つまり、保障機能があるとはいえ、実質的には自分で投資信託を運用するのと大きな差はないといえます。むしろ、保険会社に運用を代行してもらうため手数料が割高になるほか、NISAやiDeCoとは違って受取時の利益に税金がかかる点はデメリットになります。

保障機能が欲しい場合には掛け捨ての生命保険などを検討し、資産を増やす目的とは切り離して考えておくのがよいでしょう。

第4章

出口戦略

～受け取り方で資産寿命と手取りが変わる～

NISAやiDeCoで増やした運用資産は、最終的に取り崩して、老後資金としていく必要があります。ただし、一括ですべての資産を売却するのはおすすめできません。重要なのは「いつ取り崩すべきなのか」を事前によく把握し、運用しながら、必要な分を少しずつ売却していくこと。ここからは具体的な受け取り方を、紹介していきましょう。

第4章

1 お金が必要になる時期をイメージ

ライフイベントによる支出をしっかり把握

運用資産をどう取り崩していくか検討するうえで、まずは今後の支出・収入の見通しを考えなければなりません。日々の生活費であれば現在の出費をベースにある程度予測できますが、重要なのは老後のライフイベントによる支出です。

例えば50～60代になると子どもの進学や結婚資金として、それぞれ100万円以上が必要となる場合もあります。マイホームに住んでいる人は、家の改修などが必要になるケースもあるでしょう。

70代では、身体の衰えにともなう医療費が、80代になると病気などによる入院や介護サービスに関わる多額の費用が生じる可能性もあります。そのほか、退職後に旅行をしたり、開業をしたりする場合には、それだけ費用がかかってきます。

■ 50～60代に多い支出

家のリフォーム

戸建て：
1000～1250万円
マンション：
500～600万円

※出典：リフォーム会社紹介サイト「ホームプロ」

子の結婚

親の援助金：
平均178万円

※出典：「ゼクシィ結婚トレンド調査2022調べ（全国推計値）」

親の介護

月額介護費用
負担額：
平均8万3000円

※出典：公益財団法人生命保険文化センター2021年度「生命保険に関する全国実態調査」より。過去3年間に介護経験のある人からの聴取による

70〜80代に多い支出

老人ホーム入所

入居時：
0〜500万円
月額：
5万〜20万円

※編集部調べ

入院医療費

POINT
住居・家族・医療に分けて考えると把握しやすい

入院時の
自己負担上限
月5万7600円

※一般区分、外来・入院の世帯単位での金額。
なお外来のみの場合、個人単位の上限額は月1万8000円

その他の支出

国内旅行

日帰り/人：
1万9023円
宿泊/人：
6万3212円

※出典：観光庁「旅行・観光消費動向調査」(2023年年間 報道発表資料 速報)

開業

自己資金平均：
平均280万円

※出典：日本政策金融金庫「2023年度新規開業実態調査」

葬儀費用

火葬場、
式場利用料を含む
平均119万円

※鎌倉新書「第4回お葬式に関する全国調査」(飲食・返礼品費用、お布施は除く)

CHECK!

支出がともなうイベントをリストアップして資産取り崩しに備える

資産の取崩戦略をよく考えたいのであれば、今後のお金がかかりそうなライフイベントと、その概算費用を年齢順にリストアップしていくことをおすすめします。結婚しているなら、夫婦で話し合って行うといいでしょう。

老後の
漠然とした不安も
軽減できます

2 公的年金はどのくらいもらえる？

ライフイベントによる支出をしっかり把握

20ページで説明したように、総務省の「家計調査」によると、公的年金等の社会保障給付があったとしても、約4万円が毎月不足すると算出されています。

そもそも公的年金には、国民全員に加入義務がある「国民年金」と、会社員や公務員が加入する「厚生年金」があり、厚生年金加入者のほうが年金受給額は高くなります。夫婦ともに厚生年金加入者であった場合には、「家計調査」の支出を上回る年金収入を得られる可能性もあるでしょう。しかし、国民年金加入者である専業主婦や自営業の人は、自らお金を備えておく必要性が高まるといえます。

なお、公的年金は自分の積み立てた金額が受け取れるのではなく、現役世代が高齢者世帯を支える仕組みとなっています。

■ 年金は3階建ての構造

3階	個人型確定拠出年金（iDeCo）					
3階	国民年金基金	厚生年金基金	企業型確定拠出年金（DC）	確定給付企業年金（DB）		
2階		厚生年金				
1階	国民年金					
	第1号被保険者	第2号被保険者				第3号被保険者
	自営業者	会社員			公務員	専業主婦
	・自営業者の配偶者 ・学生 ・フリーター	・正社員 ・一定の派遣社員、アルバイト			・官公庁職員 ・警察官 ・自衛官 ・教職員	・第2号被保険者に扶養されている配偶者

国民年金は20歳から60歳未満の国民が保険料を納める必要のある公的年金です。会社員や公務員は厚生年金の被保険者となり、もらえる年金額が増えます。3階部分は任意で加入できる制度です。

■ 公的年金は賦課方式

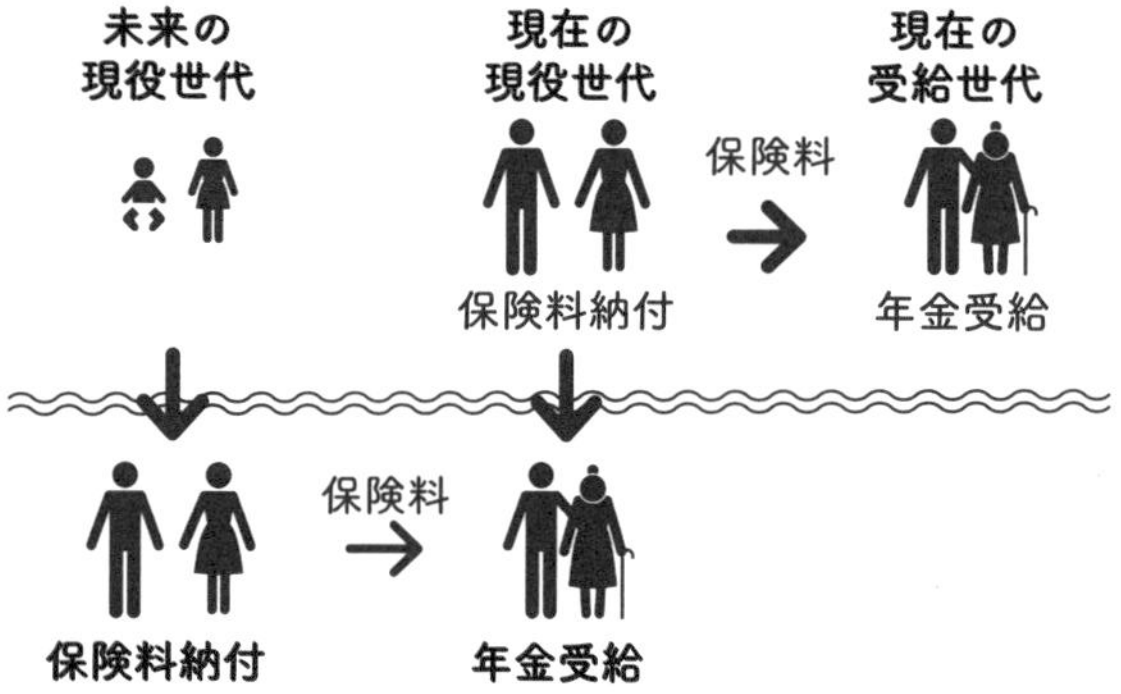

公的年金は、現役世代が納める保険料を財源として、その時の高齢者世代に年金を給付する仕組みとなっています。現役世代が受給世代になったときには、子や孫の世代が納める保険料から年金が支払われます。

■ 老齢年金受給者の平均年金月額の推移

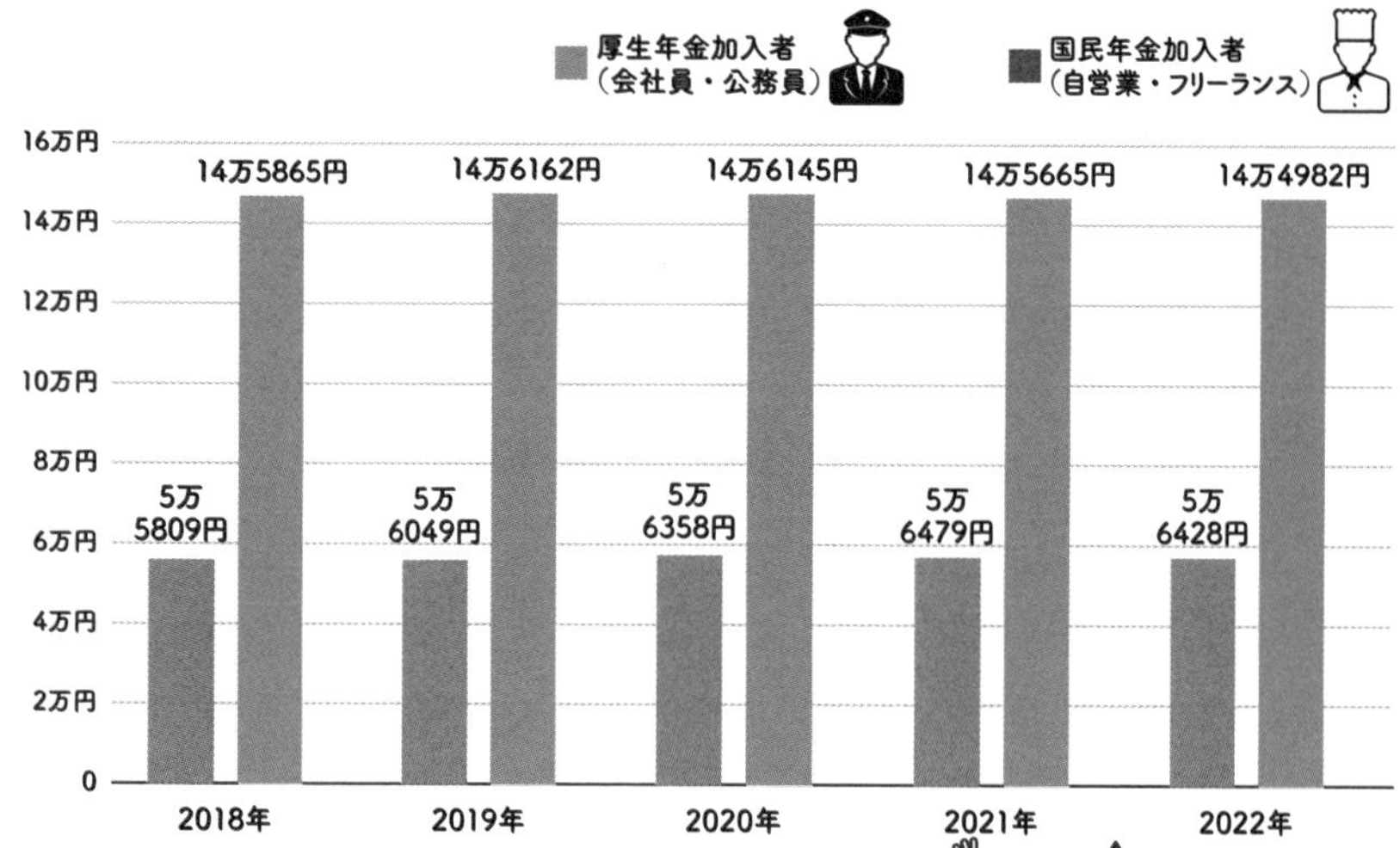

POINT
いずれにしても実際の生活費に対して年金額は下回っている

※出典：厚生労働省「厚生年金保険・国民年金事業の概況」（令和4年度）

CHECK!

国民年金の満額は月6万8000円（2024年度）※4月分から

国民年金は20歳以上の国民全員の加入が義務づけられている社会保険です。20～60歳まで毎月保険料を支払った場合、65歳からの受給額は毎月6.8万円となっています。厚生年金は収入によって変わるため満額はありません。

出口戦略

第4章

3 自分の年金額を把握しよう

紙でもネットでも確認できる

自分が老後にどのくらいの公的年金をもらえるかは、毎年誕生月に届く「ねんきん定期便」で確認できます。50歳未満のねんきん定期便では、これまでの加入実績に基づいた年金額しか記載されていません。50歳以上の場合は、現在の納付状況が60歳まで続くと仮定した「年金見込額」が記載されているため、より受け取れる金額の実態に近い数字となっています。

ほかにも、年金の記録や見込額は「ねんきんネット」というWebサイトでも確認できます。スマホやパソコンからいつでも見ることができるため、一度登録しておくと良いでしょう。

また、「公的年金シミュレーター」は、登録なしで年金の受給見込額が試算できるWebサイトです。年齢や年収を入力することで、受給額が算出されます。

■ 公的年金の記録や受給見込み額がわかる

ねんきんネット

年金記録の確認

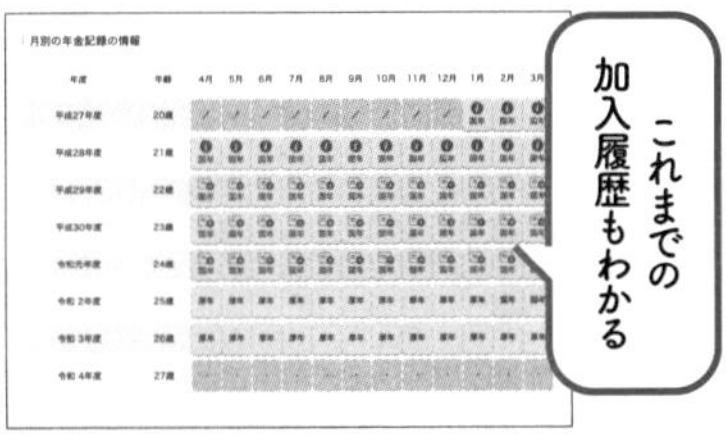

年金見込額試算

公的年金シミュレーター

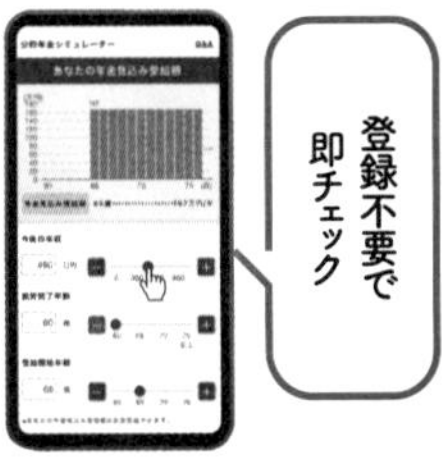

ねんきんネットの登録はねんきん定期便に記載してある「アクセスキー」やマイナンバーカードが必要です。これまでの加入履歴なども見られるため、登録しておくと便利です。公的年金シミュレーターは登録不要で、すぐに利用できます。

■日本年金機構 令和5年度「ねんきん定期便」（50歳以上の人、2023年5月～）

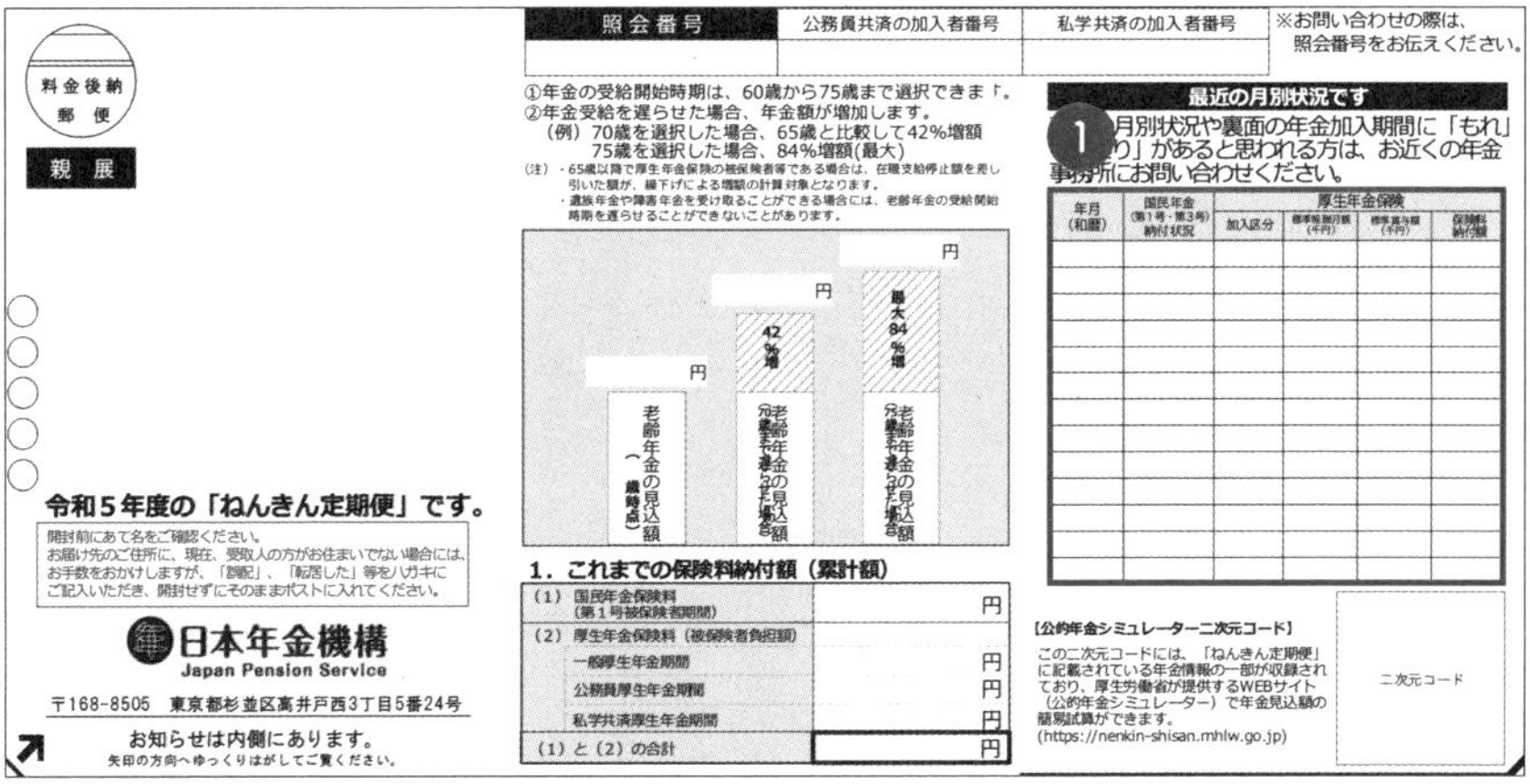

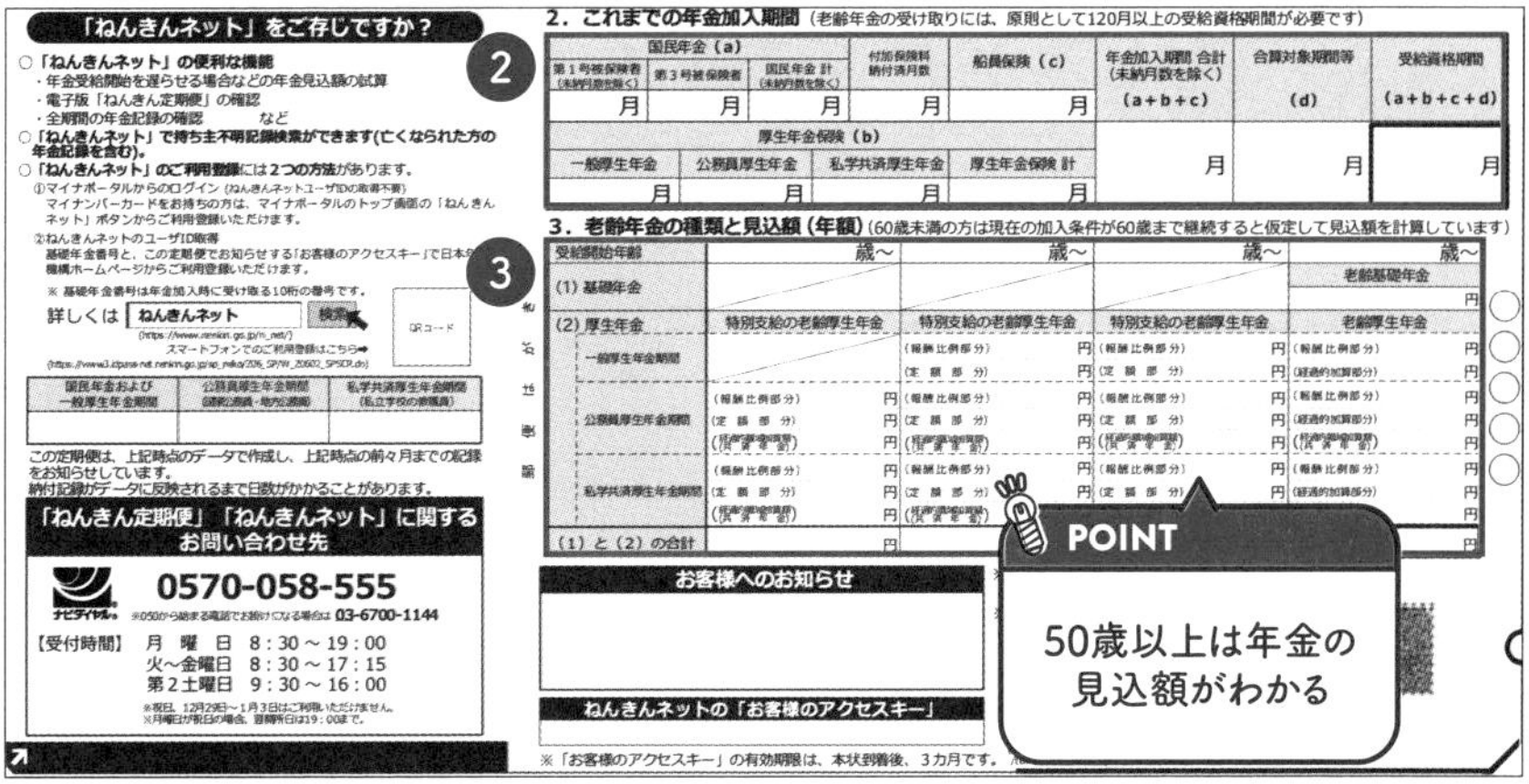

❶最近の納付状況

被保険者区分に応じた、過去1年間の公的年金の納付状況が記載されています。例えば国民年金を納めている月数や反対に納めていない月数のほか、納付が免除あるいは猶予されている場合は、その期間も確認できます。

❷年金加入期間

国民年金や厚生年金といった年金の種類別に、加入期間の月数が記載。加入期間の合算が120カ月（10年）以上であれば、年金の受給資格を満たしていることになります。記載に間違いがないか、よく確認しましょう。

❸老齢年金の種類と見込額

60歳未満であれば、これまでの加入条件が続いた場合における、65歳から受給可能な見込額が確認できます。60～64歳の人であれば、ねんきん定期便作成時の加入実績で試算した見込み額が記載されます。ただし見込み額は税金などが天引きされる前の金額であり、手取りではない点に注意しましょう。

4 年金が増額する「繰り下げ」を活用

繰り下げや追納で年金額を増やす

老後の収支、そして運用資産の取り崩しを考えていくうえで、公的年金に注目しなければならないことはこれまで触れてきたとおり。できるだけ金額が多いに越したことはありません。年金の増額手段として、「繰り下げ受給」という制度もあります。

公的年金は原則65歳からの受給となりますが、繰り下げ受給は年金の受取時期を遅らせる代わりに、年金額を増額させられる仕組みです。65歳以降、1カ月遅らせるごとに年金額が0・7%アップします。仮に5年間受給を後ろ倒しにすると、実に42%もの増額になります。

年金を増やすには、免除・猶予分を追納したり、未納がある分だけ延長して加入したりといった増額方法もあります。

■ 公的年金の受取り時期と増減率

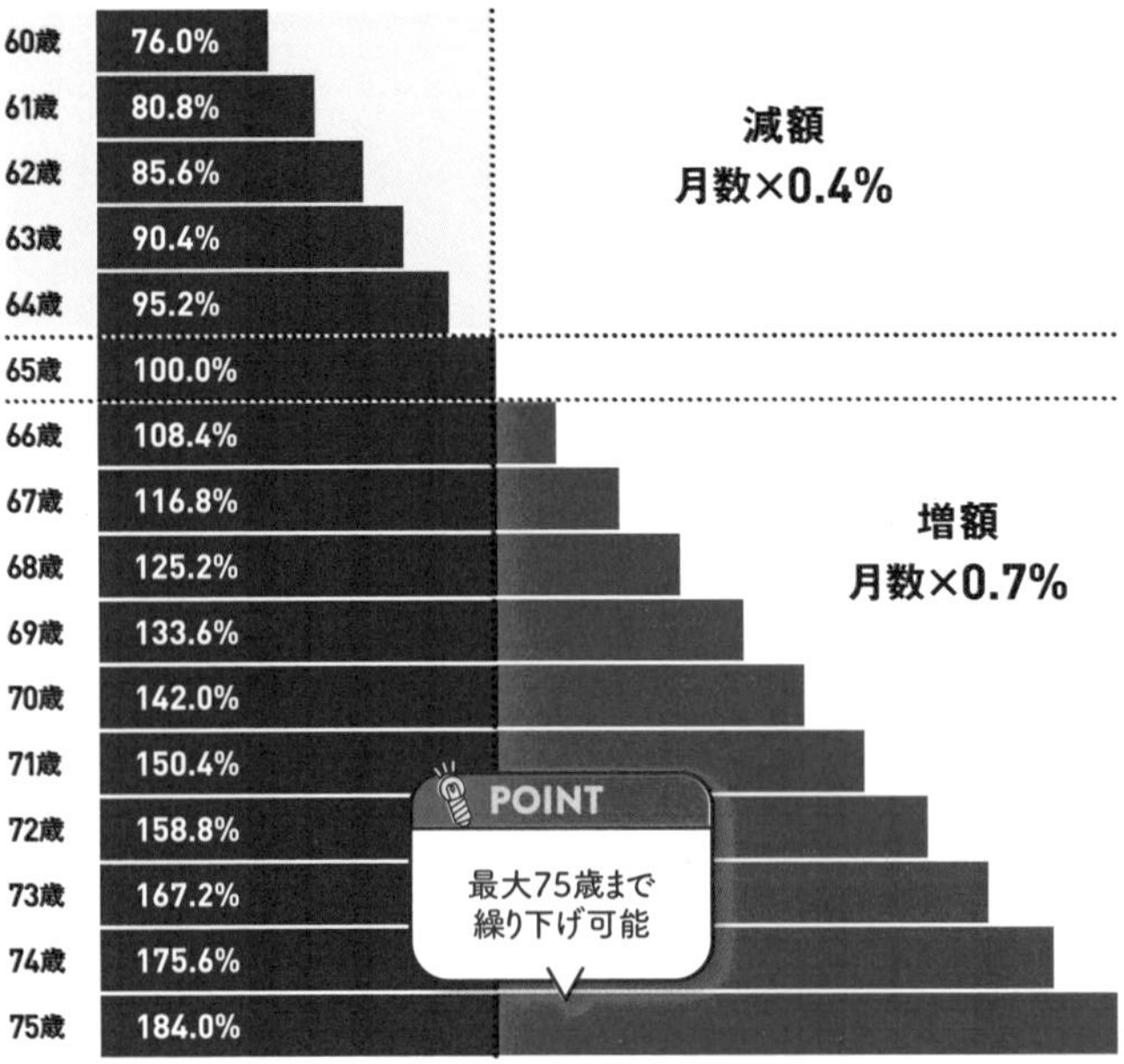
60歳 76.0%
61歳 80.8%
62歳 85.6%
63歳 90.4%
64歳 95.2%
65歳 100.0%
66歳 108.4%
67歳 116.8%
68歳 125.2%
69歳 133.6%
70歳 142.0%
71歳 150.4%
72歳 158.8%
73歳 167.2%
74歳 175.6%
75歳 184.0%
減額
月数×0.4%
増額
月数×0.7%
POINT
最大75歳まで
繰り下げ可能

■ 老齢基礎年金を繰り下げ受給する場合の年金額（※2024年度の国民年金の満額より試算）

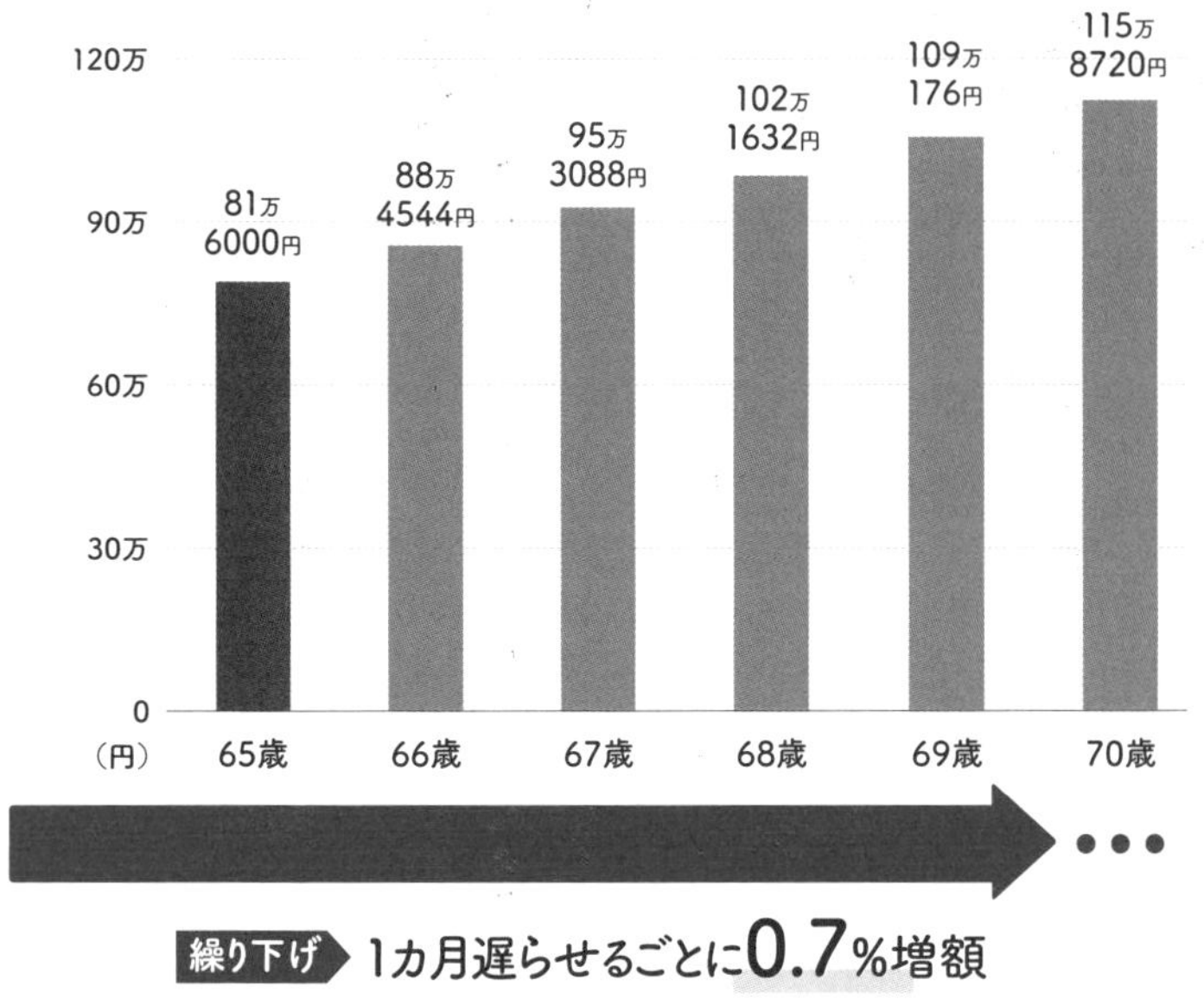

■ 国民年金を増やす方法

免除・猶予分は後から納付
追納

事情があって年金保険料が支払えない場合には、免除や猶予を受けることができます。ただし、受給額には反映されない、または一定額のみ反映されるケースが多くなっています。その場合、10年以内であれば後から納付することが可能です。

未納がある人が加入を延長する
任意加入

60歳時点で、過去に年金保険料を納めていない未納期間のある（納付月数が480月未満）人が60～65歳の間、本人の申し出で保険料を納められる仕組みです。480月に至るまで納付でき、受給額を満額に近づけることができます。

国民年金加入者の上乗せ制度
付加年金

国民年金加入者は厚生年金加入者に比べて受給額が少なくなるため、国民年金加入者向けに、毎月の保険料を上乗せして支払える制度です。毎月400円を上乗せして支払うと、「納付した月数×200円」が、毎年の年金額に加算されます。

5 なるべく長く働いてから取り崩す

生活シーンに合わせて取り崩し方は変わる

　公的年金の繰り下げ受給などを活用し、長生きをして生活資金が底を尽きてしまうリスクに備える考え方に「WPP」という理論があります。長く働き（Work longer）、私的年金（Private pensions）で収入の空白期間を補い、最後に生涯にわたって受給できる公的年金（Public pensions）を生活保障とするという意味で、それぞれの頭文字をとった言葉です。

　下図のとおり、65歳以降も働く人の割合は増えています。左図のようにWPPを実践する場合、60～65歳、65～70歳、そして70歳以降で、運用資産をどのように取り崩すべきか、方針が変わってくる場合があると覚えておきましょう。60歳以降も働いて、iDeCoや厚生年金に加入するのも、1つの方法です。

■ 65歳以降の労働人口比率

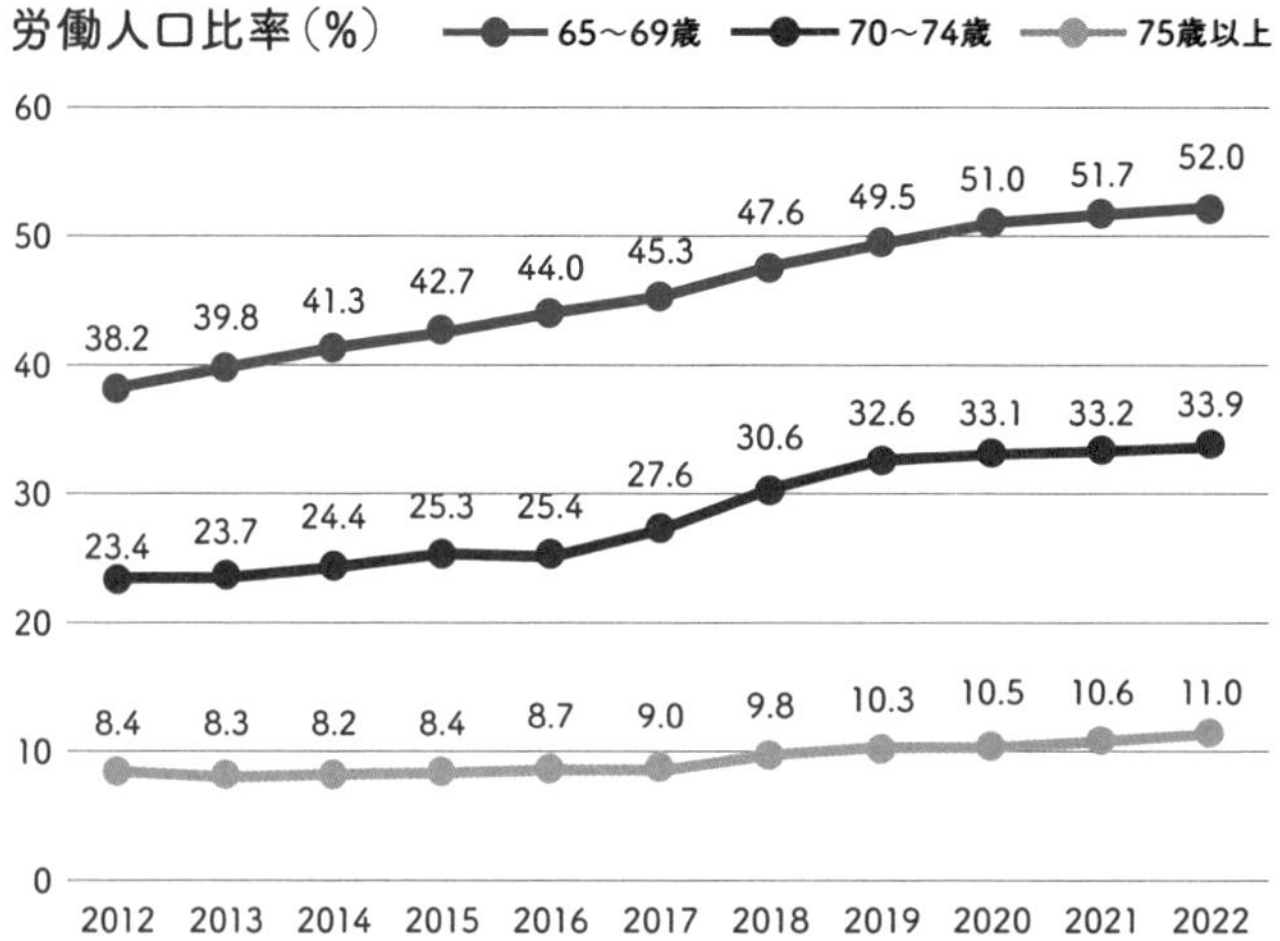
労働人口比率（%）
65～69歳
70～74歳
75歳以上
60
50
40
30
20
10
0
2012
2013
2014
2015
2016
2017
2018
2019
2020
2021
2022
38.2 39.8 41.3 42.7 44.0 45.3 47.6 49.5 51.0 51.7 52.0
23.4 23.7 24.4 25.3 25.4 27.6 30.6 32.6 33.1 33.2 33.9
8.4 8.3 8.2 8.4 8.7 9.0 9.8 10.3 10.5 10.6 11.0

※出典：総務省「労働力調査」

65歳以降の労働人口を見ると、その割合は年々増加傾向にあるとわかります。65～69歳では約半数が、75歳以上でも約10%が働いています。

■ 年齢に応じた主な収入のイメージ

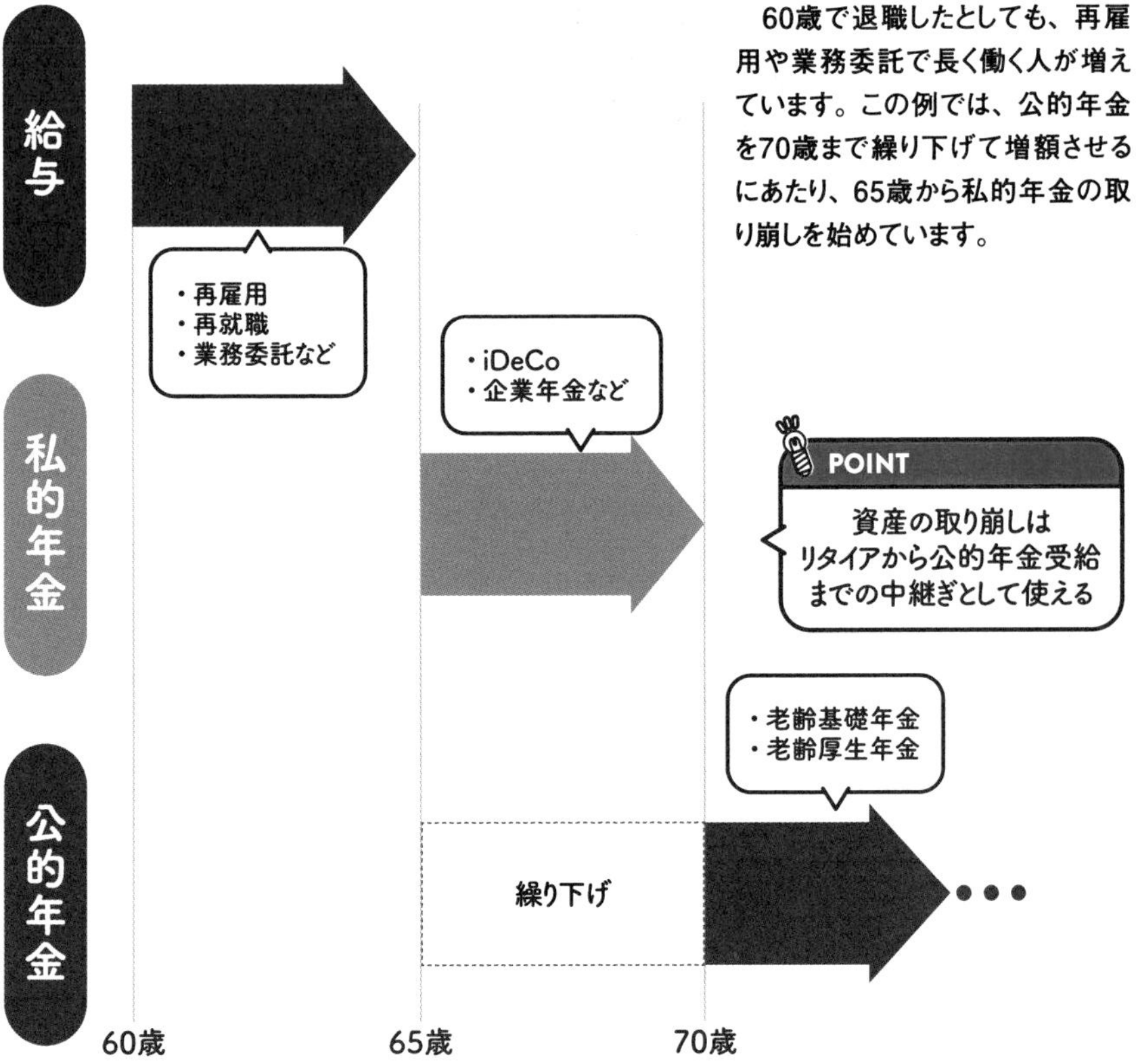
60歳で退職したとしても、再雇用や業務委託で長く働く人が増えています。この例では、公的年金を70歳まで繰り下げて増額させるにあたり、65歳から私的年金の取り崩しを始めています。
給与
・再雇用
・再就職
・業務委託など
私的年金
・iDeCo
・企業年金など
POINT
資産の取り崩しは
リタイアから公的年金受給
までの中継ぎとして使える
公的年金
・老齢基礎年金
・老齢厚生年金
繰り下げ
60歳
65歳
70歳

■ 60歳以降も加入できる年金保険

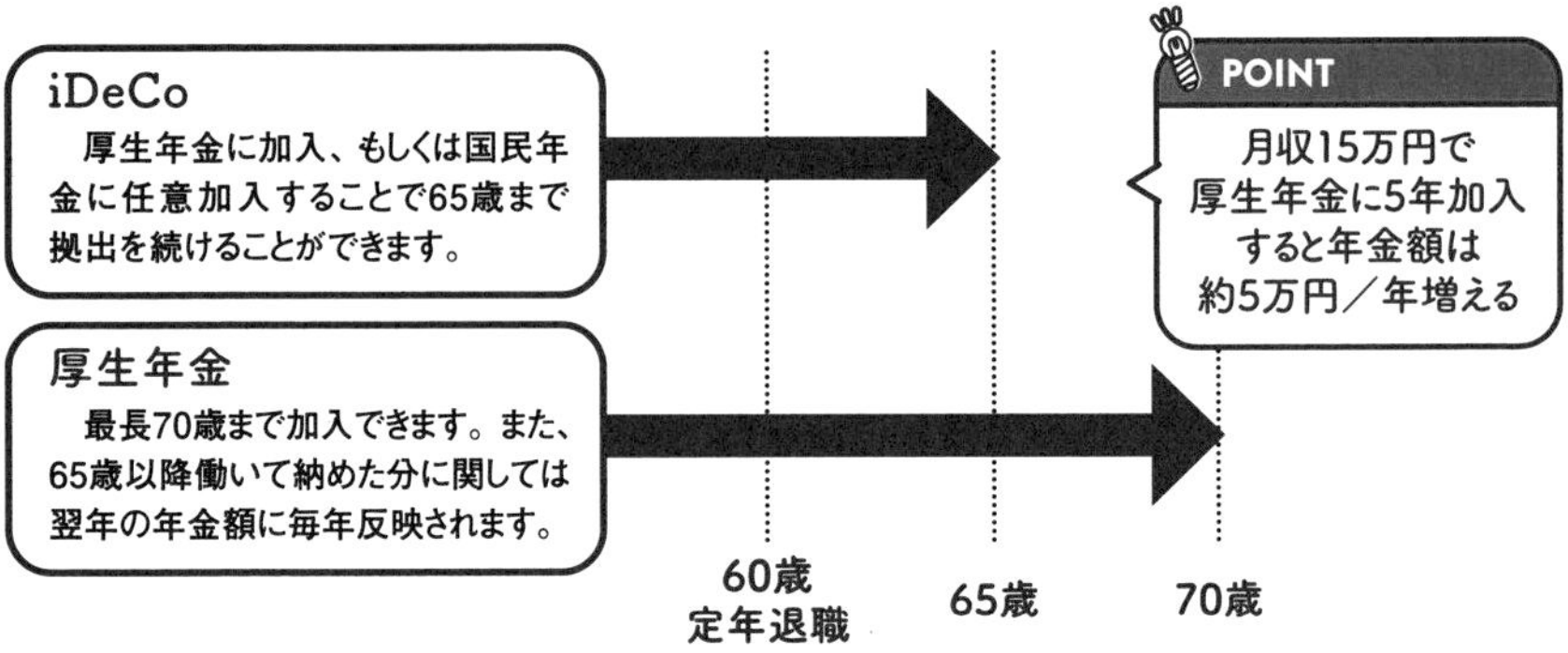
iDeCo
厚生年金に加入、もしくは国民年金に任意加入することで65歳まで拠出を続けることができます。
厚生年金
最長70歳まで加入できます。また、65歳以降働いて納めた分に関しては翌年の年金額に毎年反映されます。
POINT
月収15万円で
厚生年金に5年加入
すると年金額は
約5万円／年増える
60歳
定年退職
65歳
70歳

かつては定年＝60歳といったイメージが強かったものの、近年は60歳を超えても働き続ける人が増えています。定年後も働くことによって、将来もらう年金額を増やすことができます。

6 運用しながら「定率」で取り崩す

取り崩しもルールが必要

資産を「築く」方法と同じくらい、実は「取り崩し方」も知識が必要です。資産を長持ちさせるために実践したいのが「取り崩しながらも運用を続ける」こと。たとえ積み立てを止めたとしても、全ての資産を取り崩したり、解約したりするのはもったいないといえます。もちろん無理な運用ではなく、年率3％程度の投資信託での運用を続けられれば十分です。

また、取り崩し方は「必要に応じて」ではなくルールを設けたほうが良いでしょう。取り崩しのルールは資産に対し一定の割合で取り崩していく「定率」か、一定額ずつ取り崩していく「定額」の2種類があります。理論的には「定率」のほうが資産が長持ちします。取り崩しを具体的にイメージするには、シミュレーションサイトを使って試算してみましょう。

■ 運用をする場合としない場合の違い

●例：1800万円の資金を…

運用なしで月10万円取り崩す ▶ 15年でゼロに

3%の想定利回りで月10万円取り崩す ▶ 19年10カ月でゼロに

■ 毎月一定額を取り崩す以外の方法も

定率取り崩し	定額取り崩し
毎年○%取り崩す	毎年○円取り崩す

定年前と比べて収入が減って新規の積み立ては止めても、運用までストップする必要はありません。むしろ「運用しながら取り崩す」だけで、上記のように年単位で資産寿命が長くなるケースも十分にあり得ることです。

POINT

定率のほうが資産の減りが遅くおすすめ

■ 取り崩しシミュレーションができるサービス

●例：三井住友DSアセットマネジメント

「人生100年時代の資産設計」
（https://www.smd-am.co.jp/learning/100years_simulator/index.html）

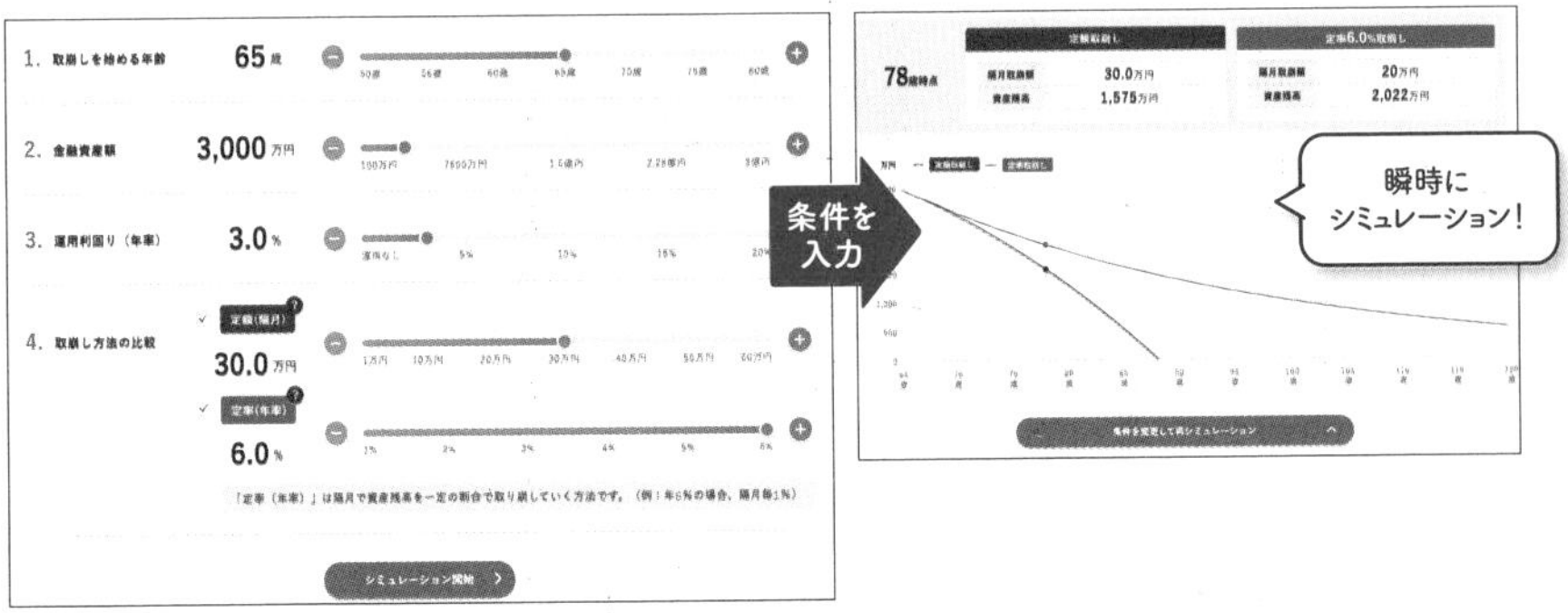

取り崩しの開始年齢や資産額、想定運用利回りを入力します。あとは「定率」と「定額」をそれぞれ入力すれば、どのように資産の目減りに違いがあり、何年持つかがチェックできます。

■ 1800万円を「定額」と「定率」で取り崩しした場合の比較

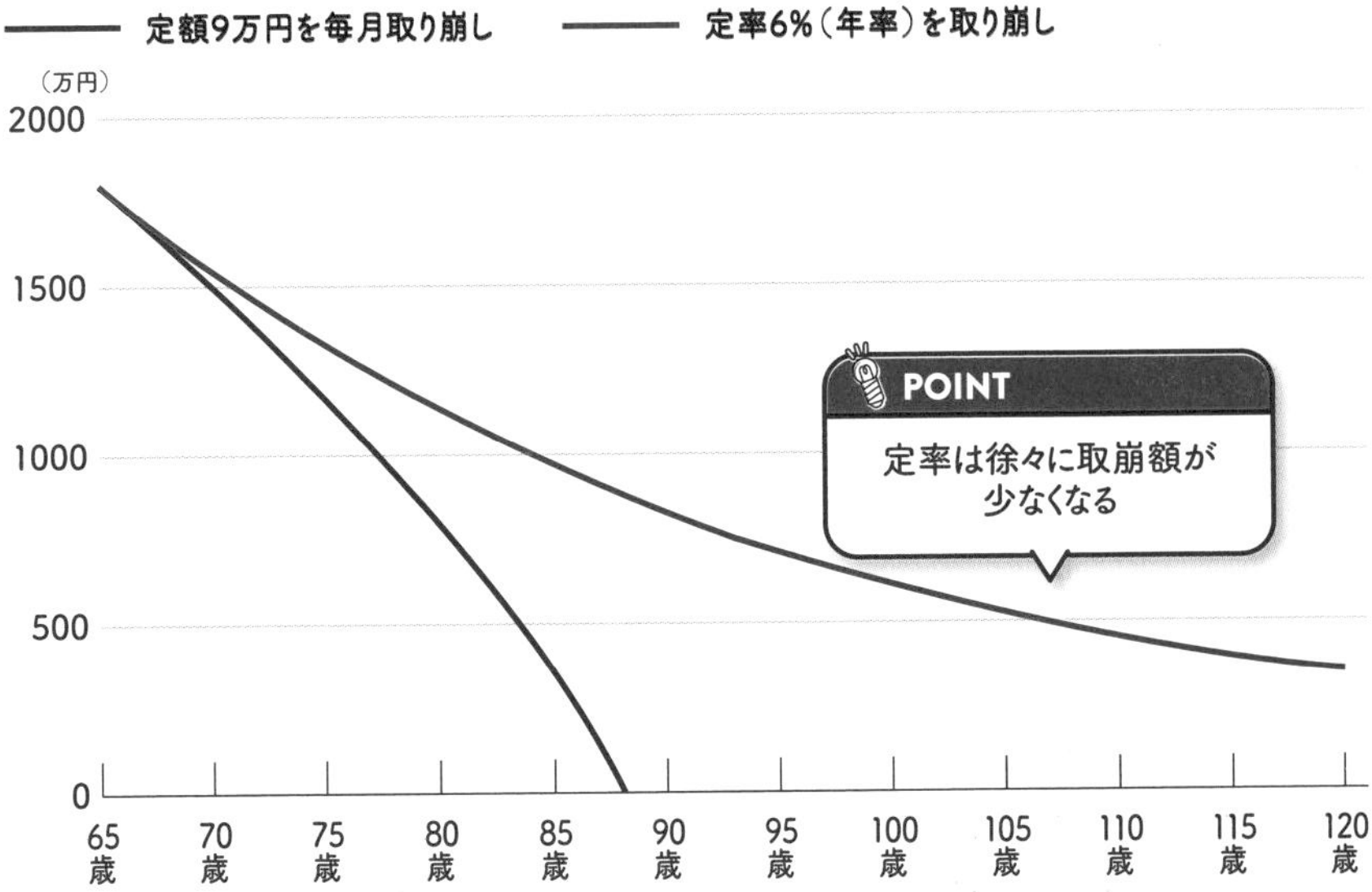

※残高は年率3%で運用すると仮定

運用しながら取り崩す前提で比較した場合、上のグラフのように「定率」のほうが「定額」より長持ちします。ただし定率は元本が減る分、取り崩し額が徐々に減る点に留意しましょう。

第4章 出口戦略

7 取り崩しはリスク資産から

売却も「分散」が効果的

老後を見据えた資産の取り崩しは、リスクの高い資産から売却していくことを検討しましょう。

投資信託を複数保有しているなら、利益が出ている商品から売却するのがおすすめです。理由はシンプルで、「相場はいつ悪化するかわからないから」です。逆にいうと、今は上手くいっていない資産も、今後成長する可能性だってあるのです。

とはいえ、高齢になると、市場が回復するまで待つ余裕がないケースも考えられます。リスクが高い株式などの商品は徐々に割合を減らし、投資信託や定期預金の資産比率を増やしていきましょう。

また、積み立てと同じく、売却のタイミングも複数にわけることで、安値でまとめて売ってしまうようなリスクを抑えられます。

■ 運用成績の良い商品から売却する

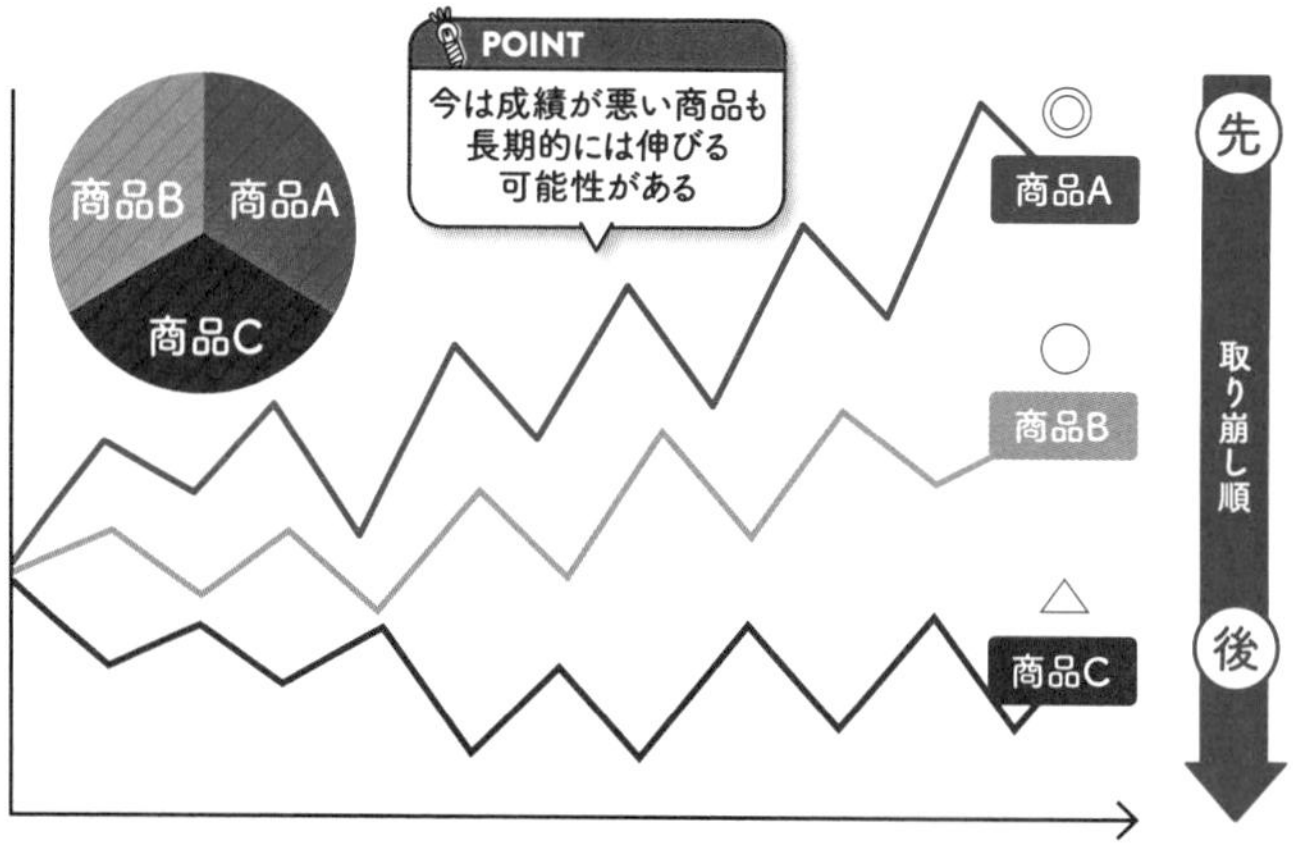

POINT
今は成績が悪い商品も
長期的には伸びる
可能性がある
商品B
商品A
商品C
◎
商品A
○
商品B
△
商品C
先
取り崩し順
後

出口戦略を検討する際は、今後どうなるかわからないからこそ、確実に利益が出ている資産から順に取り崩しましょう。調子が良い商品は「運用が上手くいった資産なので、もっと伸びるかもしれない」と思いがちですが、先のことはわかりません。逆にいうと今は伸びていない商品も、長期的には大きなリターンが出る可能性もあります。

■ 資産状況に応じた取り崩しの優先度

株式

リスク：大

株式（個別株）はほかの資産と比べてもリスク・リターンが大きい資産といわれます。決算や経済状況に応じて株価が振り回されることも多いため、安定性重視ならまず売却を検討しましょう。

投資信託

リスク：中

投資信託はさまざまな資産や企業に分散投資するため、リスクは比較的小さな金融商品といえます。ただ、投資信託も商品によって性質が異なるため、どのような資産が含まれるか確認を。

定期預金

リスク：小

市況などによる価格変動のリスクがない定期預金は、とくに安定性の高い金融商品といえます。なるべくリスクを抑えた運用を続けたい場合は、この割合を増やしていくのがベターです。

先　取り崩し順　後

■ 分割して売却すると安定したリターンに

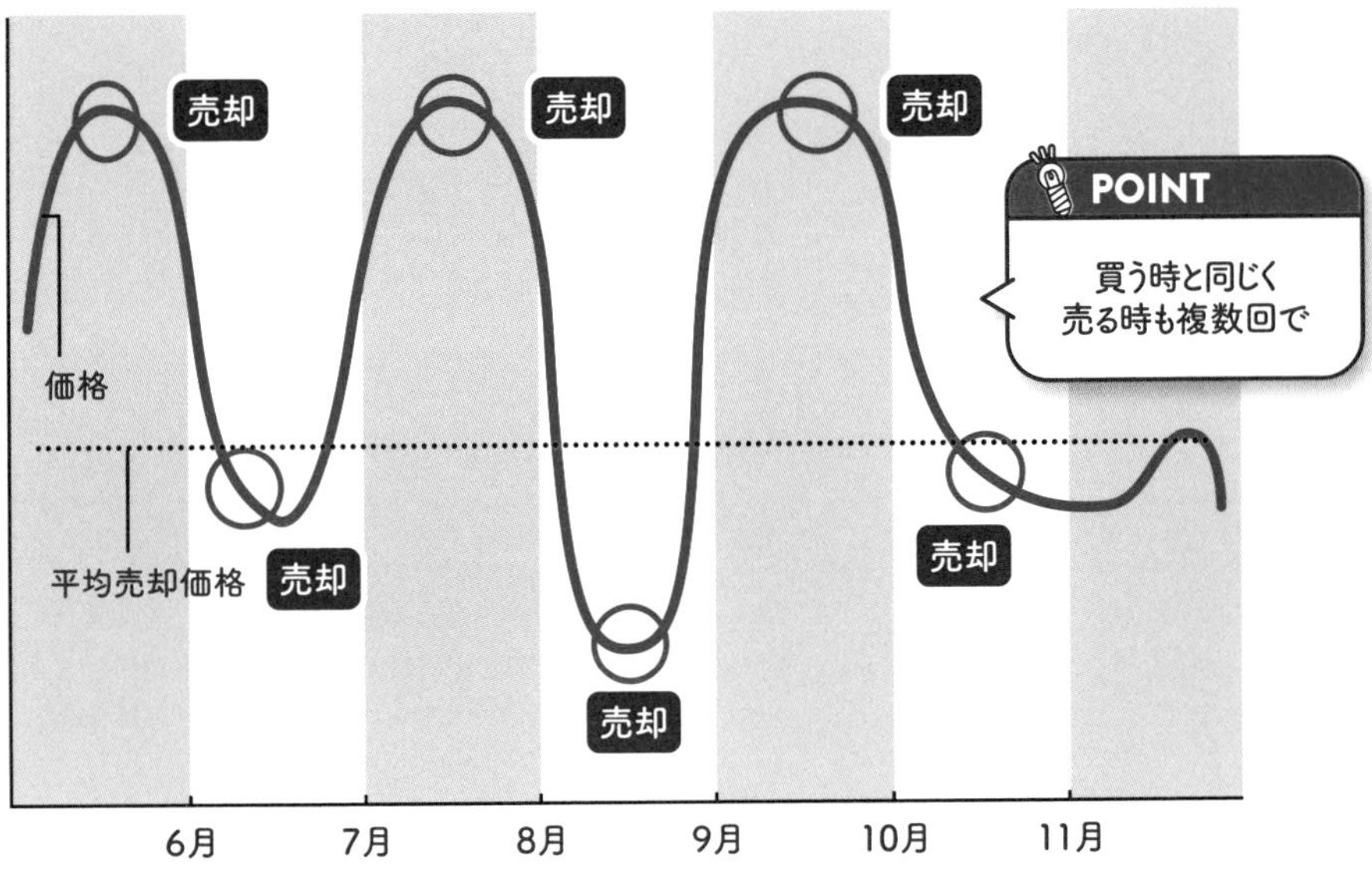

売却
売却
売却
POINT
買う時と同じく
売る時も複数回で
価格
平均売却価格
売却
売却
売却
6月
7月
8月
9月
10月
11月

購入のときはタイミングを分けることで分散投資の効果を期待できます。それと同様に、売却するときも複数回に分けることで、「安値のときに一括で売ってしまって大きくリターンを得る機会を逸した」という事態を避けられます。じっくり腰を据え、少しずつ資産を売却していくことを意識しましょう。

第4章

出口戦略

8 取崩時に暴落してたらどうする？

短期の相場に惑わされず、長い目で見る

もし取り崩しが始まっているタイミングで暴落しても、あわてずに淡々と取り崩しを続けていくことを心掛けましょう。1日や1年といった短い期間の相場の上下を気にするのではなく、数年単位で相場を見ることが大切です。過去の市場を見ると、一時的に暴落していても、長期的には右肩上がりで成長してきたことがわかります。

最も避けたいのは、焦って一括で売却してしまうことです。購入時は積立投資でコツコツ資産を築き上げてきたことで、平均購入価格が安定し、堅実な資産形成ができたはず。出口戦略もこのセオリーは同じです。複数回に分けて売却することで平均売却価格が安定していき、「値下がり時に安く売りすぎた」という失敗を防げるのです。

■ 短期ではなく中長期で見る

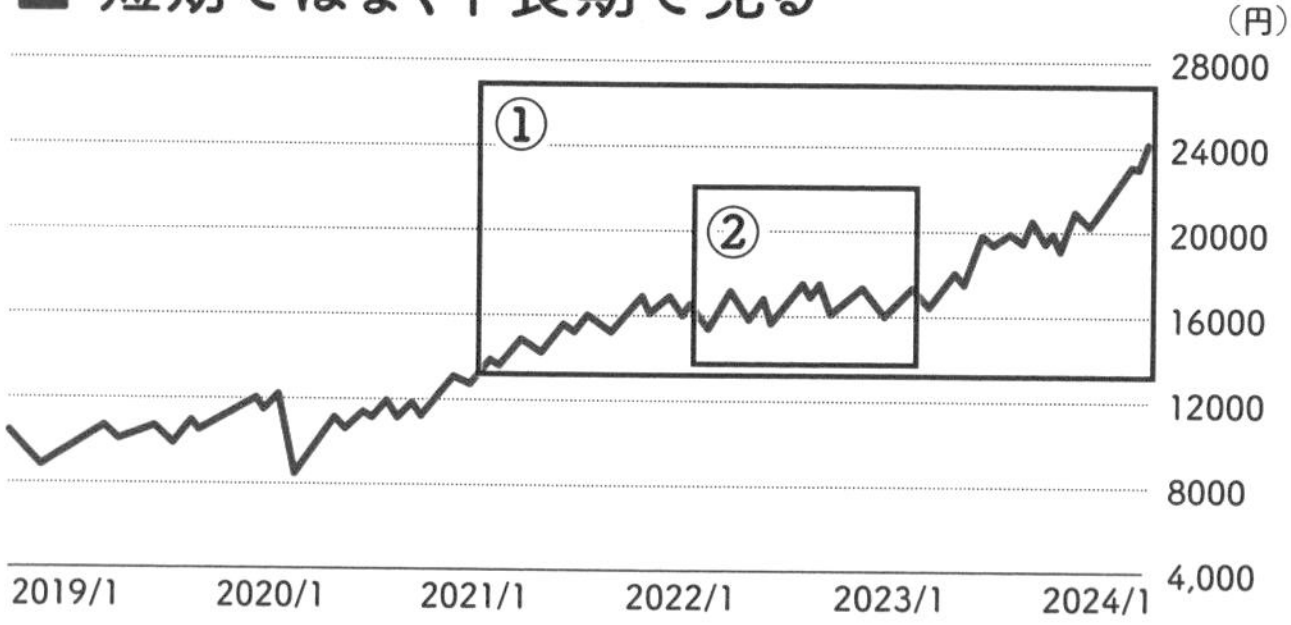

（円）
28000
24000
20000
16000
12000
8000
4,000
①
②
2019/1
2020/1
2021/1
2022/1
2023/1
2024/1

※eMAXIS Slim 全世界株式（オール・カントリー）

POINT

短期だと上下が大きく見える

① 3年

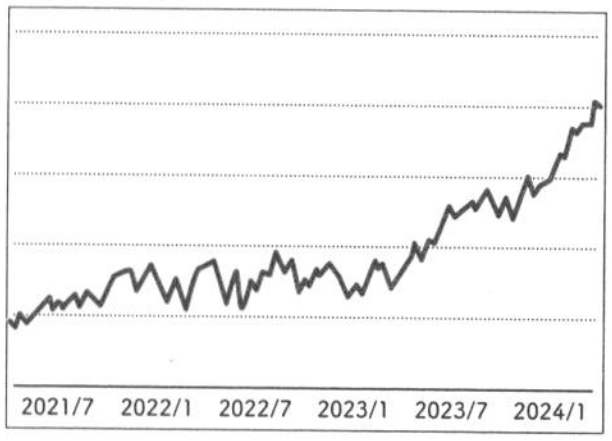

2021/7
2022/1
2022/7
2023/1
2023/7
2024/1

② 1年

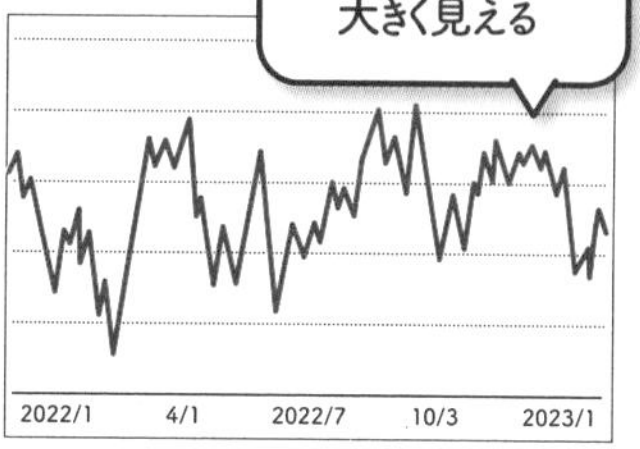

2022/1
4/1
2022/7
10/3
2023/1

■ 日経平均株価の推移

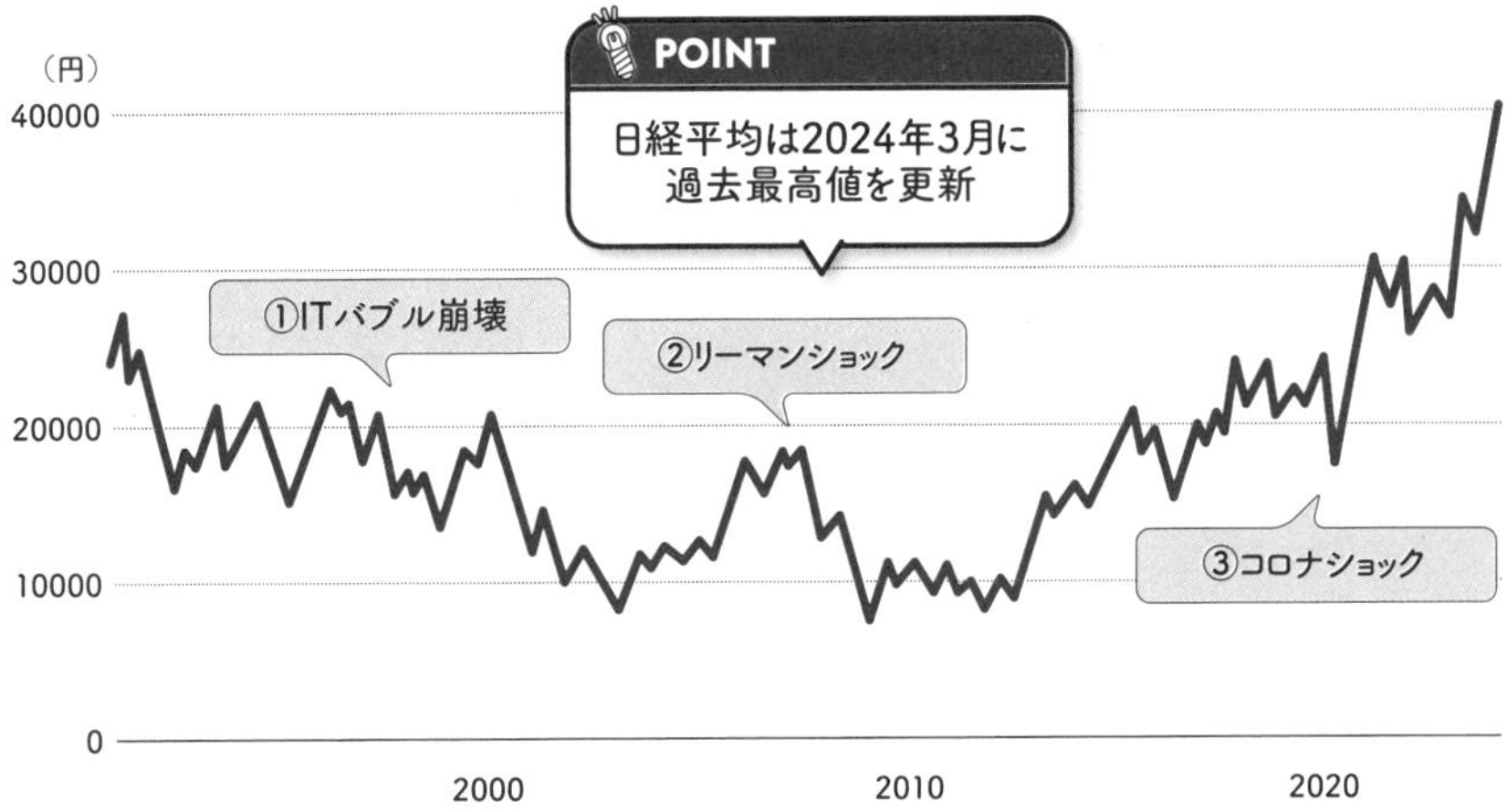
（円）
40000
30000
20000
10000
0
2000
2010
2020
POINT
日経平均は2024年3月に
過去最高値を更新
①ITバブル崩壊
②リーマンショック
③コロナショック

■ NYダウの推移

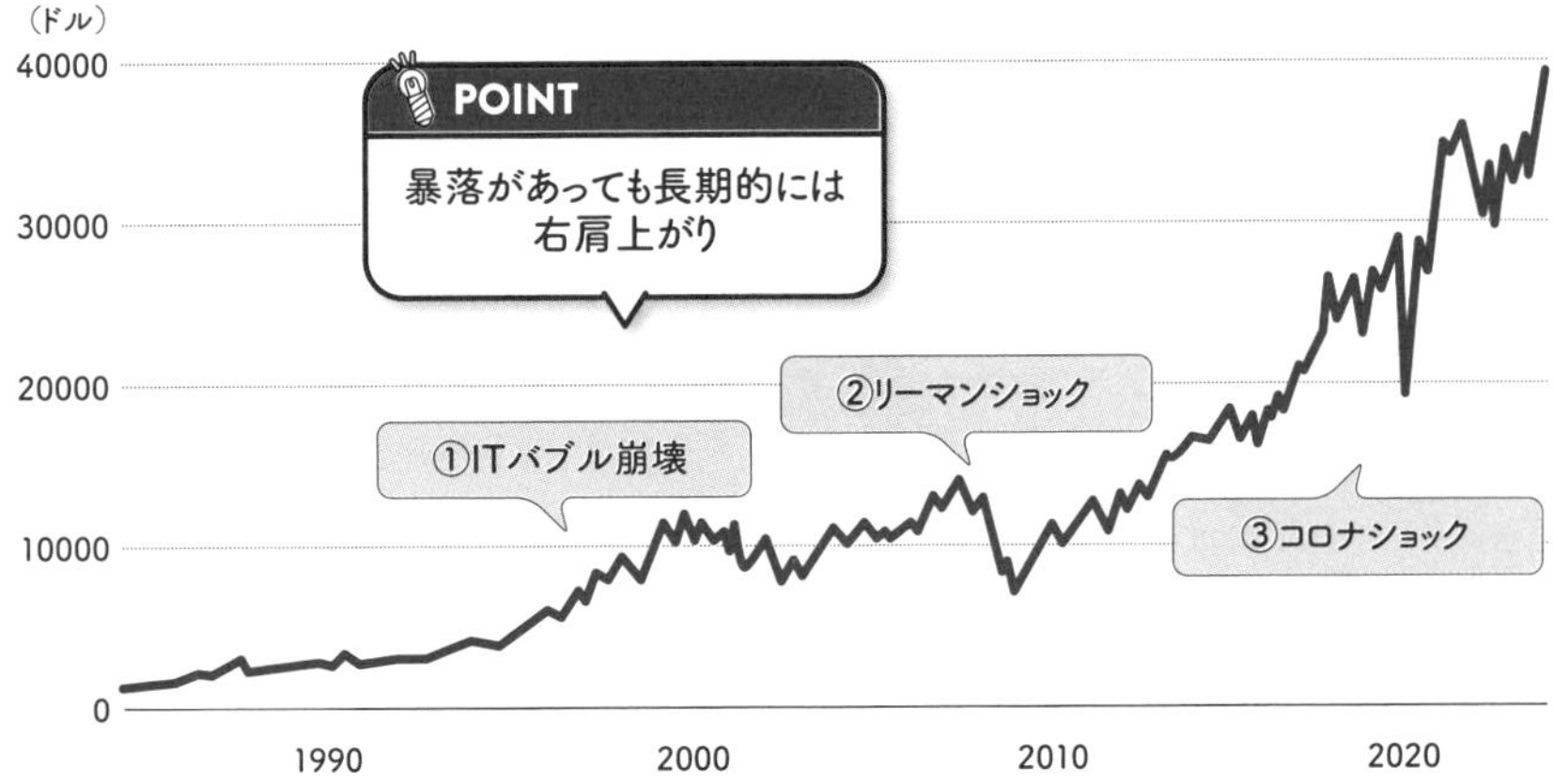
（ドル）
40000
30000
20000
10000
0
1990
2000
2010
2020
POINT
暴落があっても長期的には
右肩上がり
①ITバブル崩壊
②リーマンショック
③コロナショック

①ITバブル崩壊
（2000年～）

1990年代からパソコンの普及に伴いIT関連株は高騰。経済成長をもたらすも、過熱感が落ち着くとともに株価は下落した

②リーマンショック
（2008年～）

米国の大手投資銀行リーマンブラザーズの破綻を契機に、世界的な株安に陥った事件。大手金融機関の経営危機も引き起こす事態に

③コロナショック
（2020年～）

新型コロナウイルスの感染拡大により、人や物流の制限がかかったため、あらゆる分野で世界的に株価が急落した

出口戦略

第4章

9 ライフスタイルに応じて取り崩す

勤労時間や年金の受給時期を考えよう

ここからは生活スタイルに応じた取り崩し方をイメージしていきましょう。ポイントとなるのが「いつまで働くか」、「いつごろ年金を受給するか」、そして「いつから資産の取り崩しを始めるか」です。

まず、はいつまで働くかについてですが、1つの目安として、公的年金を受給できる65歳までは、働いて安定収入を得る考え方があるでしょう。65歳以降、年金収入で足りない分を運用資産の取り崩しで補っていくことになります。

一方で、繰り下げ受給を活用して年金額を増やし、老後の生活保障を手厚くするという考え方もあります。その場合、退職から受給までの空白期間を資産の取り崩しで補うか、受給開始まで頑張って働き、勤労収入を得るというパターンもあります。

■ 65歳で退職し、年金受給&取り崩しスタート

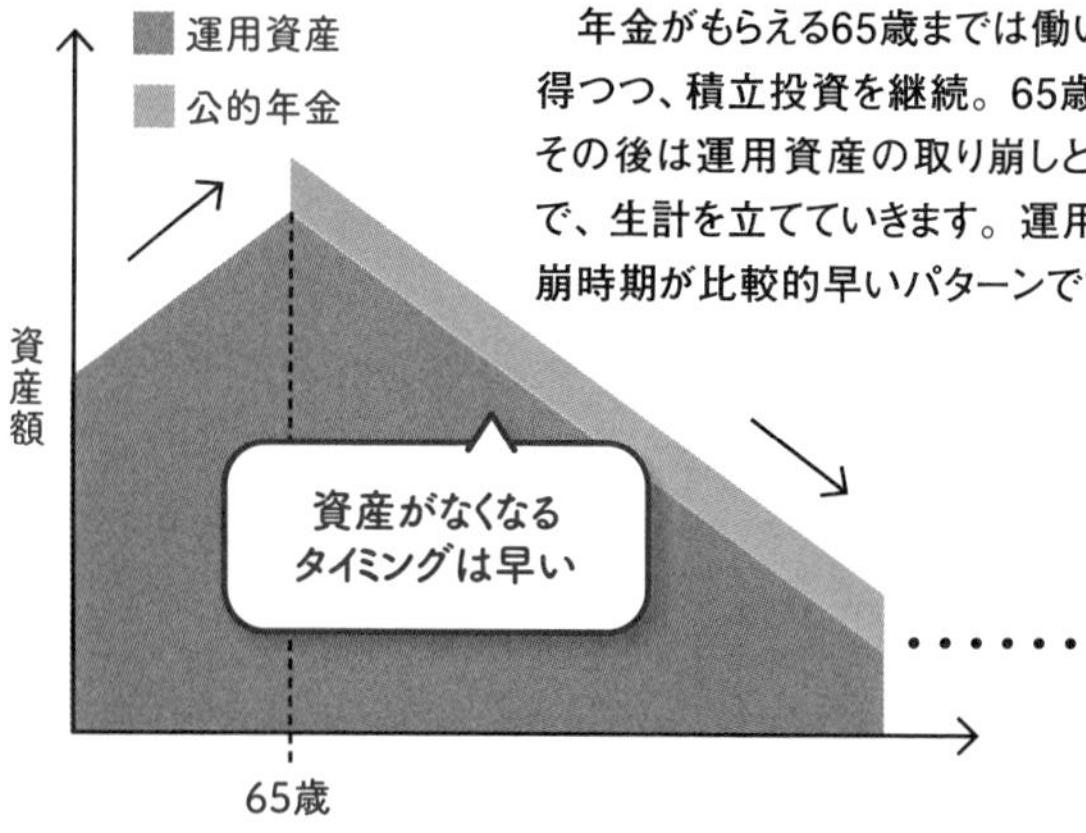
運用資産
公的年金
資産額
資産がなくなるタイミングは早い
65歳

年金がもらえる65歳までは働いて収入を得つつ、積立投資を継続。65歳に退職し、その後は運用資産の取り崩しと年金収入で、生計を立てていきます。運用資産の取崩時期が比較的早いパターンです。

POINT

60代からリタイア！ ただし運用資産はそれなりにあるのが前提

■ 65歳で退職して資産取り崩しスタート、70歳から年金受給を開始

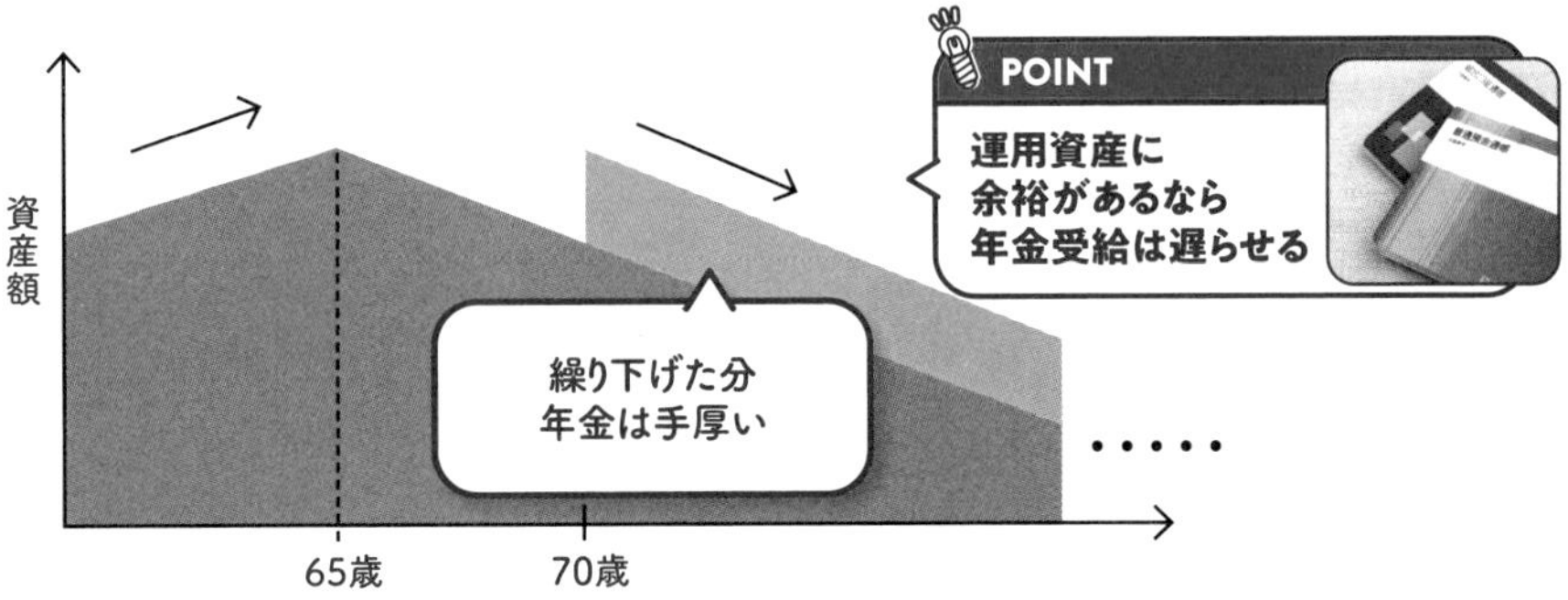

65歳で退職するのは右ページのパターンと同じですが、公的年金は70歳まで繰り下げて年金額を42%（0.7%×60カ月）引き上げ、老後の生活を手厚くしていきます。65～70歳までの収入の空白期間は、運用資産の取り崩しで補っていきます。

■ 70歳で退職し、年金受給&資産取り崩しスタート

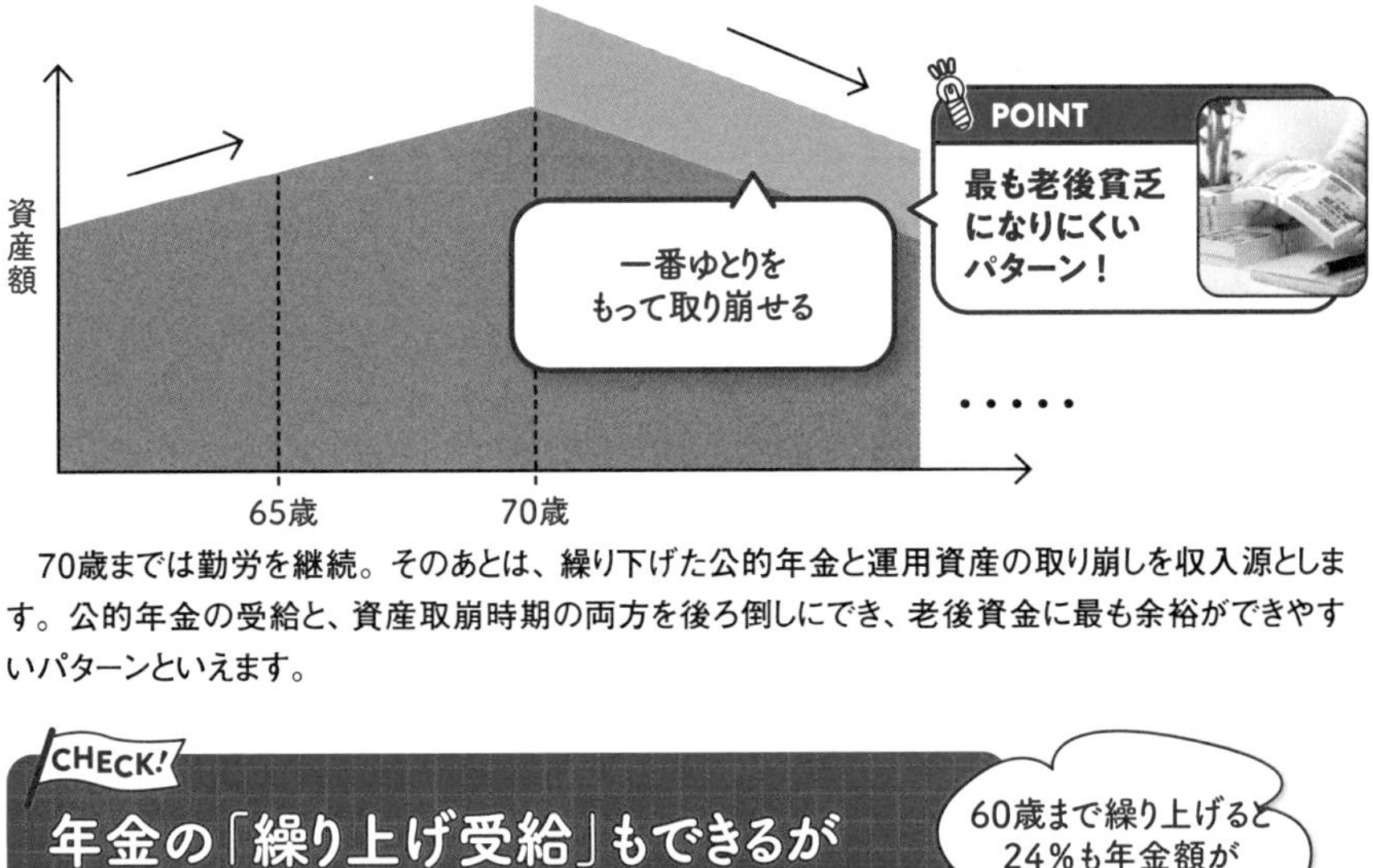

70歳までは勤労を継続。そのあとは、繰り下げた公的年金と運用資産の取り崩しを収入源とします。公的年金の受給と、資産取崩時期の両方を後ろ倒しにでき、老後資金に最も余裕ができやすいパターンといえます。

CHECK!

年金の「繰り上げ受給」もできるがあまりおすすめできない

公的年金には本来の受け取り開始時期より早い60～64歳から受給できる「繰り上げ受給」という制度もあります。早めに退職したい人などの選択肢ですが、1カ月繰り上げるごとに0.4%年金額が減るため（100ページを参照）、安易に選ぶのは避けましょう。

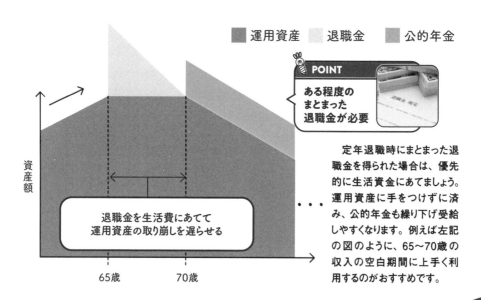

退職金は優先して生活費にあてる

勤めている企業によっては、退職時にまとまった退職金を受給できる場合があります。老後の生活資金によほど余裕があるケースを除き、基本的に退職金は日常の生活費にあてたほうが、その後の老後資金にゆとりを持たせられるでしょう。その場合、110〜111ページで説明した勤労期間や年金の受給開始時期、そして運用資産の取崩時期とあわせて、退職金をいつごろ使うか考えなくてはなりません。

例えば、65歳で退職して退職金を受給、その後70歳まで年金受給と運用資産の取り崩しを後ろ倒しにする場合を考えてみましょう（下図）。この場合、安定収入がなくなってしまう65〜70歳の生活費を退職金で補っていくことになります。

また、定年前後にはまとまった支出が必要なライフイベントも当然考えられます。例えば、子育て世代であれば子どもの教育費用や結婚費用などがかかる可能性があるでしょう。こうしたライフイベントが発生する度に、運用資産を取り崩していくのも1つの選択肢です。退職時以前の早期に取り崩す場合、その後の老後資金のことも念頭に置いておきましょう。

■ 65歳で退職、退職金を受けとり、70歳から年金受給&運用資産取り崩しスタート

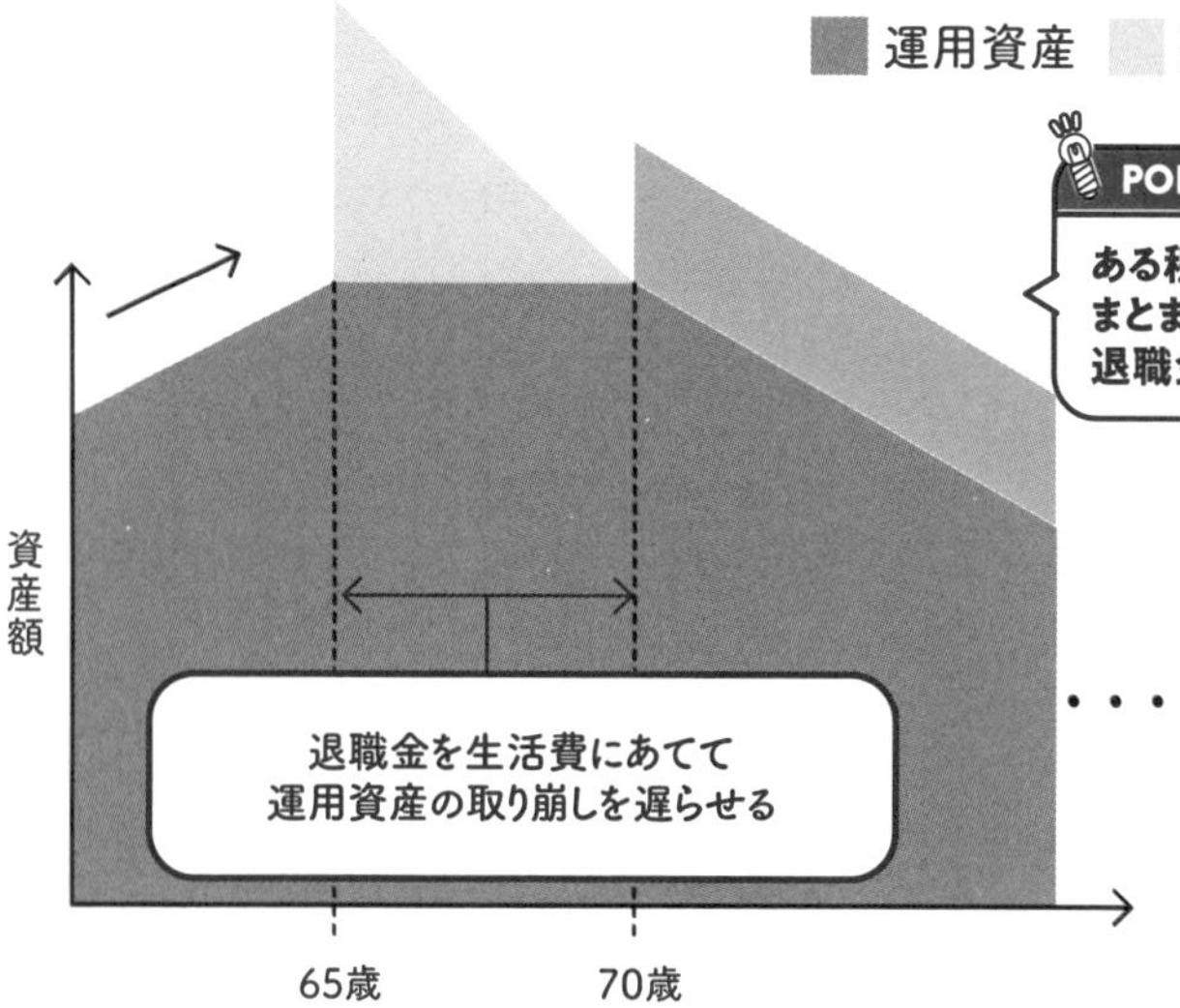

運用資産
退職金
公的年金
資産額
退職金を生活費にあてて
運用資産の取り崩しを遅らせる
65歳
70歳

POINT
ある程度の
まとまった
退職金が必要

定年退職時にまとまった退職金を得られた場合は、優先的に生活資金にあてましょう。運用資産に手をつけずに済み、公的年金も繰り下げ受給しやすくなります。例えば左記の図のように、65〜70歳の収入の空白期間に上手く利用するのがおすすめです。

■ ライフイベントに応じて運用資産を随時活用。65歳で退職して年金を受給、生活費のための資産も取り崩していく

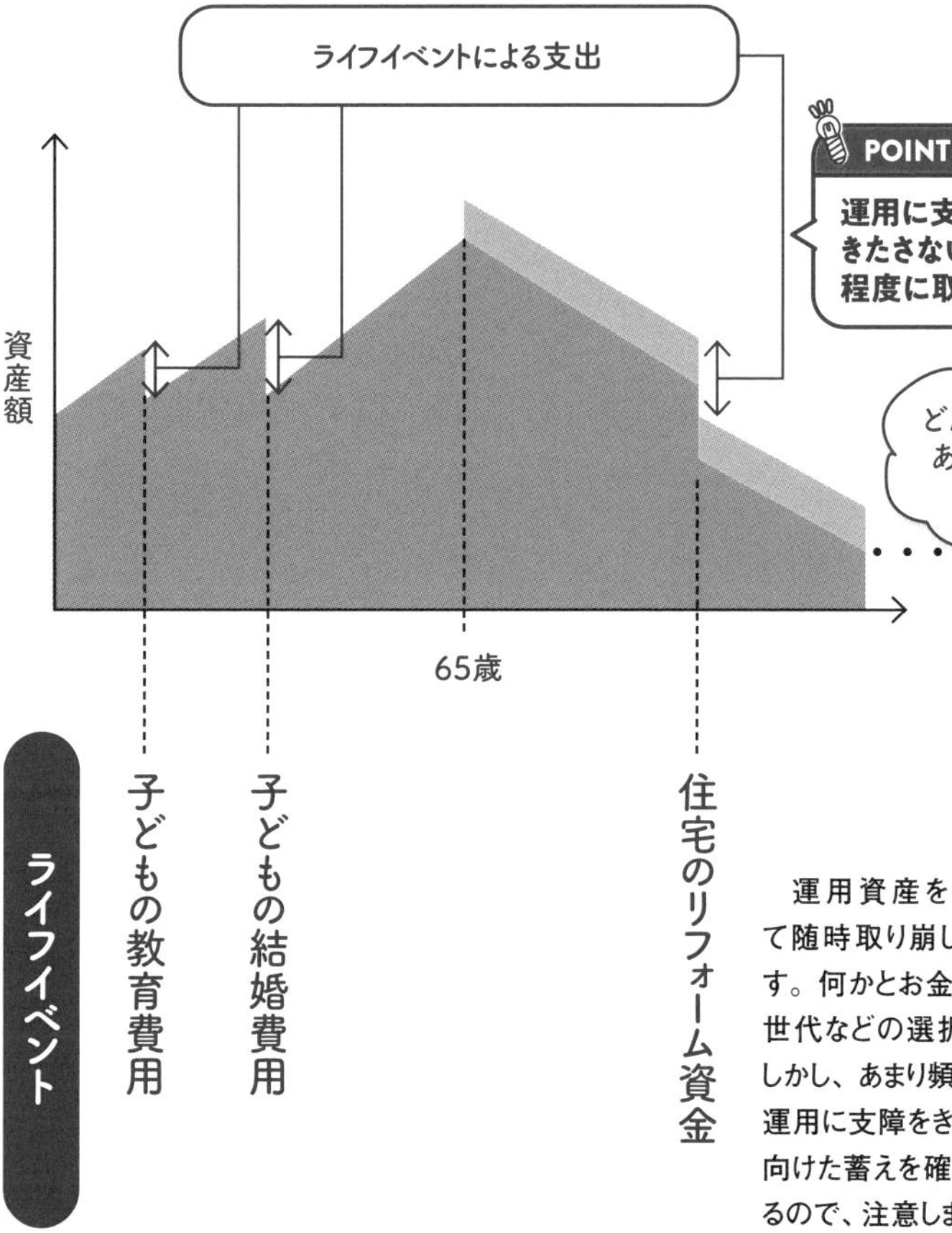
ライフイベントによる支出
資産額
65歳
ライフイベント
子どもの教育費用
子どもの結婚費用
住宅のリフォーム資金

POINT

運用に支障をきたさない程度に取り崩そう

どんなイベントがあるか予想しておかなきゃ

運用資産をライフイベントに応じて随時取り崩していく方法もあります。何かとお金が入り用な、子育て世代などの選択肢といえるでしょう。しかし、あまり頻繁に取り崩して資産運用に支障をきたし、将来の老後に向けた蓄えを確保できない場合があるので、注意しましょう。

CHECK!

退職金自体を運用に回す手も！ただし一括で投資するのはNG

仮に退職金が比較的多く、生活費にあててもなお余裕がある場合は、資産運用に回す選択肢もあるでしょう。ただし一括で投資してしまうのではなく、複数回に分割し、投資先が値下がりして一気に資産を失ってしまうようなリスクを抑えることが大切です。

退職金は少しずつ使うことが大事

第4章　出口戦略

10 受け取り方で税金は違う！

一時金受け取りの方が節税効果は大きい傾向

第3章で解説したじぶん年金iDeCo、そして112〜113ページで触れた退職金には「一時金受け取り」と「年金受け取り」の2種類の受給方法を選択できる場合があります。どちらを選択するかで課税のされ方は異なっており、一時金受け取りの場合は退職所得控除、年金受け取りの場合は公的年金等控除が適用されます。基本的には一時金受け取りの方が、節税につながる場合が多いです。

iDeCoで運用した資産の取り崩しにあたっては、退職金を受給する時期も考え、できるだけ税金がかからない方法を検討したいものです。なお、iDeCoでは一時金受け取りと年金受け取り、両方を併用可能です。併用の場合は、一時金として受け取る金額を決め、残りを年金形式で受給します。

■ 受け取り方の種類

	一時金受け取り 全額一括で受給する受け取り方。退職金の場合、受取年齢が定年時に限定されているケースが多いのも特徴です	年金受け取り 一定期間の間、分割受給する受け取り方です。退職金の場合は、選択できない企業もあります。一時金受け取りと、課税の仕組みが異なります
メリット ○	節税効果が大きい傾向	受給中に1〜2%程度利息がつく
デメリット ×	取り崩し方を管理しづらい	節税効果が比較的小さい

POINT

一時金受け取りのほうが手取りが大きくなりやすい

iDeCoで運用した資産の受け取り方は、主に上記のような一時金と年金の2つの方法から選べます。退職金も、企業によってはこれらの方法を選択できる場合があります。

■ 一時金、年金の非課税額の目安

一時金受け取り

・「退職所得控除」が適用

（iDeCoへの加入・積立を30年続けた場合）

ほかの退職所得と合算して
1500万円までが非課税

iDeCoは加入・積立年数、退職金は勤続年数が長いほど節税に。ただし、同時期の受給では基本的に両者の合算額に対して控除が適用され、十分な節税メリットを受けられません。

年金受け取り

・「公的年金等控除」が適用

（60歳でその他合計所得1000万円以下の場合）

毎年受け取る公的年金などの合計
60万円までが非課税

1年間を通して受給した金額に、同じ年に受給した公的年金を加えた合算額をベースとして税金がかかります。トータルの非課税額は、一時金受け取りよりも低くなる傾向があります。

■ 一時金受け取りに適用される「5年ルール」

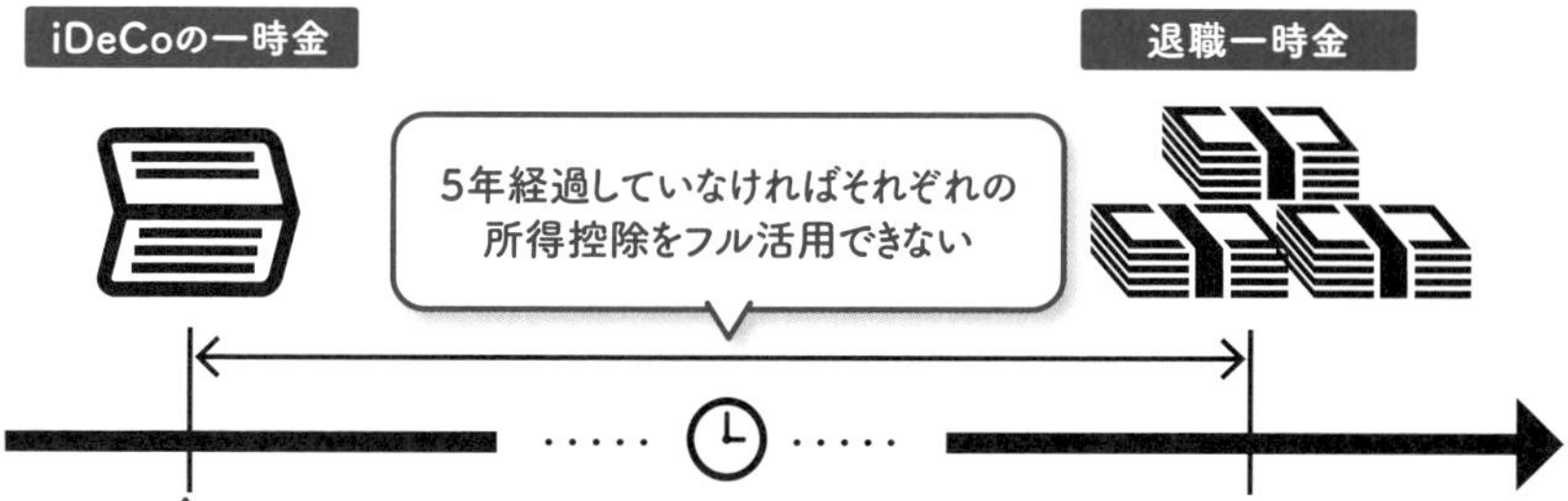
iDeCoの一時金
退職一時金
5年経過していなければそれぞれの所得控除をフル活用できない

POINT
iDeCoは退職金の受給より先に受け取っておくとお得な場合が

iDeCoを先に受け取る場合に限り、その後5年経過後に退職金を受け取ることで、それぞれの所得控除の節税効果をフル活用できます。これを退職所得控除の「5年ルール」と呼ぶ場合があります。

CHECK!

一時金、年金を併用して受け取ることも可能

iDeCoであれば受給額の一部を一時金、残りを年金と、受け取り方を使い分けることができます。退職金でも企業によっては併用可能な場合も。資金管理に不安を感じているのであれば、部分的に年金受け取りも検討しましょう。

資金管理が不安なら年金受け取りも選択肢に

11 NISA資産の売却方法

売却もスマホからなら5分で完了

NISAで運用した資産を出金するためには、資産を売却し、現金化する必要があります。売却手続きもスマホから可能。所要時間も5分程度です。

まずはSBI証券にログインして、トップ画面を表示します。画面中央の投資信託トップを選択し、移動先の画面でさらに保有商品一覧を選びます。保有商品一覧では、最初、商品の詳細情報が折りたたまれているため、各商品の「V」をタッチし、売却ボタンを表示します。なお、ここで基準価額や取得単価、保有口数などの確認もできます。

売却画面に移動したら、売却する金額を入力します。全額一括売却も選択可能です。最後に、確認画面で約定日や受渡日、売却金額などをチェックします。問題なければ発注をタッチして完了です。

■ SBI証券での売却の流れを確認!

必要なもの
・ログインID、パスワード
・取引パスワード

❶トップ画面
ログインして「投資信託トップ」を選択

❷投資信託トップ
「保有商品一覧」を選択

❸保有商品一覧
一覧から商品を選び「売却」を選択

❹売却画面
金額を指定し、取引パスワードを入力

❺確認画面
詳細を確認し、発注!

POINT

売却分の出金には7営業日程度かかる

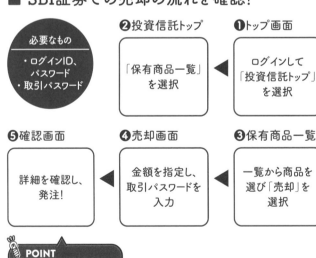

■ 実際の操作画面を見てみよう！

❶トップ画面

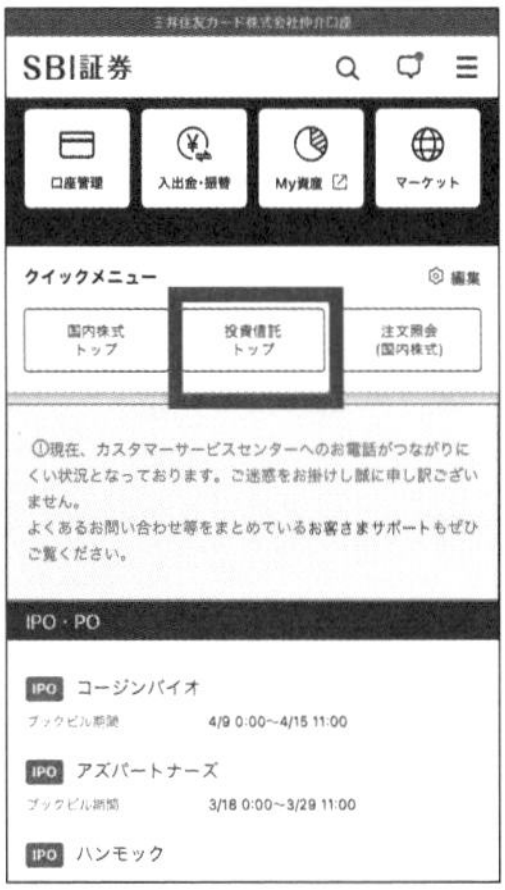

まずは画面中央の投資信託トップを選択する。

❷投資信託トップ

画面右列の「保有商品一覧」を選ぶ。

❸保有商品一覧

各商品の「∨」部分を押すと、売却ボタンが出てくる。

❹売却画面

売却方法は全額一括と金額指定が選べる。

❺確認画面

約定日や受渡日はこの画面から確認しておこう。

コラム

Column

退職金の運用には注意

一括で使ってしまわないように注意!

退職給付額（民間企業）

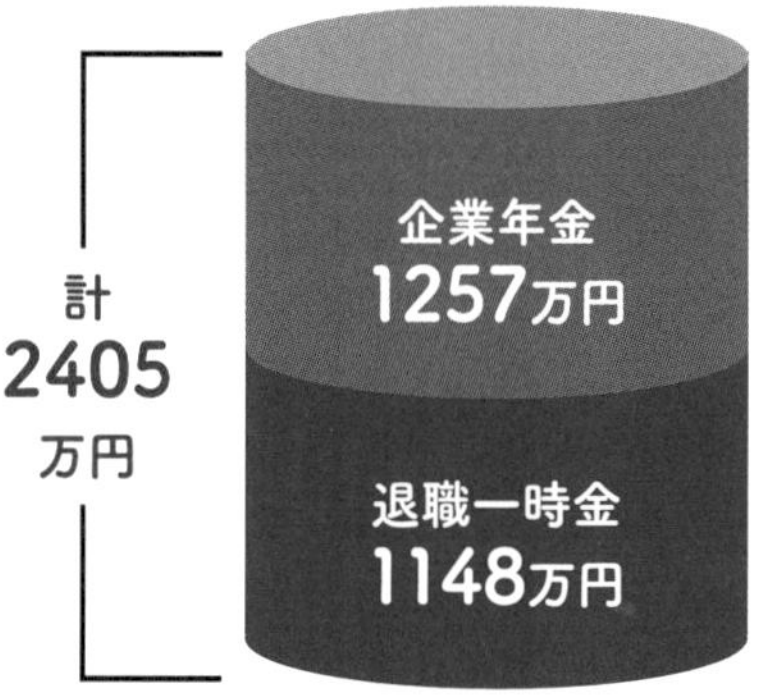

計
2405
万円
企業年金
1257万円
退職一時金
1148万円

※人事院「退職給付調査及び本院の見解」（令和３年）参照

1～2年かけて投資に回す

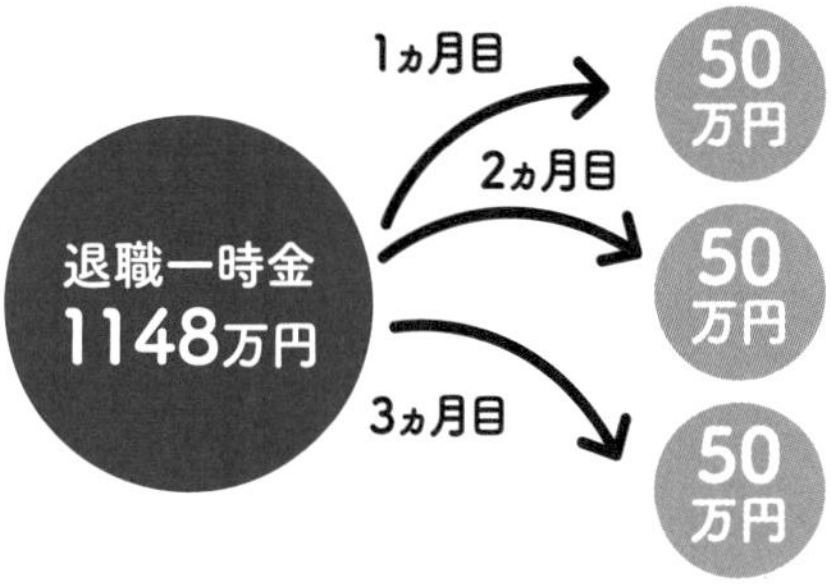

退職一時金
1148万円
1ヵ月目
2ヵ月目
3ヵ月目
50万円
50万円
50万円

住宅ローンの一括返済や退職金プランは使わない!

運用する場合も長期積立を基本に

退職金は多くの人にとって、まとまった金額を手にする数少ない機会です。人事院の調査によると、民間企業における退職給付額の目安は2405万円。長年働いた自分へのご褒美に使いたくなるかもしれませんが、退職金こそ慎重な使い方が求められます。

112～113ページでも紹介しましたが、基本的には生活費の補填にあてたほうが、その後の老後資金にもゆとりをもたせられます。一方で、もし生活費にも余裕があるのなら、投資に回して運用資産を上乗せするのも1つの選択肢です。

ここで気をつけたいのが、まとまった金額が手元にあるからといって、一括で投資しないこと。投資の基本は「長期・積立・分散」です。これは投資資金が高額になっても変わりません。もし一括で投資した後に相場が下落したら、資産を大きく減らしてしまう恐れもあります。退職金を運用する際は、月50万円ずつなど小分けにして、1～2年かけて投資に回していきましょう。

なかには、住宅ローンを完済してしまいたいという人もいるでしょう。しかし、住宅ローンは超低金利でお金を借りているのと同じです。仮にローンを上回る運用益を得られれば、その分プラスになります。一般的な住宅ローンの金利は1％前後。決して高い目標ではありません。

また、金融機関によっては退職金が振り込まれたタイミングで専用の運用プランを紹介してくる場合がありますが、これらのプランは手数料が割高な傾向があるので注意しましょう。

50代からの
必須情報！

周りと差がつくマネ知識

マネ知識 1 運用

複数の商品でポートフォリオを組む

マネ知識 2 運用

金融庁のサイトで資産形成をシミュレーション

マネ知識 3 運用

情報収集もインターネットを活用

マネ知識 4 年金

年金は老後以外でもらえることもある

マネ知識 5 年金

年金は国が運用している

マネ知識 6 相続

相続資産を投資に使うのは要注意

マネ知識 7 相続

生前贈与は相続税の対象になる

投資に関する知識はもちろん、50代からは年金や相続についても、これまで以上に自分ごと化して知っておくことが大切です。ここからは資産運用や老後の人生計画をよりステップアップさせるお金の豆知識「マネ知識」を紹介します。ポートフォリオの組み方や情報収集の仕方、相続発生時の注意点といったより実践的なトピックをまとめているので、ぜひ参考にしてください。

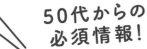

マネ知識

1

運用

複数の商品でポートフォリオを組む

投資対象国のリスクの違いで調整

積立投資は、基本的に「全世界株式型のインデックスファンド」1本だけ保有していればOKですが、「リターンを狙いたい人」や「自分で投資先を選んでみたい人」は、自分でポートフォリオを組むのも手です。

新興国の資産は、成長余地がある一方、相場変動が大きいため、リスク許容度（36ページ）が高い人に向いています。

また、大きく増やすよりも堅実に資産を築いていきたい人は、国内株式など比較的低リスクな資産を組み入れて全体のリスクを調整してみてください。

先進国・米国株式を中心としたポートフォリオなら、ある程度リスクを抑えつつもより大きなリターンを追求できます

1 〉「全世界株式」1本で保有する

■「オルカン」の構成比率をチェック

こんな人にオススメ

- □ 何を買ったらいいのかわからない
- □ なるべくほったらかしにしたい

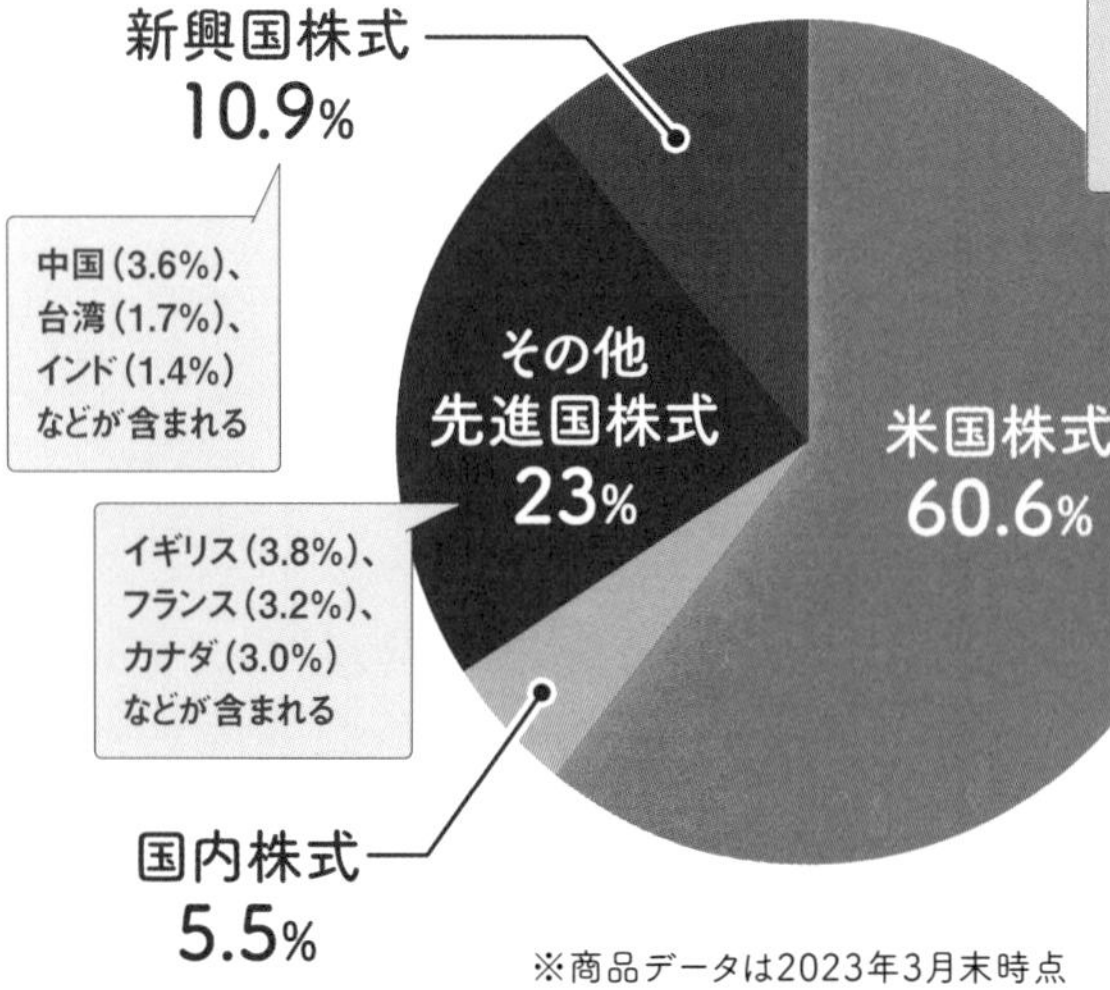

新興国株式
10.9%
中国（3.6%）、
台湾（1.7%）、
インド（1.4%）
などが含まれる
その他
先進国株式
23%
イギリス（3.8%）、
フランス（3.2%）、
カナダ（3.0%）
などが含まれる
米国株式
60.6%
国内株式
5.5%

※商品データは2023年3月末時点

運用の基本は「全世界株式」一本釣りです。とくに自分でポートフォリオを考えたり、メンテナンスしたりせず、なるべく「ほったらかし」にしておきたい人に最適な方針といえます。

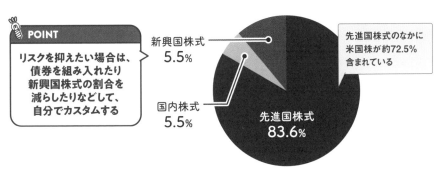

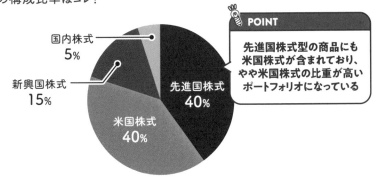

2 〉自分で「全世界型」を構築する

こんな人にオススメ

- □ 自分でリスクをコントロールしたい
- □ 自分でメンテナンスできる

自分でリスクをコントロールしたい場合や、より低コストな商品を組み合わせたい場合などは、自分でポートフォリオを組むのも良いでしょう。先進国株式、国内株式、新興国株式のインデックスファンドを組み合わせれば、「全世界株式」の構成割合を再現可能です。ただし、年に1度は資産状況を確認し、スイッチングなどでメンテナンスをする必要があります。

■ 複数の商品を組み合わせて「オルカン」の構成比率を再現

POINT

リスクを抑えたい場合は、債券を組み入れたり新興国株式の割合を減らしたりなどして、自分でカスタムする

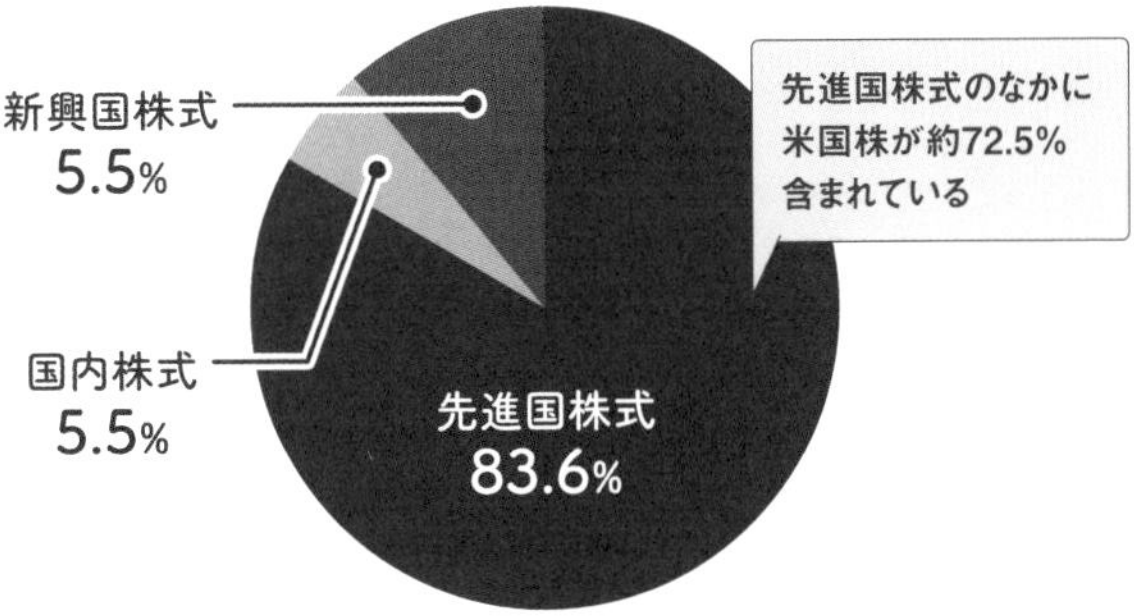

新興国株式
5.5%
国内株式
5.5%
先進国株式
83.6%
先進国株式のなかに
米国株が約72.5%
含まれている

3 〉横山先生おすすめのポートフォリオをマネする

こんな人にオススメ

- □ オリジナルのポートフォリオを組みたい
- □ いきなり自分で組むのは不安

「自分でポートフォリオを組んでみたいけど、いきなりイチから組むのは不安……」という人は、横山先生おすすめのポートフォリオを参考にしてみましょう。先進国株式のインデックスファンドには、米国株式が約72.5%含まれているため、ポートフォリオ全体の米国株の比率は約69%。「全世界株式」よりもやや米国株の比率が高く、よりリターンを追求できます。

■ 横山流の構成比率はコレ!

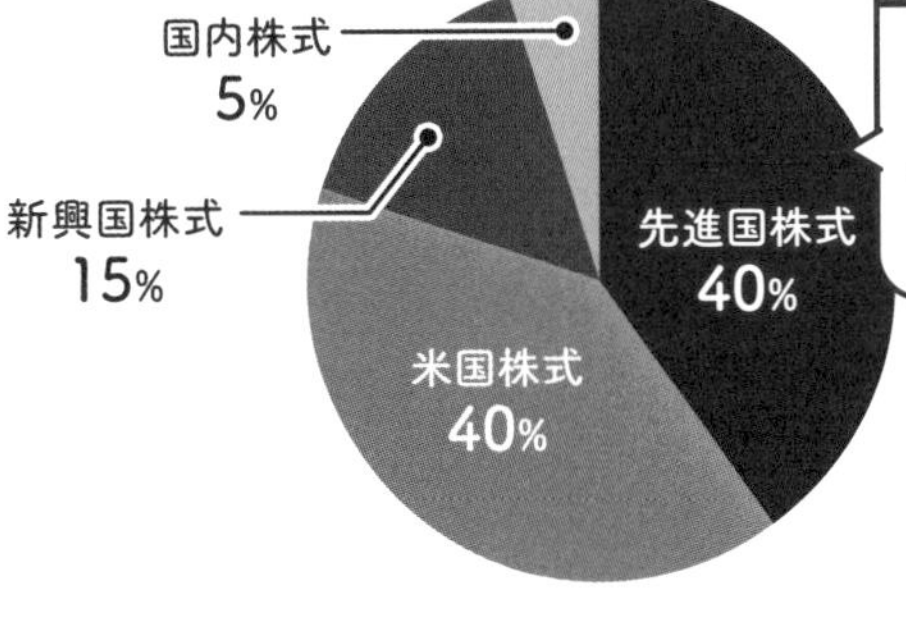

国内株式
5%
新興国株式
15%
先進国株式
40%
米国株式
40%

POINT

先進国株式型の商品にも米国株式が含まれており、やや米国株式の比重が高いポートフォリオになっている

マネ知識 2 運用

金融庁のサイトで資産形成をシミュレーション

自分の投資プランを可視化してみよう

投資は時間を味方につけることが大切、ということはこれまでにも紹介してきました。しかし、毎月少額を積み立てるだけで本当に将来のお金が用意できるのか、不安に感じる人もいるかもしれません。そこで活用したいのが、各公的機関や金融機関が公開しているシミュレーターです。提供元によって細かい点は異なりますが、基本的に投資金額と想定年利、積立期間を入力するだけで、お金がどれくらい増えるのかシミュレーションしてくれます。

とくに金融庁の資産形成シミュレーターは最大3つのシナリオで運用結果を試算可能。どれくらいのペースなら目標金額を達成できるか、いろいろ試しながら検討することができます。

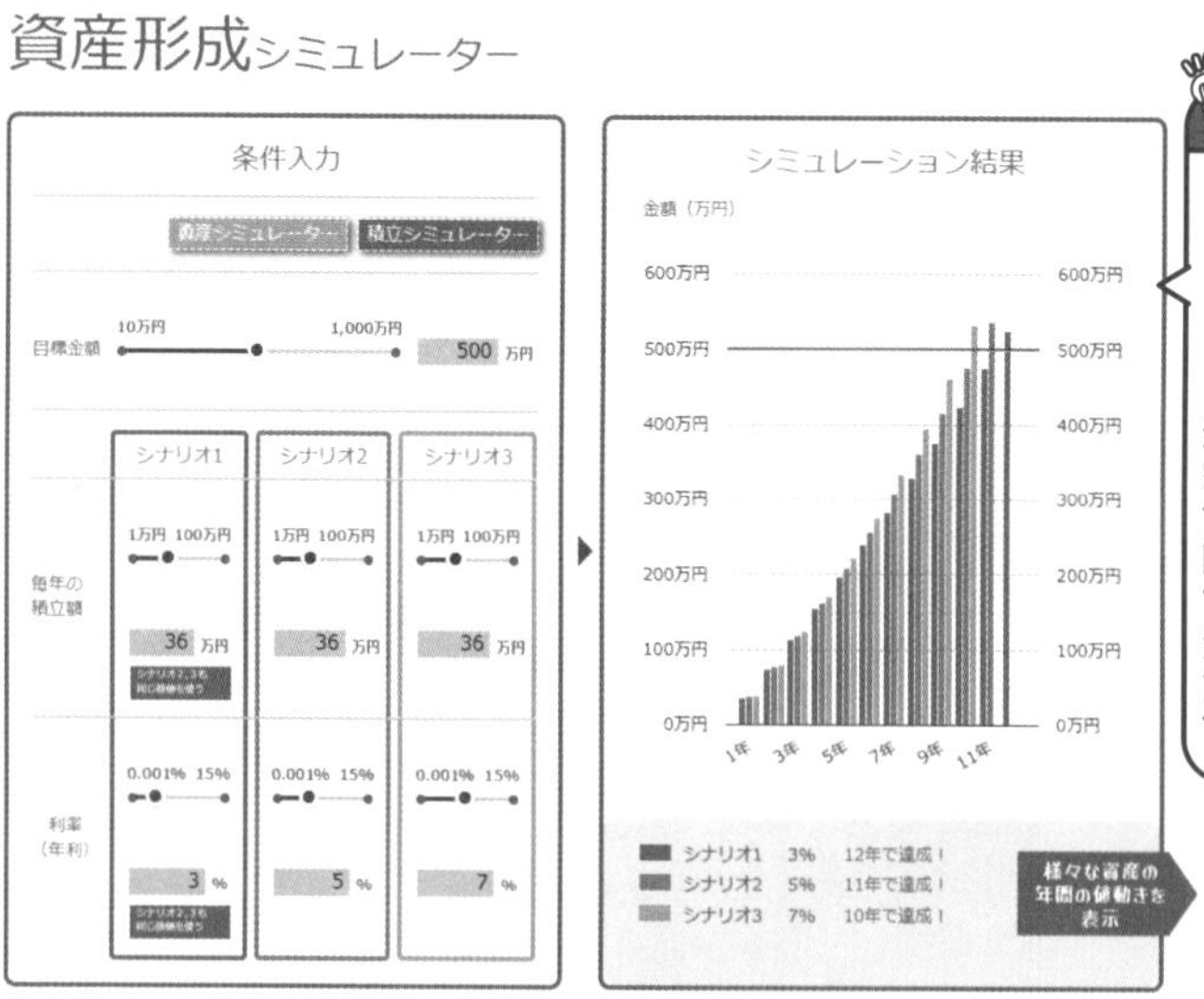

「資産形成シミュレーター」（金融庁）
https://www.fsa.go.jp/teach/simulation/interest_rate.html

POINT

家計管理もシミュレーションできる

金融庁では左記の資産形成シミュレーターのほか、家計管理やローン、ライフプランのシミュレーターも公開しています。家計管理では住居費や食費、被服費などを入力することで、簡単に家計の見える化ができます。

マネ知識 3 運用

情報収集もインターネットを活用!

最新情報から市場の動きを読み解こう

新NISAのつみたて投資枠やiDeCoでの投資は長期の定期・定額積立が基本です。相場の動きに一喜一憂することなく、ほとんど放置でいられるのが大きなメリットですが、最低限、市場の最新ニュースをおさえておいて損はありません。

リアルタイムに様々な情報を取得するならインターネットがおすすめです。例えば、Yahoo!ファイナンスでは複数の媒体が発信する経済ニュースをまとめており、市場の大まかな動きをつかむことができます。

情報収集では複数のサイトを併用し、総合的な視点で判断するのがポイントです。サイトごとに取り扱う情報や見方が異なっているほか、サイトによっては利用者同士で情報交換できる場合もあります。

●Yahoo!ファイナンス

URL : https://finance.yahoo.co.jp/

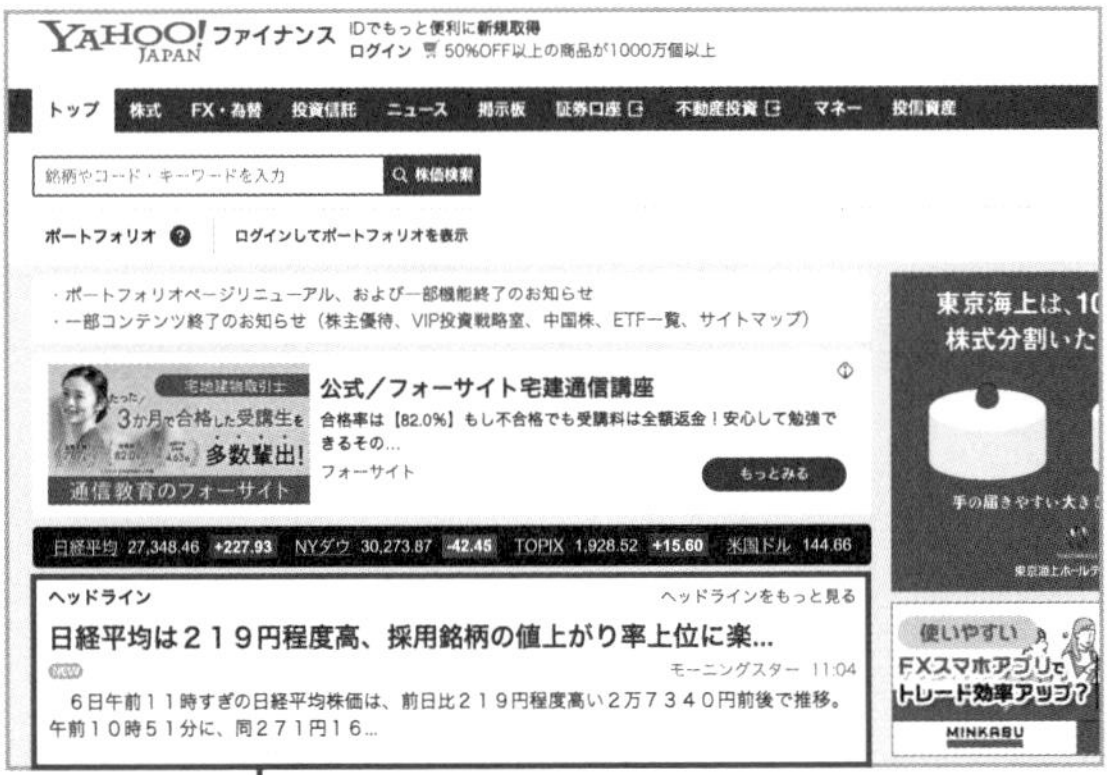

様々な媒体が発信する最新の経済ニュースが並ぶ

トップページのヘッドラインには最新の注目ニュースの見出しが並びます。気になったらクリックで閲覧可能。

POINT

複数のサイトを併用しよう

日経ヴェリタス

POINT
- 最新投資テーマを深掘りして徹底分析
- 資産運用テクニックなどコラムも充実

みんかぶ

POINT
- 個別銘柄の投資シミュレーションができる
- ブログ投稿で他の投資家と交流できる

サイトによってはプロ独自の分析を見られたり、利用者同士で交流できたりします。

マネ知識
4
年金

年金は老後以外でもらえることもある

障害状態になったときのほか遺族にも年金が支払われる

公的年金には老後もらえる老齢年金以外にも2つの種類があります。1つは病気やケガによって所定の障害の状態になったときにもらえる「障害年金」。もう1つは国民年金または厚生年金保険の被保険者の遺族に対して支給される「遺族年金」です。

「将来年金をもらえないかもしれないのに、払う意味はないのでは?」と考える人もいるかもしれません。しかし、障害年金などは要件を満たせば若いうちから受給できる可能性もあり、いざというときの保障になります。年金は必ずしも自分のためだけにあるのではなく、サポートしてくれる周囲の人や、遺された家族のために必要となるケースもあるのです。

● 老齢年金以外の年金の種類

遺族年金

亡くなった人の遺族が受け取れる年金

■ 遺族年金が受け取れる人と年金の種類

高 優先度 低

遺族

子のある配偶者	子	配偶者(子なし)	父・母・孫・祖父母
↓	↓	↓	↓
遺族厚生年金		遺族厚生年金	
＋			
遺族基礎年金			

POINT

男女でもらえる年金が異なる

遺族年金は夫と妻、18歳までの子の有無などで受給額が大きく異なります。

障害年金

障がいを負ったときに受け取れる年金

障害等級	1級	2級	3級
障害基礎年金(68歳以下の場合)	102万円	81万6000円	−
	子1人につき+23万4800円 第三子以降は7万8300円		
障害厚生年金(68歳以下の場合)	報酬比例年金額×1.25	報酬比例年金額	報酬比例年金額(最低保障61万2000円)
	配偶者加算 +23万4800円		

※金額はいずれも2024年度の年間受取額

マネ知識
5
年金

年金は国が運用している

長期にわたって安定した成績を実現

私たちが納めている年金保険料のうち、年金の支払いにあてられなかった分はGPIF（年金積立金管理運用独立行政法人）が運用しています。少子高齢化が進み財源の確保が難しくなっても、運用益で給付が持続できるよう備えているのです。

GPIFでは安定的に収益を得ていくために、長期分散投資を基本として年金積立金の運用を行っています。投資対象は国内外の株式、債券で、値動きによって多少の変動はありますが、基本は4分の1ずつ均等に分散投資しています。

2001年度以降の収益率は年率で3・99％で、収益額は累積で132兆4000億円。安定した収益を目指すなら、GPIFのポートフォリオを参考にするのも手です。

● 期待リターンは約4%

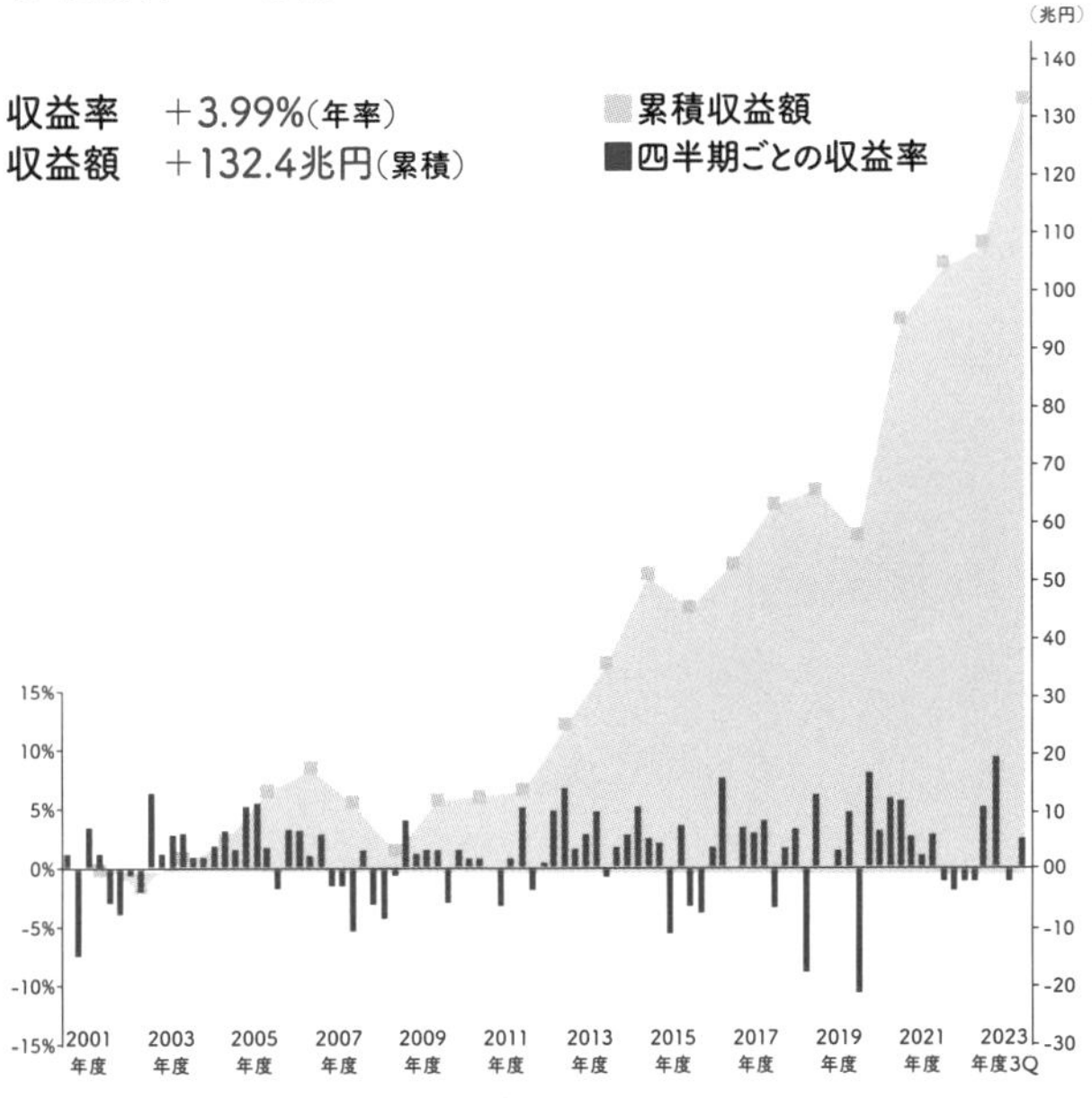
収益率　＋3.99%（年率）
収益額　＋132.4兆円（累積）
累積収益額
四半期ごとの収益率
（兆円）
140
130
120
110
100
90
80
70
60
50
40
30
20
10
00
-10
-20
-30
15%
10%
5%
0%
-5%
-10%
-15%
2001年度
2003年度
2005年度
2007年度
2009年度
2011年度
2013年度
2015年度
2017年度
2019年度
2021年度
2023年度3Q

※年金積立金管理運用独立行政法人「2023年度の運用状況」より

● 国内外にバランスよく投資

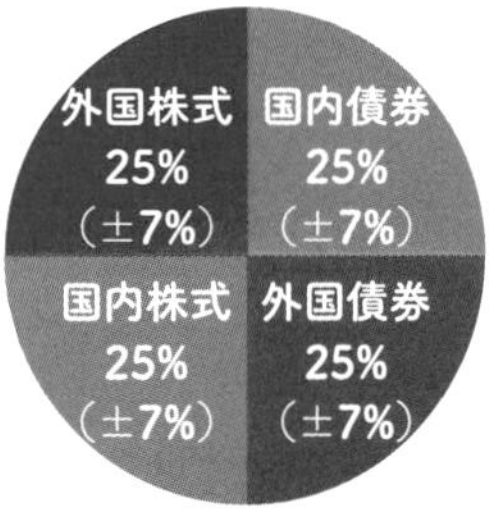
外国株式
25%
（±7%）
国内債券
25%
（±7%）
国内株式
25%
（±7%）
外国債券
25%
（±7%）

POINT

主要4資産に分散して運用

GPIFでは年率1.7%の利回りを目標に、一定のかい離許容幅を設けつつ、基本は主要4資産の保有割合が25%ずつとなるような分散投資を行っています。

マネ知識
6
相続

相続資産を投資に使うのは要注意

大金が入ったときこそ冷静に対処！

退職金はもちろん、親からの相続といった思いがけない資産が手に入ったときにも、取り扱いには注意が必要です。まとまったお金を一気に増やそうと一括投資をしたり、予定になかった収入だからと無計画に使ったりしないようにしましょう。とくに、一括投資はタイミングの見極めがプロでも難しく、その後の相場の動きによっては大きく資産を減らしてしまう可能性もあります。そのほか、相続税を納めるための準備も忘れないように。大金が入ったときこそ、慎重な判断と管理が大切です。

相続資産を投資に回す場合も、分散・積立投資を基本とし、コツコツ運用を心がけましょう。投資先も従来どおりでOKです。

● まとめて一気に使わないこと

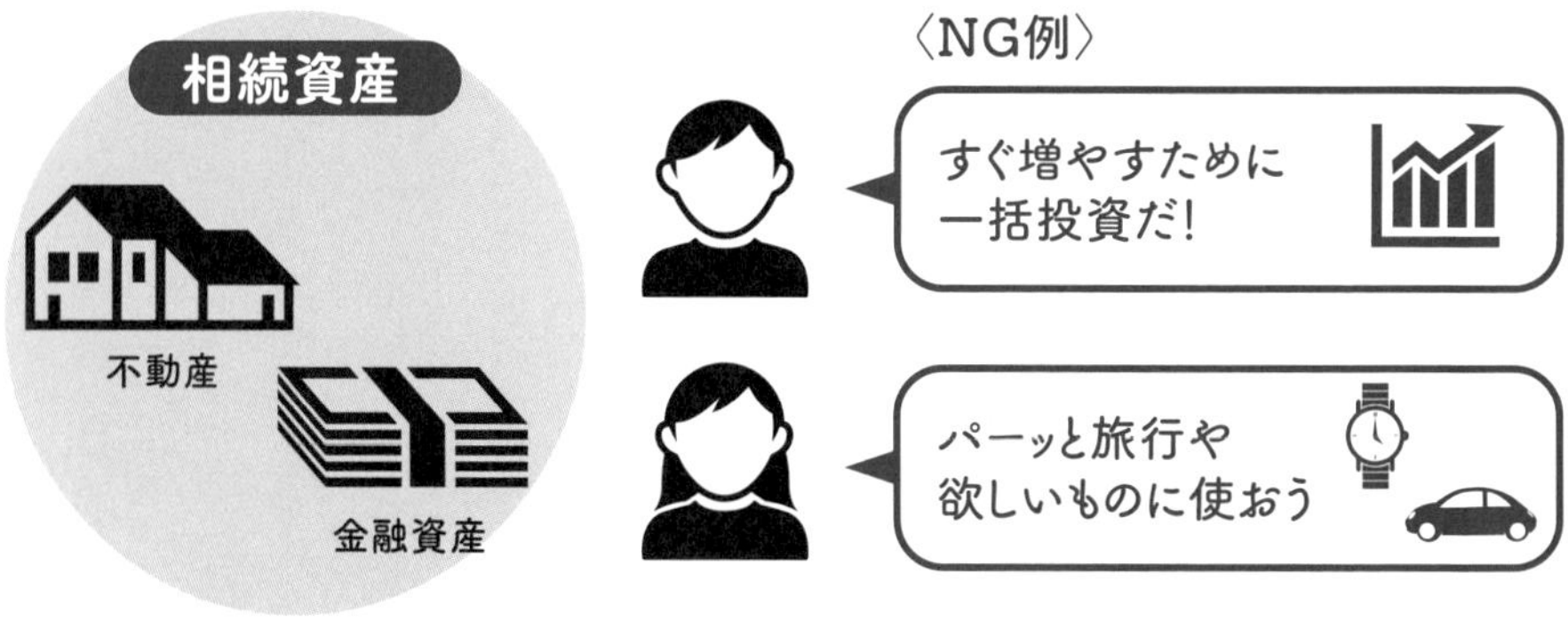
相続資産
不動産
金融資産
〈NG例〉
すぐ増やすために
一括投資だ!
パーッと旅行や
欲しいものに使おう

一括投資は
タイミングの見極めが
難しい。あくまで
分散投資が基本!

マネ知識

7

相続

生前贈与は相続税の対象になる

相続税の課税タイミングに要注意

人から財産をもらうと贈与税が発生します。

贈与税の課税方法のうち、1年間に贈与された財産の合計額に応じて課税される方式を「暦年課税」と呼びます。暦年課税の場合、年間110万円までなら非課税で受けとることができるため、相続税対策で110万円以下の生前贈与を行うケースもあります。

ただし、贈与者が亡くなった場合、生前贈与で受けとった資産も相続税の対象となります。対象となるのは、2024年1月1日以降の贈与については、死亡前7年以内まで（2023年12月31日以前の贈与については死亡前3年以内まで）。贈与や相続があった場合は、資産を受けとった時期をよく確認しましょう。

● 課税対象は7年前までさかのぼる

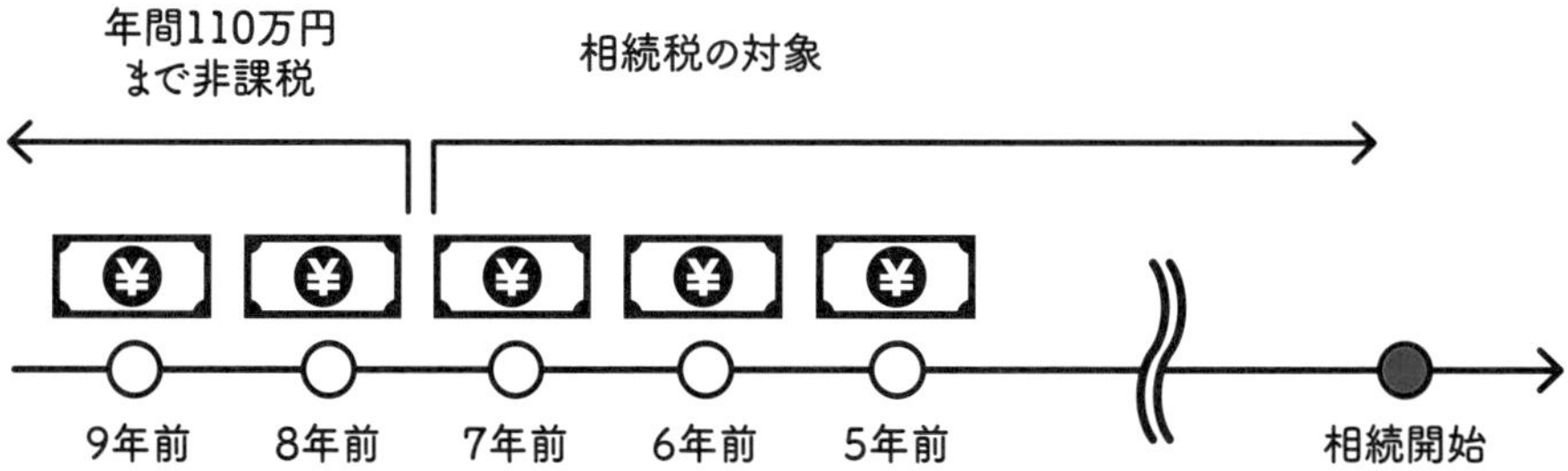
年間110万円
まで非課税
相続税の対象
9年前
8年前
7年前
6年前
5年前
相続開始

POINT

親の資産と使い道を把握

親の資産額や使い道は事前に相談を。親の介護費用は親本人が出すのが基本。子どもにお金を残す場合、生前贈与なら税金対策になります。

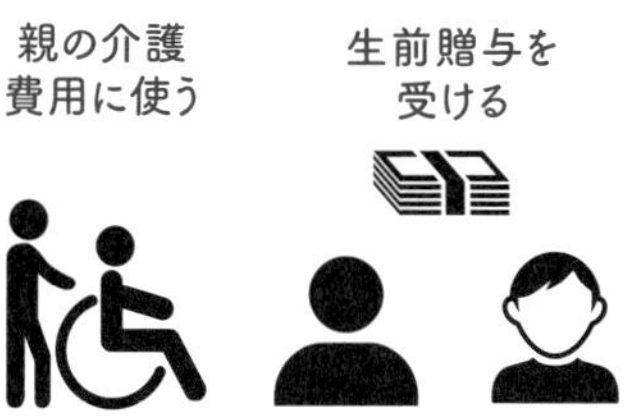
親の介護
費用に使う
生前贈与を
受ける

いざというときに
慌てないよう、
お金の相談は
元気なうちに!

監修　横山光昭

家計再生コンサルタント、株式会社マイエフピー代表。2001年から2万1000件を超える家計を再生してきた"現場屋"として、個別家計相談を業としている。お金の使い方そのものを改善する独自のプログラムが好評で、家計の問題の抜本的解決と、ゆとりある家計づくりが得意。借金に悩む人も、貯金、資産形成を目指せるサポートをしている。各種メディアへの執筆・講演も多数。著書は90万部を超える『はじめての人のための3000円投資生活』や『年収200万円からの貯金生活宣言』を代表作とし、著作は183冊、発行部数累計400万部となる。個人のお金の悩みを解決したいと奔走するファイナンシャルプランナー。
株式会社マイエフピー　https://myfp.jp/

編集・執筆　ペロンパワークス・プロダクション

主にマネー系コンテンツを中心に情報誌、金融機関のネットメディアやPRツールの企画・編集・執筆を多数手がける。これまでに日本経済新聞（日本経済新聞社）、finasee（想研）、日本FP協会、楽天証券、マネックス証券などの各種コンテンツ制作を担当。制作に『知識ゼロですが、つみたてNISAとiDeCoをはじめたいです。』（インプレス）。
http://pelonpa.com/

カバーデザイン　大野信長
本文デザイン　STILTS
DTP　瞬designOFFICE
イラスト　沼田光太郎
協力　株式会社SBI証券

50代でも間に合う新NISAとiDeCo

2024年6月6日　第1刷発行

監修者　横山光昭
発行人　松井謙介
編集人　廣瀬有二
編集担当　早川聡子
発行所　株式会社ワン・パブリッシング
〒105-0003　東京都港区西新橋2-23-1
印刷・製本　TOPPAN株式会社

●この本に関する各種お問い合わせ先
内容のお問い合わせは、下記サイトのお問い合わせフォームよりお願いします。
https://one-publishing.co.jp/contact/
不良品（落丁、乱丁）については業務センター　Tel 0570-092555
〒354-0045 埼玉県入間郡三芳町上富279-1
在庫・注文については書店専用受注センター　Tel 0570-000346

★本書はワン・パブリッシングムック『50代からでも間に合う新NISAとiDeCo』（2023年12月刊）に情報を追加・更新して書籍化したものです。